심리치료를 위한

공감의 기술

Arthur J. Clark 저 | 신성만 · 임한나 · 오준성 공역

EMPATHY AND MENTAL HEALTH

AN INTEGRAL MODEL FOR DEVELOPING THERAPEUTIC SKILLS IN COUNSELING AND PSYCHOTHERAPY

학지사

Empathy and Mental Health:
An Integral Model for Developing Therapeutic Skills in Counseling and Psychotherapy
by Arthur J. Clark

역자 서문

팬데믹 이후 우리는 다른 사람들과의 상호작용에 있어 급격한 변화를 경험하고 있다. 일상에서 서로를 직접 보고, 듣고, 충분히 소통하지 못하는 시간이 길어지며, 종종 서로를 보지 못하고(unseen), 듣지 못하고(unheard), 귀하게 여기지 못하는(unvalued) 우리 사회와 임상 현장을 경험하고 있다. 인터넷 세상은 정보의 바다이면서도, 관계의 단절과 소속되지 못하는 것에 대한 두려움(fear of missing out)을 더욱 심화시키고 있는 것이다.

오히려 우리는 누군가 가까이 다가오면 **침범**(invading) 혹은 **부담**의 느낌이 앞서며, 안전감이 위협받는다는 인식이 생긴 듯하기도 하다. 이런 변화된 환경 속에서, 진정한 공감은 단순한 감정 이입을 넘어 **안전감**을 수반하지 않으면 내담자와 관계 맺기가 더욱 어렵게 되었다. 실제 임상 현장에서도 상담사가 공감을 표현할 때, 신체적 · 운동적 거리감까지 섬세히 고려해야 하는 일이 많아진 것이다.

이처럼 인간의 기본 감각부터 관계와 신뢰가 흔들리는 시대에, 상담과 치료 현장에서 **공감**의 근본적 중요성은 더욱 커지게 되었다. 이제는 공감 능력을 단순한 감정적 민감함이나 교과서적 기술로만 접근하기 어려워졌다. 치료적 공감은 깊이 연구되고, 훈련되어야 하며, 그에 맞는 유연하고도 유능한 전략이 필요하다.

내담자와 상담사 모두의 안전과 존엄성을 지키기 위해, 우리는 새로운 **관계 형성 기술**이 무엇보다 기본이자 필수임을 다시 절감하게 된다.

아서 클라크(Arthur J. Clark)가 저술한 이 책은 공감에 대한 다차원적 이해와 실제적 실천 방안을 제시하고 있다. 저자는 정신역동, 인본주의, 인지행동 등 여러 치료 접근법을 두루 아우르면서 공감의 세 가지 양상(주관적, 객관적, 상호관계적)을 통합적으로 다룬다. 각 장마다 풍부한 임상 사례와 실제적 접근법을 통해, 상담사 및 치료사가 복잡하고 도전적인 상황 속에서도 공감적 반응을 어떻게 구사할 수 있을지에 대해 구체적으로 안내하고 있다.

공감이란 단지 내담자의 감정을 읽는 것을 넘어, 치료적 신뢰와 정서적 연결을 확장하고 치료의 질과 참여를 높이는 핵심 기술이다. 이러한 역량은 기계나 ChatGPT 같은 인공지능으로는 대체될 수 없는, 인간만이 오롯이 구현할 수 있는 치유의 과정인 것이다.

이 책의 한국어 번역 출간을 통해 국내 상담 및 심리치료 영역에서 공감의 본질을 다시 한번 생각하고, 실무자와 예비 전문가, 심리치료를 공부하는 학생 모두에게 깊은 지침과 희망의 자원이 되기를 바란다. 변화하는 시대, 공감이라는 오래된 덕목이야말로 미래의 치료 관계를 견고히 할 수 있음을 믿으며, 한국의 현장에 이 책이 잔잔한 울림과 새로운 시작점을 제공하기를 바란다.

2026년 봄,

포항 연구실에서

역자 대표 신성만

저자 서문

50여 년 전 어느 가을날, 나는 저명한 심리학자 칼 로저스(Carl Rogers)가 글로리아(Gloria)와 만나는 장면을 담은 훈련 영상인 〈Three Approaches to Psychotherapy〉(Shostrum, 1965)를 보았다. 로저스의 섬세한 경청 능력은 신뢰와 라포(rapport)를 형성하게 했고, 이는 글로리아로 하여금 자신에게 매우 중요한 개인적인 문제들에 대해 솔직하게 이야기할 수 있도록 했다. 짧은 상담 장면이었지만, 30세의 싱글맘인 글로리아는 깊이 이해받고 있다고 느끼는 것처럼 보였다. 1960년대에 상담대학원에 막 입학했던 나로서는 어떻게 하면 로저스가 보여 준 치료적 공감 능력을 익힐 수 있을지에 대해 열의를 가지게 되었던 것 같다.

상담 및 심리학 수업을 듣는 다른 학생들과 함께, 우리는 1점에서 5점까지의 수치로 평가되는 공감 능력 훈련을 연습했다. 역할극에서 가장 높은 점수를 받은 사람은 한 주 동안 '칼 로저스'라는 별명을 얻었다. 실습 시간에는 상담사가 자신의 관점이나 편견에 영향을 받는 것을 피하기 위해 반드시 내담자의 내적 준거 틀(internal frame of reference)에 머물러야 한다고 교육받았다. 이는 곧 상담 기법 중 하나인 '반영(reflection)'을 통해 내담자의 감정을 다시 돌려주려는 노력을 의미하는 것처럼 보였다.

석사 과정을 마치고 난 후, 나는 어느 정도 이해심 있고 반응적인 상담사가 될 준비가 되었다고 느꼈다. 상담 전문가로서의 첫 발돋움이었던 중학교 상담교사로 일할 당시, 나는 청소년 내담자들의 주관적 감정을 인정해 주기 위해 반영 기법을 자주 사용했다. 하지만 동시에, 내담자의 관점을 파악하려 애쓰다 보니 상담에 별로 진전이 없는 것처럼 보이는 경우도 많았다. 예를 들어, 학생이 "학교가 너무 싫어요."라고 말하면, 나는 "학교에 화가 많이 나 있구나."라고 반영했다. 이러한 대화가 반복되는 패턴을 보이자 나는 처음으로 내 상담과 공감 능력에 대해 의심이 들기 시작했다. 이후 수년간 학교 및 임상 현장에서 다양한 내담자를 접하게 되면서, 나는 공감의 치료적 활용이 단순히 감정 반영을 넘어선다는 사실을 깨닫게 되었다. 실제로 많은 상담 전략과 기술들이 효과적이기 위해서는 반드시 공감적 이해가 전제되어야 했으며, 특정 기법을 언제 적절하게 사용할지를 결정하는 데에도 중요한 역할을 했다. 그러나 치료 맥락에서 공감의 개념과 적용을 확장해 갈수록 새로운 문제들이 드러났다.

어떤 내담자들은 상담사의 이해를 바라지 않는 듯했고, 내가 따뜻하고 배려하는 태도를 보이려 할수록 오히려 저항하는 경우도 있었다. 또 다른 측면에서는, 내 자신이 스스로 특정 내담자에게 공감을 잘 표현하지 못하는 어려움도 발견했다. 이러한 과정을 통해 나는 내 안에 공감할 수 있는 능력을 방해하는 몇 가지 개인적인 이슈가 있음을 서서히 자각하게 되었다. 공감과 동정(sympathy)의 차이, 공감과 친절(kindness), 연민(compassion)의 관계도 혼란스러운 주제였다. 시간이 흐르면서, 한때는 그렇게 어려운 과정이 아니라고 생각했던 공감이라는 주제가 실은 훨씬 더 복잡하다는 것이 점점 분명해졌다.

20년간 현장에서 상담을 하고 추가로 대학원에서 공부를 마친 후, 나는 대학교 상담 프로그램의 교수직을 맡게 되었다. 첫 가을 학기 수업에서, 나는 칼 로저스와 두 명의 저명한 상담사, 그리고 글로리아가 등장하는 영상을 학생들에게 보여 주었다. 이전에 내가 그러했던 것처럼, 대부분의 학생은 로저스가 글로리아의 감정에 세심하게 공감하는 모습에 깊은 인상을 받았다. 그러나 몇몇 학생은 로저스가 글로리아에게 좀 더 직접적인 지지를 제공하지 않고, "계속 빙빙 도는 것 같다."라며 아쉬워했다. 열띤 토론이 이어지면서, 로저스가 주장한 "공감은 상담사의 태도"라는 정의가 학생들에게는 추상적이고 실제 치료 현장에 적용하기 어렵게 느껴진다는 것이 드러났다.

학기가 진행될수록 공감에 대한 효과적인 교육과 훈련을 제공하는 데 추가적인 어려움이 나타났다. 치료 맥락과 관련된 방대한 문헌들에 익숙해지면서, 나는 상담 및 심리치료 이론 내에서 이루어지는 공감에 대한 논의가 대부분 로저스의 인간중심 접근에만 국한되어 있다는 것을 발견했다. 실제로 거의 모든 상담 이론에서 공감과 공감적 이해에 대한 연구가 이루어지고 있지만, 학생 및 실무자가 쉽게 접근할 수 있는 교재나 논문에서는 이러한 내용들이 충분히 다루어지지 않고 있다. 대부분의 상담 기술 관련 문헌에서 공감의 가치를 거의 예외 없이 강조하고 있지만, 감정 반영을 넘어선 미묘하고 폭넓은 공감의 적용에 대한 논의는 드물다. 또한 공감의 정의 역시 문헌마다 매우 다양하여 인간 대상 서비스 관련 분야 전체적으로도 해당 용어에 대한 합의가 부족한 상황이다.

나는 공감이라는 주제에 대한 깊은 관심과, 현대 치료에서 공감의 본질적인 역할을 명확히 하고자 하는 바람으로『Empathy in Counseling and Psychotherapy: Perspectives and Practices』(2007)를 집필했다. 이 책은 다양한 상담 이론과 실제에서 공감이 어떻게 이해되고 적용되는지에 대해 다양한 문헌을 정리해 소개하고 있으며, 13가지 현대 심리치료 이론에서 공감과 공감적 이해가 어떻게 나타나는지, 그리고 상담 과정 전반에 걸쳐 공감이 어떻게 다양한 기술과 전략에 영향을 미치는지에 대해 구체적으로 다루고 있다. 마지막 장에서는 여러 치료 맥락에서 활용할 수 있는 통합적 공감 모델이 제시되어 있다.

『심리치료를 위한 공감의 기술』에서는 공감의 방대한 잠재력을 최대한 실현하기 위해 다중 양식(multiple modality)의 공감 개념을 체계적으로 제시하고자 했다. 이 책의 개념적인 접근 방식은 상담사와 치료사가 내담자와의 만남에서 의도적으로 세 가지의 공감 방식(주관적, 객관적, 상호관계적)을 활용하도록 안내하고 있다. 치료 과정 전반에서 상담사는 내담자와의 상호작용에 따라 경험적 방식(experiential mode)과 숙고적 방식(deliberative mode)을 오가게 된다. 이러한 통합 모델은 다양한 내담자를 대하기에 적합하고, 전문성 및 근거 기반 실천을 강조하는 최근 흐름과도 일맥상통한다. 지난 100년간 축적된 공감 연구와 문헌을 바탕으로, 이 책은 전통적인 개념의 공감을 넘어서 치료 현장에서의 적용 범위를 확장하고자 했다.

이 책의 서론에서는 상담과 심리치료에서 공감의 발전과 통합에 대해 다룬다. 공감의 핵심 가치는 치료 관계의 형성, 내담자에 대한 이해 증진, 그리고 긍정적 치료 결과의 촉진에 있으며, 내담자를 더욱 깊이 있게 이해하는 것은 신뢰와 라포 형성에 기여한다. 하지만 정신건강 분야에서 공감의 정의가 너무 많고 다양하며, 명확하고 실용적인 개념이 부족하다는 점은 여전히 도전 과제이다. 또한 동정, 연민, 측은(pity) 등과 같이 공감과 비슷한 용어의 혼용으로 인한 혼란도 존재한다. 나아가, 연구와 훈련 현장에서는 감정 반영 기법이 곧 공감으로 간주되는 경향이 강하지만, 공감을 다른 치료 기술과 체계적으로 통합하는 시도는 확실히 부족한 상황이다. 공감의 잠재성과 관련하여 서론에 제시된 통합 모델에 대한 개요는 다양한 내담자와의 상담 경험 전반에서 공감적 이해를 촉진하기 위한 다중 양식을 개념화했다. 삼원적 틀(tripartite framework)을 통해 28가지 전략 및 단계 기술에서 공감이 어떻게 활용되는지, 그리고 관계적 맥락에서 내담자의 독특성과 개별성을 이해하는 데 공감이 어떤 역할을 하는지 제시되어 있다.

책의 그다음 세 개의 장에서는 공감의 통합 모델을 각 기능별로 구체적으로 설명한다. **주관적 공감**(subjective empathy)은 상담사가 내담자와의 상호작용에서 동일시(identification), 상상(imagination), 직관(intuition), 신체화(embodiment) 등 내면적 역량을 활용하여 내담자의 경험을 공감적으로 반영하는 것을 의미한다. **객관적 공감**(objective empathy)은 치료사가 개념적 지식과 데이터 기반의 추론을 의도적으로 활용하여 관계적 맥락에서 내담자를 공감하고 이해하는 것이다. **상호관계적 공감**(interpersonal empathy)은 내담자의 현상학적 경험을 이해하고 이를 전달하며, 다양한 개입을 통해 건설적이고 목적이 있는 변화를 추구하는 과정과 관련이 있다.

책의 마지막 두 장에서는 교육 및 전문적인 현장에서 공감을 통합적으로 적용하는 방법에 대해 다룬다. 첫 부분에서는 한 내담자를 세 단계 치료 과정에 걸쳐 공감을 활용해 이해하고 관계 맺는 전 과정을 보여 주는 사례 연구를 제시한다. 여러 내담자-상담사의 대화 예시를 통해, 실제 삶의 맥락에서 내담자의 경험을 공감 기반 기술로 파악해 가는 과정을 구체적으로 보여 준다. 마지막 장에서는 공감의 통합 모델과 관련된 연구와 훈련, 실천에 대해 다룬다.

연구 부분에서는 상담 및 심리치료에서 공감을 정의하고 실천적으로 적용하려는 방대한 학문적 시도를 평가한다. 훈련 부분에서는 다양한 치료 맥락에서 학생과 실무자의 공감 기술을 개발하기 위한 이론적이고 경험적인 접근에 대해 다룬다. 훈련의 실천 부분에서는 공감이 인지적으로 복합적인 과정임을 강조하며, 반영적 상담사의 다양한 탐색적 상호작용을 보여 준다. 또한 상담사와 치료사가 지속적인 교육을 통한 전문성을 개발하는 것을 통해 다중 관점의 공감 모델에 대한 이해와 적용 능력을 높일 수 있는 방안을 제시한다.

이 책은 주로 상담, 상담심리, 임상심리, 사회복지 분야의 학생과 실무자를 위한 책이다. 작업치료, 정신간호, 정신의학 등 보건의료계 전문가에게도 유용할 수 있다. 대학원 수준에서는 치료 기술, 상담 및 심리치료 이론, 실습 및 인턴십 관련 강의의 부교재로 활용할 수 있고, 정신병리, 다문화, 심리평가 과목의 참고서로도 적합하다. 현장 실무자에게는 치료 관계 형성, 공감적 이해, 긍정적 치료 결과 도출 등 핵심 역량을 최신 연구와 함께 확장하는 데 도움이 될 것이다. 연구자 및 학자에게는 다양한 치료 맥락에서 공감의 정의와 실천적 적용을 다루는 다중 관점 모델의 개념을 확인하는 자료로 사용될 수 있다.

『심리치료를 위한 공감의 기술』을 집필한 나의 궁극적인 의도는, 다양한 치료 현장에서 공감의 방대한 잠재력을 실현하는 데 있다. 이 책이 오래전 칼 로저스가 글로리아와의 상담에서 공감의 힘과 가치를 보여 주었듯이 오늘의 독자들에게도 전할 수 있게 되기를 진심으로 바란다.

차례

제3장

상담 및 심리치료에서의 객관적 공감 / 73

제4장

상담 및 심리치료에서의 상호관계적 공감 / 113

제5장

상담 및 심리치료에서 공감의 통합 모델: 사례 연구 / 203

제6장

공감: 연구, 훈련, 실천에서의 통합 모델 / 235

제1장

상담 및 심리치료에서 공감의 가능성, 어려움, 그리고 잠재력

공감이 상담 및 심리치료에서 계속해서 중요한 역할을 하고 영향력을 발휘하려면, 그 치료 범위와 아직 실현되지 않은 잠재력을 밝혀내고 활용해야 한다. 정신건강 문헌 전반에서 나타나는 공감에 대한 다소 협소하고 모호한 개념은 내담자의 변화와 발전을 이끌어 내는 경로를 제한한다. 특히 상담사와 치료사의 내적 기능(internal functioning)과 신중하고 의도적인 추론(deliberative reasoning)은 관계적 맥락에서 공감을 통하여 내담자를 이해하는 데 중요한 요소들이지만 간과되거나 무시되는 경우가 많다. 공감은 성공적인 치료에 대한 핵심 조건으로 여러 필수 요소 중 하나로 널리 알려져 있지만, 현시대에서 중요하게 생각하는 효율성과 내담자의 증상 완화로 인해 종종 당연시되거나 소외되곤 한다. 칼 로저스(Carl Rogers)가 공감을 상담사의 태도 또는 존재 방식으로 바라봐야 한다는 긴급한 요구를 했음에도, 그의 인간중심 접근(person-centered approach) 밖에서는 이러한 관점이 제대로 주목받지 못했다. 대신, 공감을 통하여 내담자를 이해하는 과정은 종종 감정 반영(reflection of feelings) 기법과 동일시되는 수준으로 축소되었다. 학생들과 전문가들이 접할 수 있는 많은 상담 기술과 관련된 문헌에서 공감은 감정 반영으로 표현되거나, 그 과정에 대해 피상적으로 간략히 다루어지는 경우가 많다. 공감에 관한 방대한 문헌이 다양한 이론적 관점을 포함하고 있음에도 불구하고, 대부분의 상담 및 심리치료 도서에서는 이 주제를 로저스의 인간중심적 전통에 국한하여 다루는 경향이 있다. 이렇게 공감을 정의하고 개념화하는 데 부족한 점이 많기 때문에, 치료 상황에서 공감이라는 개념이 "저는 당신이 어떻게 느끼는지 정확히 알아요." "정말 안타깝네요." 또는 "맞아요. 그들이 당신을 대하는 방식을 보면, 지금 직장을 단 하루라도 더 견딜 필요도 없을 것 같아요."와 같이 부정확하게 표현될 가능성이 있다.

상담사나 치료사가 치료 관계(therapeutic relationship)를 형성하고 내담자를 공감을 통해 이해하려는 노력은 상담 및 심리치료에서 필수적인 활동으로 널리 인정받고 있다. 연구 결과에 따르면, 견고한 작업 동맹(working alliance) 속에서 개인을 더 깊이 이해하는 것이 긍정적인 치료 결과에 기여한다는 사실이 일관되게 제시되고 있다. 공감을 통해 이해 받는다는 느낌을 가질 때, 내담자의 위협에 대한 반응과 방어적 태도가 줄어들고, 치료 목표에 대한 순응도는 높아지는 경향이 있다. 동시에, 치료 관계를 발전시키고 개인의 더 깊은 내면을 이해하려는 노력은 치료 과정 전반에 걸쳐 꾸준히 길러지고 발전되어야 한다. 그러나 현대 치료에서 요구되는 치료 속도의 가속화와 비용 절감의 압박은 공감적 이해를 추구하는 데 잠재적으로 부정적인 영향을 미칠 수 있다. 비록 공감이 거의 모든 치료적 관점에서 높은 가치를 가지는 것으로 여겨지지만, 그 과정이 시간 소모적이고 주의를 분산시킨다는 인식 때문에 효율성에 대한 의문이 제기되기도 한다. 내담자를 개인적으로 이해하기 위해 시간을 들이는 것은 보다 따뜻하고 배려하는 방식으로 그 사람을 대하도록 하지만, 그 과정에서 보다 목표 지향적인 활동을 할 수도 있었던 중요한 치료 시간이 희생될 수 있다. 제한된 상담 세션의 수와 목표 지향적이고 지시적인 치료 계획과 개입이 치료사에게는 더 효율적이고 시의적절해 보일 수 있다. 또한 즉각적인 문제 해결과 내담자의 변화에 중점을 두는 상담사나 치료사에게는, 내담자를 더 깊은 공감을 통하여 이해하려는 노력은 부차적인 우선순위로 여겨질 수 있다.

비록 공감의 가능성은 관계적 맥락에서 공감을 통해 내담자를 이해하는 것에 대한 가치를 강조하지만, 여러 어려움이 치료적인 개선이나 성과를 향한 공감의 완전한 활용을 방해한다. 공감은 100여 년 전에 심층적이고 탐구 중심의 치료가 중시되었던 시대에 도입되었으나, 오늘날에는 책임감을 요구하는 분위기와 근거 기반 심리치료 및 결과가 중시되는 환경 속에서 존재하고 있다. 더욱이, 1960년대 이후 연구와 교육 분야에서 공감을 평가하고 발전시키려는 체계적인 노력은 제한적이고 혼재된 결과를 초래했다. 주요 어려움 중 하나는 치료 문헌에서 공감이 가지는 다양한 의미와 관련이 있다. 현재 상담 및 심리치료 분야에서는 공감에 대한 개념적 정의와 조작적 정의에 대해 연구자와 실무자가 공통적으로 합의하는 데 어려움을 겪고 있다. 특히 연구에서 나타나는 한 가지 문제점은 상담사나 치료사가 공감을 표현하는 방식이 교육 및 실습 환경에서 주로 행동을 관찰함으로써 측정된다는 것이다. 이에 따라 공감에 대한 더욱 미묘하고 섬세한 개념들은 여전히 충분하게 탐구되거나 검토되지 않은 상태로 남아 있다. 칼 로저스와 그의 인간중심 접근법을 지지하는 사람들에게 또 다른 우려는 감정 반영이 연구와 교육환경에서 공감과 동일시되고 있다는 점이다. 또한 동정(sympathy)이나 연민(compassion)과 같은 공감과 비슷한 개념을 가지고 있는 다른 용어들이 혼동되어 치료적 상황에서 오용되는 경우도 많다.

상담치료적 환경에서 공감의 가능성을 활용하는 동시에, 그 어려움과 한계를 해결하는 것은 연구와 실무에서 중요한 방향성을 제시한다. 하지만 공감이 갖고 있는 잠재력을 완전히 실현하기 위해서는 상담 및 심리치료에서 기존의 협소하고 분열된 개념을 초월하는 새로운 패러다임이 필요하다. 이러한 노력의 일환으로, 통합 모델은 실무자가 치료 과정 전반에 걸쳐 공감을 표현하는 다양한 방법을 지속적으로 활용함으로써 공감에 대한 범위와 그 영향을 상당히 확장시킨다(Clark, 2004, 2007, 2010a; Clark & Butler, 2020). 이를 고려하여 공감을 다시 개념화해 보면, 공감은 고차원적인 준거 틀로 기능하며, 서로 다른 공감의 표현 방식들이 삼원적 틀(tripartite framework) 안에 통합될 수 있다(Elliot, Bohart, Watson, & Murphy, 2018). **주관적 공감**(subjective empathy)은 상담사나 치료사의 내면에 있는 감응 능력을 끌어낸다. 하지만 이는 단순히 내담자를 이해하거나 공감적 연결을 형성하기 위한 경험적 자원으로 종종 간과되거나 무시된다. **객관적 공감**(objective empathy)은 내담자를 공감을 통해 이해하는 데 있어, 실무자의 학문적 · 이론적 지식과 축적된 치료 경험을 활용한다. **상호관계적 공감**(interpersonal empathy)은 치료사가 내담자의 현상학적 경험을 이해하며, 훈련과 개발을 통해 발전시킬 수 있는 폭넓은 공감 관련 기술을 촉진한다.

더 확장적이고 포괄적인 공감의 개념은 치료 과정 전반에서 지속적으로 발전하는 세 가지 인식 방식(주관적 · 객관적 · 상호관계적 공감)을 통해 개인을 포괄적으로 이해하도록 돕는다. 이를 위해 상담사는 내담자와 경험적으로 상호작용하면서, 주기적으로 관찰자 및 데이터 기반의 관점으로 전환한다. 이러한 객관적 관점에서 상담사는 한 걸음 물러서서 신뢰할 수 있는 지식 자료와 전문적 경험을 활용하여 치료적 상호작용을 반영할 수 있다. 시간이 지나면서 내담자의 존재 방식에 대한 점차 깊어지는 통합에 대해 구분하여 생각함으로써 전체적인 개인 모델(model of an individual)이 형성되기 시작한다(Wilkinson & Dewell, 2019). 결과적으로, 내담자의 기능 또는 삶의 패턴에 대한 더 깊이 있는 공감적 이해는 치료 과정을 계획하고 치료 기술을 신중하게 운용하는 데 기여한다.

상담 및 심리치료에서 공감의 가능성

내담자와 신뢰 및 라포(rapport)를 형성하는 것은 심리치료 관계의 견고한 기초를 이룬다. 이는 정서적 지지와 상호성을 바탕으로 한 분위기 속에서 개인이 느끼는 위협감이 감소하는 경향이 있기 때문이다. 관계적 맥락에서 내담자를 이해하는 것은 공감을 촉진하며, 이는 많은 상담사와 치료사가 필수적인 치료 목표로 삼는 부분과 일치한다. 실무자들에게 내담자의 경험을 섬세하고 정확하게 인식하는 것은 치료적 진전을 이끌어 내기 위한 필수적인 요소로 보인다. 수십 년간 학자들과 연구자들은 치료 관계와 내담자에 대한 이해가 치료 결과에 미치는 영향을 연구해 왔다. 하지만 오늘날에는 목표 중심의 증상 완화, 정해진 치료 프로토콜, 그리고 세션 시간 제한이 강조되면서, 인간적 유대를 촉진하고 내담자를 더 깊이 이해하려는 노력이 전문적이고 효율적인지에 대해 논란이 되고 있다. 이러한 점에서 공감의 가능성은 내담자를 이해하고 내담자와 관계를 형성하는 가장 기본적인 치료 영역에서조차 논쟁의 여지가 있는 주제가 되었다.

공감과 치료 관계

치료 관계의 상호적이고 소통적인 특성은 내담자의 변화를 효과적으로 이끌어 낼 수 있는 긍정적 환경을 조성하는 데 기여할 여러 잠재 요소를 포함한다(Bachelor & Horvath, 1999; Sexton & Whiston, 1994). 치료 관계의 핵심적인 측면을 구별하기 위해, 보딘(Bordin, 1979)은 내담자와 치료사 간의 개인적 유대, 합의된 목표를 향한 노력, 그리고 그 목표를 달성하기 위한 실질적인 방법을 거론했다. 보딘이 처음으로 **연합**(alliance) 또는 **작업 동맹**을 정의한 이후, 이 개념은 상담 및 심리치료 분야에서 다방면의 실증적 연구와 교육 및 훈련의 중심 주제로 자리 잡아 왔다(Sexton & Whiston, 1994). 당연하게도, 정서적 유대를 형성하고 함께 동의하여 정한 목표를 향해 협력하는 것은 타당한 치료적 추구라고 할 수 있다. 작업 동맹에서 나타나는 공감과 관련된 함의는 관계적 유대와 관련이 있으며, 이는 상담사와 내담자가 서로 같은 정서 또는 감정을 나누고 존중하는 분위기 속에서 내담자가 이해받는다고 느끼는 것을 포함한다. 한편, 호바스(Horvath, 2018)는 보딘이 1979년에 처음 제시한 연합 또는 작업 동맹의 정의를 적용하고 확장하는 과정에서 작업 동맹의 구성 요소와 이보다 더 넓은 개념인 치료 관계 간의 중요한 구분이 흐려질 수 있다고 경고

했다. 최근에는 보다 협소하게 개념화된 작업 동맹이 치료 관계와 거의 동의어처럼 사용되면서, 연구, 교육 및 실제 치료 현장에서 심각한 오해를 초래할 가능성이 커졌다(Gelso, 2019; Myers & White, 2010).

작업 동맹을 넘어, 실제(real) 또는 개인적(personal) 관계 역시 치료 관계의 보다 넓은 맥락 속에 자리하고 있다(Gelso, 2011, 2019). 작업 동맹과 실제 관계는 개념의 유사성 때문에 자주 혼동되는 경우가 있다. 두 과정 모두 정서적 유대를 형성하는 것을 돕지만, 궁극적으로 실제 치료에서 서로 다른 기능을 수행한다. 작업 동맹은 합의된 목표를 위해 함께하는 것을 강조하는 반면, 실제 관계는 치료 과정에서 개인적으로 형성되는 관계이다. 그린슨(Greenson, 1960, 1967)은 작업 동맹이 실제 관계에서 비롯된다고 개념화했다. 보다 최근에 겔소(Gelso, 2019)는 두 방식이 치료적 효과를 위해 서로 영향을 주며, 동시에 형성되는 경향이 있다고 밝혔다. 그린슨의 이론적 틀에는 전이/역전이의 형태도 포함되며, 이는 내담자와 실무자 간의 관계를 방해하거나 강화할 가능성이 있다. 비록 작업 동맹, 실제 관계, 전이 반응은 서로 겹치는 부분이 있지만, 연구와 치료에서 명확해지도록 각각의 개념을 구별할 수 있다.

그린슨(1967)은 치료 관계에서 실제 관계가 중요한 변인임에도 불구하고 종종 간과되는 경향이 있다고 주장했다. 실제 관계의 요소를 규명하려는 과정에서 그린슨(1967)은 치료사와 내담자 간의 진정성 있고 현실적인 관계에 대해 언급했다. **진정성**(genuineness)은 관계 속에서 자신의 진정한 모습을 드러낼 수 있는 능력을 의미하며, **현실성**(realism)은 왜곡되거나 편향되지 않은 방식으로 타인의 현실을 정확하게 이해하는 것을 의미한다(Gelso, 2011). 치료 환경에서 진정성은 거짓되거나 부자연스러운 가면을 쓰는 것이 아니라, 자신의 진정한 모습을 있는 그대로 드러내는 것으로 나타난다. 진정성 있는 감정과 생각의 표현은 상실, 실패, 거절, 희망, 성공, 기쁨 등 인간 존재의 영역에서 경험하는 다양한 감정과 삶의 요소를 포함한다(Gelso, 2011).

이러한 친밀한 자기 개방에 대해, 상담사나 치료사는 상호적인 관계를 중시하며, 공감을 통하여 연결되고자 노력한다. 이를 위해 긍정적이고 존중하는 태도로 내담자의 이야기에 반응한다. 현실성과 관련하여, 현실적인 방식으로 인식된다는 것은 공감을 통해 이해하는 과정을 포함하며, 내담자의 현실을 정확히 파악하지 못할 경우 종종 부정적인 정서 반응을 불러일으킨다. 예를 들어, 내담자는 짜증이 섞인 어조로 "당신은 제가 어떤 사람인지 전혀 모르는 것 같아요." "계속 당신의 생각만 저한테 강요하는 것 같아요." "제가 하는 말을 제대로 듣고 계신 것 맞나요?"와 같이 말할 수 있다. 보다 치료적인 방향에서, 상담사는 내담자의 삶의 경험에 순간적으로 동일시할 수 있는 주관적인 역량을 갖추고 있으며, 이러한 공감적 조율(empathic attunement)은 실제 관계를 강화하고 더욱 견고하게 만든다.

초기에 지그문트 프로이트(Sigmund Freud)가 개념화한 전이(transference)와 역전이(countertransference)는 지속적으로 발전해 온 개념으로, 상담 및 심리치료에서 치료 관계에 영향을 미치는 중요한 변인으로 작용하며, 이러한 개념들은 대부분의 현대적 치료 접근에서 인정되고 있다(Sommers-Flanagan & Sommers-Flanagan, 2017). 실제 치료 현장에서 전이와 역전이의 역동은 내담자와 상담사 간의 공감적 관계를 악화시키거나 강화시킬 가능성이 있다. 전통적으로 전이 반응은 내담자가 과거의 관계를 맺는 방식으로부터 나오는 감정과 태도를 현재의 시점에서 상담사에게 무의식적으로 투영(projection)하는 것을 포함한다(Corey, 2017). 내담자의 부모, 형제자매, 또는 어린 시절의 중요한 인물들과 관련된 전이는 상담사나 치료사에게 긍정적이거나 부정적인 왜곡된 인식을 형성하게 된다(Cormier, Nurius, & Osborn, 2017). 전이의 과정과 역동을 공감을 통해 이해하는 것은 내담자의 과거 관계 중 쉽게 접근하기 어려운 부분을 탐색하도록 돕고, 이는 치료적 변화와 실제 관계 형성을 방해하는 요소들을 해결하는 데 기여한다(Greenson, 1967).

전이가 내담자의 잘못된 지각을 중점에 두는 것과는 달리, 역전이는 상담사나 치료사의 해결되지 않은 개인적 문제가 공감적 이해를 제한하고 진정성 있고 현실적인 치료 관계의 형성을 방해하는 것을 의미한다(Gelso, 2011, 2019). 예를 들어, 치료사가 내담자에게 과도한 보호적 태도를 반복적으로 보이며 전문가적 경계를 넘는 행동을 할 경우, 이는 상호적이고 균형 잡힌 관계의 형성을 방해할 수 있다. 상담사가 역전이 반응을 인식하고 갈등을 일으키는 문제들을 다루면서 이전에는 가려져 있던 내담자에 대한 공감적 이해가 드러나고, 이에 따라 실제 관계도 함께 성장하게 된다(Cormier, Nurius, & Osborn, 2017).

치료 관계의 맥락 속에서 상담사나 치료사는 내담자와 정서적으로 깊이 관여하는 공감 능력을 가지면서도, 개인의 상태에 대해 보다 폭넓고 합리적인 시각으로 전환하여 심층적으로 성찰할 수 있다. 이와 관련하여 정신분석적 개념으로 볼 때, 상담사는 내담자와 **참여적 관찰자**(participant observer)의 태도를 취하며 개인적인 유대와 데이터에 근거한 이해 방식을 오갈 수 있다(Greenson, 1967; Sullivan, 1953). 치료사의 참여적 관여(participant involvement)는 내담자의 생생한 삶의 경험에서 드러나는 세부적인 부분들을 파악하는 데 필수적인 긴밀한 관계를 형성할 수 있게 한다(Greenson, 1967). 동시에, 보다 거리감을 둔 태도를 취하면 내담자의 기능에 관련된 개념적이고 이론적인 데이터를 객관적이고 냉철하게 이해할 수 있다. 더 나아가 참여적 태도는 **내담자와 함께** 체험하고, **내담자에 대해서** 숙고하는 과정을 반복할 때 치료적으로 공감을 최적으로 발휘할 수 있도록 촉진한다(Jaffe, 1986).

상담이나 치료 현장에서 상담사 또는 치료사는 주관적인 경험적 입장에서 보다 분석적이고 객관적인 입장으로 전환하여 다면적인 시각에서 내담자를 치료적으로 더욱 깊이 이해할 수 있는 위치에 있다(Gelso, 2019). 예를 들어, 상담사는 참여적 태도를 취할 때, 자신이 상담 중 내담자와 상호작용할 때 지나치게 통제적으로 행동하는 경향이 있음을 인식할 수 있다. 이때 상담사는 한 걸음 뒤로 물러서 관찰자 입장을 취함으로써 내담자의 현실을 더 공감적으로 파악하고, 자신의 개인적인 '통제' 이슈와 관련된 역전이가 작용할 가능성을 인지할 수 있다. 이러한 사례에서 상담사는 자신의 통제적 경향을 다양한 관점에서 성찰함으로써 비판적 사고를 하게 된다(Deal, 2003).

공감과 내담자 이해

내담자에 대한 공감적 이해는 치료 경험 전반에 걸쳐 점차 발전하고 심화된다. 실무자와 내담자 간의 개인적 관계와 작업 관계는 공감적 연결을 통해 조성되며, 이는 상호적(mutuality)이고 포용적인(inclusion) 분위기를 만들어 낸다. 깊이 이해받는다는 경험은 종종 내담자에게 안도감과 더불어 자신이 존중받고 진지하게 받아들여지고 있다는 느낌을 불러일으킨다(Myers, 2000; van Kaam, 1959). 이러한 공감적 경험은 특히 시간이 지나면서 지속적이고 반복적으로 유지될 때 치료사나 상담사에 대한 믿음과 신뢰성을 형성하며, 이는 궁극적으로 내담자의 지속적인 성장과 발달을 이끌어 낼 가능성을 지닌다(Myers & White, 2010). 실무자에게 있어 내담자를 공감적으로 이해하려는 노력은 순간순간의 구체적인 상황 속에서 이루어지기도 하고, 보다 넓고 포괄적인 관점에서 이루어지기도 한다(Elliot, Bohart, Watson, & Greenberg, 2011). 이러한 과정에서 치료사는 순간적인 그 당시의 경험 속 내담자가 어떠할지 이해하려 할 뿐 아니라, 내담자의 장기적인 삶의 경험을 이해하려 시도한다. 치료 사례의 예로, 범불안장애를 진단받은 40세 내담자가 일주일 동안 반추(rumination)로부터 상대적으로 자유로웠던 몇 가지 순간에 대해 이야기한다고 가정하자. 이에 대해 상담사는 내담자가 오랜 세월 동안 끊임없는 걱정과 고통 속에서 살아온 삶의 맥락 안에서 일시적으로 경험한 정서적 해방감을 공감적으로 인정하고, 그 감정이 지니는 더 깊은 의미를 함께 조명한다.

상담사의 내적 역량은 내담자를 주관적인 관점에서 공감적으로 이해하기 위한 유용한 자원이지만 종종 간과되고는 한다(Clark, 2007, 2010a). 내담자가 일상생활에서 겪는 고충을 이야기할 때, 상담사나 치료사는 감정을 깊이 이입하여 공감함으로써 잠시나마 내담자의 삶을 살아 보는 듯한 경험을 할 수 있다(Clark & Simpson, 2013; Watson & Greenberg, 2009). 이와 관련하여 우리는 다음과 같은 질문을 던질 수 있다. 내담자가 거의 매일 희망이 없고 공허하며 짜증이 난다는 것은 어떤 느낌일까? 한때 삶을 충족시켜 주고 즐거웠던 활동에서 더 이상 흥미나 기쁨을 찾지 못하는 삶은 어떤 모습일까? 자신의 성적 지향을 표현하는 것에 대해 반복적으로 배척당하는 사람의 삶은 어떨까?

또 다른 사례로, 50세의 실직한 서비스 업계 종사자 파울로(Paulo)를 생각해 보자. 파울로가 아침 시간을 어떻게 보내는지 이야기할 때, 상담사는 파울로가 대부분의 시간을 그의 작은 아파트에서 블라인드를 내린 채 소파에 있는 모습을 상상해 본다. 이렇게 상상을 해 봄으로써 상담사는 파울로가 겪고 있는 에너지 부족, 절망감, 그리고 희망이 없는 감정들을 내면 깊숙한 곳에서 공감적으로 경험한다. 파울로가 아파트를 나설 때 일어나는 이야기들을 이어 가면서, 상담사는 그가 짜증과 침울한 기분으로 인해 겪는 껄끄러운 대인관계 장면들을 마음속에 그리게 된다.

비슷한 맥락으로 다문화적 관점에서 볼 때, 내담자의 경험은 실무자의 개인적 배경과 멀게 느껴질 수 있으며, 이때 상담사의 상상해 보려는 노력은 개인 간 차이를 메우고 공감을 통해 내담자를 이해할 수 있도록 큰 도움을 준다(Raines, 1990). 치료 장면의 예를 들어 보자. 한 백인 치료사가 아프리카계 미국인 내담자로부터 인종차별을 당한 상황에 대해 듣고 있다. 내담자가 괴로웠던 경험을 털어놓을 때, 상담사는 자신의 개인적 경험과는 거리가 있는 이야기임에도 불구하고 장면을 마음속에 그려 보고, 그 경험에 공감적으로 반응하게 된다.

개인을 보다 깊이 공감적으로 이해하기 위한 이론적 방법으로, 그린슨(1960, 1967)은 정신분석적 관점에서 **환자 모델**(model of a patient)을 개념화했다. 이 개념적 틀은 치료 과정 전반에 걸쳐 축적된 개인의 존재 방식에 관한 다양한 정보와 통찰을 정리하여 내담자를 전반적으로 파악한다. 이러한 정신적 표상(mental representation)은 시간이 지나면서 다양한 인식 방식을 통해 형성되고, 치료적인 상호작용이 계속됨에 따라 점차 다듬어지고 수정된다. 점차 확장되고 심화되는 공감적 이해들이 통합되어, 내담자에 대한 복합적이고 통합적인 서사가 형성된다(Berger, 1987). 나아가 이러한 개념은 상담사가 내담자가 지닌 기대와 가능성을 공감적으로 이해하고 예측하는 데 도움을 주며, 치료적 개입을 계획하고 방향을 잡는 데 있어 중요한 역할을 한다.

그린슨(1967)은 환자 모델을 구성하는 과정에서 치료사가 내담자의 신체적 외형(physical appearance), 행동 양식(modes of behavior), 정서(affects), 환상(fantasies), 욕구(desires), 감정(feelings), 방어(defenses), 가치관(values), 태도(attitudes) 등을 고려해야 한다고 제안했다. 환자 모델은 어느 정도 임상적으로 유용하며 연구적 관심을 불러일으키기도 했지만, 이 틀은 일관된 구조가 부족하고 치료 현장에서 적용하기에는 다소 다루기 어렵고 복잡하다는 한계가 있다. 이 개념이 공감적 이해를 보다 효과적으로 통합하고, 본래 지녔던 잠재력을 실현하기 위해서는 재구성이 필요하다. 이러한 맥락에서 내담자의 다양한 인식 방식을 구분하고 통합하는 틀을 채택하는 것이 보다 응집력 있고 실제적인 개념화를 가능하게 할 것이다(Wilkinson, Saltis, & Dewell, 2020).

공감과 치료 효과

건전한 치료 관계 안에서 내담자가 지속적으로 이해받는다고 느끼는 경험은 긍정적인 치료 효과에 기여한다(Bachelor & Horvath, 1999; Wampold & Imel, 2015). 연구에 따르면, 내담자 변화의 최대 30%가 치료 관계에 기인하는 것으로 나타났다(Lambert, 1992). 동시에, 치료 동맹(therapeutic alliance), 공감, 치료 기법(treatment techniques)과 같은 치료 변인들은 상호 밀접하게 연결되어 있으며, 실제 치료 과정에서도 중첩되기 때문에 이를 개념적으로 명확히 구분하는 것은 쉽지 않다(Norcross & Lambert, 2018). 예를 들어, 많은 연구에서는 내담자에 대한 이해를 독립된 결과 변인으로 다루기보다는 치료 관계의 한 측면으로 간주한다. 메타분석에 따르면, 공감과 치료 동맹 각각이 치료 효과 변동성의 약 9%를 설명하는 것으로 나타났으며(Elliot, Bohart, Watson, & Greenberg, 2011; Elliot, Bohart, Watson, & Murphy, 2018), 특정한 치료 기법이 차지하는 효과는 0%에서 10% 사이에 불과한 것으로 보고되었다(Norcross & Lambert, 2018).

공감과 직접적으로 관련된 치료 효과 연구에 따르면, 공감적이라고 인식된 치료사는 내담자의 만족도와 웰빙(well-being)을 높이고, 치료 지속률(retention in treatment)을 향상시키며, 신뢰와 안정감을 강화하는 데 기여했을 뿐만 아니라, 내담자가 자신이 이해받고 있다는 감정을 보다 깊게 느낄 수 있도록 했다(Watson, Steckley, & McMullen, 2014). 반면 공감적 이해 수준이 낮은 덜 효과적인 상담사는 내담자가 오해받는다고 느끼거나 충분한 지지를 받지 못한다는 느낌을 유발했다. 그 결과, 내담자들은 치료에

협조하거나 협력하기보다는 조기에 치료를 중단하는 경향을 보였다(Sexton & Whiston, 1994). 치료 상황에서 내담자들이 부정적이고 괴로운 경험을 하는 가장 흔한 원인으로 상담사의 정서적 거리감과 관심 및 개입의 부족이 지적되고 있다(Wampold & Imel, 2015; Weiner, 1998).

치료 동맹의 질이 저하되거나 내담자와 치료사 간의 정서적 유대에 긴장이 발생하면 관계에 균열(rupture)이 생기고, 이는 치료 효과가 감소하거나 치료 중단으로 이어질 수 있다(Eubanks-Carter, Muran, & Safran, 2010). 이러한 균열은 치료사가 특정 치료 목표나 주제에 고집스럽게 집중하고, 내담자가 정서적으로 위축되거나 부정적인 감정을 경험하는 것과 같이, 표면적으로 드러나지 않는 상호작용 과정 속에서 주로 발생한다(Mozdzierz, Peluso, & Lisiecki, 2014). 치료 동맹에 균열이 생겼음을 인식하기 위해서는 관계 속에서 나타나는 균열과 긴장에 민감하게 반응할 수 있는 상담사의 공감 능력이 필수적이다(Watson, 2018). 따라서 오해나 교착 상황이 발생했을 때, 상담사는 내담자의 부정적인 정서 반응을 공감적으로 이해하고, 그 사람이 느끼는 분노나 불만을 인정하는 입장에 설 수 있다(Eubanks-Carter et al., 2010). 관계에서 발생한 긴장과 균열을 탐색하기 위해 치료사가 이러한 균열을 초래한 데 대해 일정 부분 책임을 인정하고 수용하는 태도를 갖는 것은 치료적 탐색을 촉진하는 데 도움이 된다.

치료 관계와 관련된 치료 효과 연구에서는 전통적으로 관계와 치료 기법과 기술을 별개의 요소와 변인으로 구분해 왔다(Gelso, 2011). 그러나 다양한 연구와 치료 상호작용에 대한 논의들은 특정 기법들을 치료 관계와 치료 동맹이라는 맥락 안에 통합하려는 방향으로 이끌고 있다(Kim & Kim, 2013; Norcross & Lambert, 2018; Sexton & Whiston, 1994). 이렇게 논란의 여지가 있는 변화는 공감을 관계적 과정일 뿐만 아니라 치료 반응 양식의 한 구성 요소로도 간주할 수 있는지에 대한 논쟁을 불러일으키고 있다. 반영, 자기 개방(self-disclosure), 직면(confrontation)과 같은 특정 반응 기술들(response skills)은, 건전한 치료 관계 안에서 정확하고 효과적인 의사소통을 전달하기 위해 공감적으로 민감하게 반응하고 깊이 이해하는 능력을 요구한다(Ackerman & Hilsenroth, 2003; Goldfried & Davila, 2005). 이러한 반응 기술들은 다양한 상담 및 심리치료 이론에서 발전된 이론적 개념들에 기반을 두고 있으며, 내담자와 실무자 간 관계적 상호작용의 질과 긴밀히 연결되어 있다(Gelso, 2011, 2019; Hill, 2020). 무엇보다도, 치료 관계와 동맹, 공감 및 공감적 이해, 그리고 치료 기술의 잠재적 통합은 치료 실제와 치료 효과에 있어 각각의 변인이 가지는 상대적 영향력을 둘러싼 중요한 연구 질문들을 제기한다.

상담 및 심리치료에서 공감이 갖는 어려움

상담 및 심리치료에서 공감을 통해 치료적 변화를 이루고 긍정적인 효과를 도출하는 데에는 적어도 세 가지 주요한 도전 과제와 문제가 존재한다. 첫 번째 핵심적인 문제는, 공감에 대한 개념화와 정의가 모호하고 일관되지 않으며 지나치게 협소하여, 연구 결과의 일관성을 저해하고, 훈련과 실제 적용 과정에서 기술 활용을 어렵게 만든다는 점이다. 정신건강 전문 영역 전반에 걸쳐, 치료 문헌에서는 공감의 의미와 과정의 핵심 요소에 대해 다양한 정의가 난립하고 있으며, 이에 대한 합의가 부족한 상황이다. 두 번째 문제는, 공감과 동정, 연민, 측은과 같은 여러 용어가 혼동되어 사용되면서, 내담자와의 상호작용 과정에서 오해와 혼란을 초래한다는 점이다. 세 번째로, 오랜 기간 지속되어 온 문제는 공감 및 공감적 이해가 다양한 반응 기술의 핵심 구성 요소로 충분히 통합되지 못하고 있다는 것이다. 대신, 감정 반영이 연구와 훈련 현장, 그리고 학생들과 실무자들이 접근할 수 있는 현대 문헌에서 공감과 동일시되는 경우가 빈번하다.

공감의 정의

공감은 19세기 후반 독일 미학(German aesthetics)에서 Einfühlung(감정 이입)이라는 개념으로 시작되어, 수십 년에 걸쳐 대인적 의미를 띠며 심리학 담론에 편입되었고, 이후 영어로 empathy로 번역되었다(King, 2011; Wispé, 1986). 지그문트 프로이트(Sigmund Freud), 알프레드 아들러(Alfred Adler), 샨도르 페렌치(Sándor Ferenczi)와 같은 고전 이론가들도 저술에서 공감 개념을 언급하기 시작했으며, 이후 칼 로저스(Rogers, 1959, 1975)의 연구를 통해 공감이 널리 대중화되었다. 오늘날 공감은 전통적인 상담 및 심리치료의 대부분에서 핵심적인 요소로 인식되고 있다(Carlozzi, Bull, Stein, Ray, & Barnes, 2002; Clark, 2007; Corey, 2017). 그러나 오랜 치료와 연구의 역사를 지니고 있음에도 불구하고, 현재 공감에 대한 수많은 정의가 존재하며, 그 의미와 치료적 적용 방식 또한 일관되지 않은 상황이다(Keefe, 1976; Pigman, 1995). 수십 년 전해크니(Hackney, 1978)는 상담 분야 출판물에서만 21가지 공감 정의를 문서화한 바 있다. 최근 연구에 따르면, 한 연구팀은 인적 서비스(human service) 분야의 문헌에서 공감에 관한 43가지의 다양한 정의와 개념화를 분석하여 밝혀냈다(Cuff, Brown, Taylor, & Howart, 2016).

칼 로저스는 공감을 치료의 촉진적 조건(facilitative condition)으로 인식시키는 데 있어 중심적인 역할을 했으며, 수십 년 동안 복지 및 상담 분야에서는 그가 정의하고 개념화한 공감과 공감 과정에 기반하여 연구와 실천을 이어 오고 있다(Corey, 2017; Raines, 1990). 로저스(1959)는 공감적 경험에 대해 다음과 같이 서술했다. "타인의 내적 준거 틀(internal frame of reference)과 그에 수반되는 정서적 요소와 의미를, 마치 자신이 그 사람인 것처럼 정확하게 지각하되, '마치(as if)'의 조건을 결코 잃지 않는 것이다" (pp. 210-211). 로저스는 인간중심 접근에서 공감을 개념화할 때 상담사의 관점을 배제해야 한다고 강하게 주장했다. 이와 관련하여 그는 다음과 같이 설명했다. "당신은 잠시 동안 자신이 가진 관점과 가치관을 내려놓고, 편견 없이 타인의 세계로 들어가야 한다"(Rogers, 1975, p. 4). 그러나 최근 몇 년 동안 공감은 일방향적(unidirectional) 과정에서 점차 상호적(mutual)·상호작용적(interactive)·관계적(relational) 틀로 진화해 왔다(Freedberg, 2007; Jordan, 2017). 이러한 맥락에서, 공감에 대한 상호적이고 포괄적인 개념은 그 출발점이 되었던 현상학적 모드를 넘어 확장되면서, 여전히 그 본질을 정의하는 데 어려움을 동반하고 있다(Neukrug, Bayne, Dean-Nganga, & Pusateri, 2013).

로저스의 보다 명확한 공감 개념과는 달리, "다른 사람의 입장이 되어 보라."거나 "마음으로 들으라."와 같은 흔히 사용되는 표현들은 지나치게 단순하고 모호하다. 또한 임상적 관점에서 제시된 정의들은, "내담자의 감정에 귀를 기울이라." 또는 "내담자의 인지적 · 정서적 경험을 인식하라."라는 식으로 나타나며, 공감 과정을 실제로 어떻게 수행할지에 대한 구체적인 통찰을 거의 제공하지 못한 채 피상적 수준에 머물러 있다(Schlesinger, 1981). 그러나 공감의 가능성과 관련하여 보다 건설적인 논의가 이어지는 가운데, 상담 및 심리치료 문헌에서는 합의된 공감 개념을 모색하는 다양한 시도가 제시되어 왔다. 이론적으로는 관계적(relational), 문화적(cultural), 그리고 실제적(operational) 측면을 포함하는 다차원적 공감 개념이 보다 포괄적이며 다양한 치료적 적용을 촉진하는 데 기여할 수 있다(Sexton & Whiston, 1994). 또한 상담 및 심리치료에 국한된 공감 정의는 아동과 청소년에게 공감을 기르는 것과 같은 사회적 이슈나 발달 관련 주제들과의 혼선을 줄이는 데에도 기여한다.

연구, 교육, 그리고 실제 적용과 관련하여, 상담 및 심리치료에서 보다 널리 수용될 수 있는 공감에 대한 정의를 확립하려는 노력은 여러 가지 이점을 제공한다. 〈표 1-1〉은 상담 및 심리치료에서 공감 정의에 대한 합의가 이루어질 경우 기대할 수 있는 이점들을 정리한 것이다.

〈표 1-1〉 상담 및 심리치료에서 공감 정의에 대한 합의가 가져오는 이점

1. 광범위한 문헌적 지지를 받는 개념화(Bayne & Hays, 2017)
2. 연구에서 의미 있는 비교와 측정이 가능함(Gerdes, Segal, & Lietz, 2010)

3. 연구와 실제 적용에 적합한 실행 가능한 틀 제공(Barkham, 1988; Bayne & Hankey, 2020)
4. 종종 간과되거나 탐색되지 않은 학문 영역에 대한 탐구 촉진 (Cuff et al., 2016)
5. 다양한 치료 접근법 전반에 걸친 명확하고 공통된 용어 정립 (Goldfried, 2019)
6. 보다 폭넓은 치료 기술을 통한 임상적 활용성 증대(Clark, 2007, 2010a; Kim & Kim, 2013)
7. 학생, 슈퍼바이지(supervisee), 실무자가 이 틀을 개념화할 수 있는 역량 강화(Nerdrum, 1997)
8. 교실 및 훈련 환경에서 효과적인 지도 및 학습 가능(Gerdes, Segal, Jackson, & Mullins, 2011)
9. 훈련, 슈퍼비전, 실제 적용 과정에서 의사소통의 명료성 증진 (DePue & Lambie, 2014)
10. 내담자를 다양한 인식 방식을 통해 이해할 수 있는 공감적 역량 강화(Clark, 2007, 2010a; Clark & Butler, 2020)

공감과 의미 구분

치료 맥락에서 공감은 종종 연민, 동정, 측은과 같은 관련 개념들과 혼동되곤 한다(Gerdes, 2011). 실무자가 이러한 개념들을 혼동하거나 잘못 사용하는 경우, 내담자에 대한 이해를 저해하고 비생산적인 결과를 초래할 수 있다. **연민**은 내담자의 고통에 민감하게 반응하고 이를 경감시키려는 충동을 포함한다(Brill & Nahmani, 2017). 그러나 내담자의 고통을 덜어 주려는 시도는, 오히려 그 사람이 직면한 도전과 어려움을 치료적으로 다루는 과정을 방해하는 의도치 않은 결과를 초래할 수 있다. 대다수 상담사와 치료사에게 있어, 공감적 반응에 요구되는 적극적인 개입과 세심한 분별에 비해, 연민은 상대적으로 자동적으로 일어나는 감정 반응이다.

공감과 동정의 의미 또한 치료 환경에서 종종 혼동의 대상이 되곤 한다(Bloom, McNeil, Flasch, & Sanders, 2018; Clark, 2010b; Wispé, 1986). 치료 상황에서 실무자들은 종종 동정과 공감을 혼용하거나, 동정적 반응을 공감적 반응으로 잘못 표현하는 경우가 있다(Bloom & Lambie, 2019). **동정**은 내담자의 불운한 상황에 대해 상담사나 치료사가 관심이나 슬픔을 표현하는 것을 의미한다. 반면 공감의 목표는 내담자에게 동의하고 있다는 인상을 주지 않으면서, 그 사람의 경험과 감정을 이해하고 있음을 표현하는 데 있다. 동정의 목적은 위로를 제공하고 내담자의 고통을 덜어 주는 데 있다. 그러나 동정적 상호작용에서는 치료사가 내담자의 **편을 들어** 내담자의 경험과 관련된 대안적 관점들을 치료적으로 탐색할 기회를 차단할 수 있다. 그럼에도 불구하고 내담자의 슬픈 상황이나 상태에 대해 민감하게 반응하는 인간적인 표현으로 가끔 동정을 보이는 것도 적절할 수 있다. 반면 **측은**은 상담사나 치료사가 내담자의 어려운 상황을 향해 연민을 가장하여 우월한 태도를 취하는 것을 의미한다(Gerdes, 2011). 측은심을 표현할 경우, 내담자는 종종 비난의 대상으로 인식되며, 치료사는 치료 상황에서 부적절한 경멸적 어조를 취하게 된다.

치료적 범위와 공감

내담자의 감정을 반영하고 경험의 본질적인 측면을 포착하려는 시도는 상담 및 심리치료에서 중요한 기술로 여겨진다(Young, 2021). 그러나 치료 문헌에서는 감정 반영이 종종 공감과 동일시되면서, 공감을 보다 다양한 기술로 확장하여 적용할 수 있는 가능성을 제한해 왔다(Corey, 2017). 1960년대 후반부터 치료 기술 훈련은 관찰 가능한 행동 표현을 통해 공감을 전달하는 데 초점을 맞추기 시작했다(Truax & Carkhuff, 1967; Carkhuff & Berenson, 1977). 그러나 정신건강 분야의 전문가들은 이러한 조작적 방법들이 공감 경험의 풍부함과 복합성을 충분히 포착하지 못한다고 보고 강하게 비판했다(Hackney, 1978; Rogers, 1986). 감정 반영 기술조차도 종종 내담자가 방금 표현한 내용을 기계적이고 형식적으로 반복하는 데 그친다는 비판을 받았다(Rogers, 1986; Wolowitz, 2002).

감정 반영의 오용에 대한 주의에도 불구하고, 이 치료 기술은 관찰 가능하고 측정 가능한 특성 덕분에 연구와 훈련 분야에서 여전히 두드러진 역할을 유지하고 있다(Bozarth, 1998). 그러나 최근 들어, 치료 맥락에서는 공감을 보다 넓게 표현하려는 체계적인 노력이 이루어지면서, 더 폭넓고 유연한 언어적 반응 양식과 기술의 활용이 더욱 강조되고 있다(Egan & Reese, 2019; Ivey, Ivey, & Zalaquett, 2018; Sommers-Flanagan & Sommers-Flanagan, 2018). 또한 연구자들은 치료 기술 안에 공감 과정을 통합할 수 있도록, 공감의 범위를 여러 관점을 포괄하는 방향으로 확장하는 것이 중요하다는 점을 점차 인식하고 있다(Bayne & Hays, 2017; Kim & Kim, 2013).

상담 및 심리치료에서 공감의 잠재력

공감의 잠재력은 전 세계적으로 출판된 방대한 자료와 풍부한 논의를 통해 분명히 드러난다. 지난 100여 년 동안, 다양한 이론적 기여와 연구가 축적되면서, 치료 맥락에서 공감을 깊이 이해하고 통합적으로 탐구할 수 있는 든든한 문헌적 기반이 마련되었다 (Bohart & Greenberg, 1997; Clark, 2007). 칼 로저스가 1964년에 인식 방식(ways of knowing)에 관해 쓴 책의 챕터가 영감을 주었으며, 상담 및 심리치료에서 통합적 공감 모델을 개발하는 데 있어 사고의 전환점을 제공했다(Clark, 2004). 이 잘 알려지지 않은 저술에서 로저스(1964)는 공감에 관한 통찰을 세 가지 관점(상호관계적 · 주관적 · 객관적 관점)으로 제시했다. 상호관계적 관점에서 로저스는 내담자의 내적 준거 틀을 파악하고 그 이해를 정확하게 전달하려는 현상학적 인식 방식을 강조했으며, 이는 대부분의 상담사와 치료사에게 익숙한 접근 방식이다. 이 에세이에서 로저스는 일상생활과 과학적 추론에서의 주관적 공감과 객관적 공감을 언급했는데, 당시에는 이러한 두 가지 양식이 치료 과정에 적용될 때 가지는 한계에 대해 비판적으로 보았다. 로저스의 관점에 따르면, 주관적 공감은 실무자의 편견과 선입견에 의해 감정적으로 왜곡될 수 있어, 내담자 이해에 왜곡을 초래하고 치료 관계에 긴장을 유발할 수 있다. 또한 상담사나 치료사가 객관적 공감 접근 방식을 통하여 비인격적이고 대상화된 방식으로 내담자와 관계를 맺을 때, 효과적인 치료를 방해할 수 있다.

공감의 통합 모델

상담 및 심리치료에서 통합 모델은 다양한 관점과 조직적 구조를 기반으로 공감을 세 가지 접근 방식(주관적 · 객관적 · 상호관계적 공감)으로 개념화한다(Clark, 2004, 2007, 2009, 2010a; Clark & Butler, 2020). 이 치료 모델은 다양한 치료 맥락에서 로저스의 공감에 관한 인식론을 확장하고 통합한다(Edwards, 2010). 내담자를 다양한 관점과 경로에서 바라보는 과정은, 점차 발전하는 치료 관계 속에서 공감적 이해의 깊이와 풍성함을 증진시키는 데 기여한다(Deal, 2003; Owen & Lindley, 2010). 이 통합적 틀은 치료 과정 전반에 걸쳐 다양한 인식 방식을 적용함으로써 그 효과를 극대화한다(Corey, 2017; Egan & Reese, 2019; Sommers-Flanagan & Sommers-Flanagan, 2017, 2018).

주관적 공감은 상담사가 짧은 순간 동안 내담자가 된 것 같은 경험을 간접적으로 하게 한다. 깊이 이입하여 공감하는 과정을 통해, 상담사나 치료사는 내담자의 즉각적인 경험에 반응하면서 동일시(identification), 상상(imagination), 직관(intuition), 신체화(embodiment)와 같은 내적 역량을 활성화하게 된다. 동일시는 상담사가 경험한 내용과 내담자가 경험한 내용 사이의 부분적이고 일시적인 유사성을 연결한다. 상담사가 상상을 통해 공감할 때는, 내담자가 들려주는 생생한 이야기를 듣는 과정에서 다양한 심상과 감정이 담긴 스키마(도식, schema)가 떠오른다. 치료사의 직관은 내담자의 기능 패턴과 관련된 인상과 지각을 신속하게 불러일으킨다. 신체화는 내담자의 신체적 감각이 치료사 안에서 유사한 생리적 반응을 일으킬 때 발생한다.

객관적 공감은 내담자를 공감적으로 이해하는 데 있어, 이론적으로 뒷받침된 자료, 신뢰할 수 있는 학문적 연구, 그리고 상담사나 치료사가 축적해 온 치료 경험을 바탕으로 한다. 신뢰할 만한 자료를 참고하는 과정을 통해, 실무자는 치료 관련 구성 개념(therapy constructs), 다문화적 차원(multicultural dimensions), 진단 체계(diagnostic systems)와 같은 자료들을 고려하여, 목적 있고 신중한 판단을 형성해 나간다(Deal, 2003).

상호관계적 공감은 상담사나 치료사가 내담자의 준거 틀에 민감하게 조율하고, 그 사람의 감정과 의미를 이해하고 있음을 전달하려는 시도를 포함한다. 언어적 및 비언어적 상호작용을 포함하는 관계적 과정을 통해, 실무자는 내담자의 현상학적 경험을 정확히 파악하고, 공감 기반 기술을 활용하여 내담자의 건설적인 변화를 촉진하고자 한다.

공감의 통합적 정의

상담 및 심리치료에서 공감의 통합적 정의는 다양한 관점의 틀에 부합한다. 즉, **주관적 · 객관적 · 상호관계적 접근 방식을 활용하여 개인의 감정과 의미에 민감하게 조율하는 것이다**(Clark, 2010a; Clark & Butler, 2020). 이 개념화는 실무자의 내적 처리 과정과 이론적으로 뒷받침된 추론 능력처럼 종종 간과되거나 소홀히 다루어졌던 역량들을 포괄한다(Elliot, Bohart, Watson, & Murphy, 2018). 동시에, 주관적 관점과 객관적 관점은 내담자의 현상학적 경험을 파악하고 개인의 기능을 이해하려는 데 중점을 두는 상호관계적 접근 방식을 보완하는 역할을 한다(Egan & Reese, 2019). 각각의 공감 양식에 대한 논의를 다룬 고전과 현대의 다양한 문헌이 풍부하게 있다. 이러한 방대한 자료는 연구, 교육 및 실천 분야에서 활용할 수 있는 다양한 공감 양식을 아우르는 통합적 공감 모델 개념화를 뒷받침하고 있다. 이 개념화는 공감의 전통적 정의와 그 현상학적 뿌리를 넘어, 상담 및 심리치료 맥락에서 공감과 공감적 이해의 잠재력을 실현하려는 100여 년에 걸친 탐구의 성과를 확장해 나가고 있다.

공감적 자기 활용

통합 모델에서 상담사나 치료사는 치료 과정 전반에 걸쳐 다양한 공감 양식을 활용함으로써 **공감적 자기 활용**(empathic use of self)을 수행한다. 주관적 관점에서는 실무자가 내담자의 경험과 연결되는 감정 반응에 깊이 이입하여 공감하고, 객관적 관점으로 전환할 때는 축적된 치료 경험과 신뢰할 수 있는 폭넓은 학문적 지식을 활용할 수 있다. 상호관계적 관점으로 이동하면, 상담사의 공감적 자기 활용은 다양한 개입 및 전략을 처리하는 과정에서 적극적으로 작용한다. 이와 관련하여 작업치료(occupational therapy) 분야에서는 **치료적 자기 활용**(therapeutic use of self)이라는 용어를 사용하며, 이는 내담자와 치료사 간의 대인관계의 중요성을 강조한다. 그러나 특히 정신건강 영역 밖에서 작업치료가 이루어질 때는, 치료적 자기 활용이 전통적 심리치료 관계가 가지는 강도, 지속성, 복합성을 충분히 반영하지 못하며, 이는 공감적 자기 활용이 지닌 특성과는 차이를 보인다(Taylor, 2008).

상담 및 심리치료에서 공감에 대한 추가 고찰

수십 년에 걸쳐 정신건강 분야에서 공감에 대한 정의가 난립하면서, 연구, 교육 및 실천에서 치료적 발전을 제한하는 혼란스러운 상황을 초래하게 되었다. 공감을 정의하고 개념화하는 데 있어 합의에 도달하는 것은 여전히 어렵고, 어떤 측면에서는 달성 불가능한 과제처럼 보인다. 그러나 동시에, 오늘날 상담 및 심리치료 맥락에서 공감의 의미와 기능을 명확히 하기 위해 일정 수준의 공통 기반을 모색할 수 있는 기회 또한 존재한다. 이러한 노력 속에서, 관계적 맥락에서의 공감 경험을 구체화할 수 있는 방대한 양의 풍부한 문헌이 축적되어 있다. 공감의 본질을 이루는 다차원적 특성 및 상호적인 특성과 같은 핵심 요소들을 규명하는 작업은, 연구자와 실무자 사이에서 이 개념에 대한 일정 수준의 합의를 이끌어 내는 데 기여할 수 있다. 공감을 복잡하고 미묘한 과정으로 개념화하는 것 또한 기존의 피상적이고 협소한 공감 개념 사용에 도전하는 또 하나의 방향성을 제시한다. 또한 공감에 대해 태도적 특성을 존중하면서도 조작적 개념으로 정의하려는 접근 역시 유망한 탐구 방향으로 부각되고 있다. 이 미해결된 질문은 오랜 세월 동안 정신건강 분야를 갈라놓은 논쟁과 직결되어 있다.

제2장

상담 및 심리치료에서의 주관적 공감

치료 관계 안에서, 치료의 초점은 종종 내담자에 대한 공감적 이해를 강조한다. 이는 단순히 개인의 경험을 파악하려는 시도를 넘어서, 상담사나 치료사가 이해한 바를 내담자에게 되돌려 전달하는 기능을 포함한다. 그러나 이러한 전통적 치료 관계에서는 상호작용이 주로 내담자에게만 향하는 경향이 있으며, 상담사나 치료사의 주관적이고 내적인 반응은 대부분 간과되거나 최소화된다. 치료사의 주관적 입장은 편향이나 개인의 감정에 영향을 받을 수 있다는 점에서 비판의 대상이 되어 왔다. 이러한 감정은 내담자의 관점을 정확히 인식하는 데 왜곡을 초래할 수 있다(Goldberg, 1983; Rogers, 1975). 주관성은 검증 가능성이 부족하고, 실질적으로 검토나 실험이 어려운 자의적이고 변덕스러운 견해와 연관되곤 한다(Basch, 1983). 나아가 치료사가 주관적인 관점에서 내담자에게 공감할 경우 전문가로서의 경계를 훼손하거나 내담자의 자율성을 약화시킬 가능성도 존재한다(Hermansson, 1997). 그 결과, 치료 공동체의 일부 영역에서는 상담사나 치료사가 내적인 개인 경험에 기반해 내담자를 공감적으로 이해하려 할 때, 그 주관적 자세의 오용 가능성에 대해 지속적으로 주의와 우려를 표하고 있다.

주관적 공감과 실무자의 경험

주관성의 본질적 특성에 대한 우려에도 불구하고, 치료 과정 동안 내담자의 이야기들은 상담사나 치료사 안에서 자연스럽게 심상, 감정, 생리적 감각과 같은 내적 경험을 촉발시킨다(Berger, 1987). 내담자의 생생한 이야기를 들을 때, 다양한 감정이 실무자의 내면에서 자주 일어나며, 이를 통해 내담자를 경험적 관점에서 보다 깊이 이해할 수 있는 기회가 마련된다. 치료 맥락에서 실무자가 자신의 내적 반응에 조율하는 현상은 불가피하게 발생하며, 그 가능성과 가치를 고려할 때 주관적 처리를 최소화하라는 강력한 요구는 실제 경험과 혼란스럽고 모순되는 것으로 여겨질 수 있다(Smith & Nizza, 2022; Vanaerschot, 1997). 보다 현실적이고 목표 지향적인 접근은 상담사가 주관적 오해와 편향을 줄이기 위해 자신의 역할을 의식적으로 명확히 하는 데 있다. 주관적 과정을 거부하거나 간과하기보다는, 실무자의 내적 경험은 내담자의 존재 방식을 공감적으로 파악하는 데 기여할 수 있는 잠재력을 지니고 있다. 존 스타인벡(John Steinbeck, 1952/2002)도 이 점을 "사람을 이해하려면, 그 사람을 당신 안에서 느낄 수 있어야 한다."(p. 444)라고 강조했다.

내담자의 다양하고 폭넓은 표현을 경청하는 과정에서, 상담사와 치료사는 종종 정서 반응과 내면의 감각이 자극되는 경험을 하게 된다(Bugental & Sapienza, 1994). 내담자의 감정에 깊이 공감하며 내면적으로 반응하는 경험을 통해, 실무자는 잠시나마 내담자의 입장이 되어 보는 듯한 공감적 이해에 도달할 수 있다. 이론화하거나 분석하는 태도와는 질적으로 구분되는, 수용적이고 탐색적인 자세를 취함으로써 치료사는 내담자의 삶을 간접적으로 들여다보는 경험을 하게 된다(Agosta, 1984; Gerdes & Segal, 2011). 상담사는 내담자의 경험과 감정에 깊이 반응하며, 이러한 공감적 반응은 내담자에게 다시 반영되어 전달된다(Bugatti, 2021). 이런 맥락에서 주관적 공감은 실무자가 치료적 상호작용 속에서 동일시, 상상, 직관, 신체화라는 내면의 역량을 적극적으로 활용하는 방식과 깊이 연결되어 있다(Clark, 2007, 2009, 2010a; Clark & Butler, 2020).

통합 모델에서의 주관적 공감

주관적 접근 방식(subjective modality)을 통해 치료사는 내담자와의 대화 속에서 자신의 감정과 내면의 반응에 민감하게 반응하게 된다. 동시에 상담사는 감정적으로 깊이 공감하며 반응하는 가운데, 핵심적인 초점은 여전히 내담자에게 맞춰진다(Barrett-Lennard, 1981). 이러한 맥락에서 실무자는 내담자의 관점과 존재 방식을 다양한 과정을 통해 반영하고자 하는 타인 중심적 관점을 유지하려 노력한다(Coplan, 2011a, 2011b). **동일시**는 내담자와의 부분적이고 암묵적인 경험의 유사성을 통해 일시적인 유대감을 활성화하는 것이다. **상상**은 내담자의 과거, 현재, 미래의 이야기들에 반응하여 심상과 다양한 정서 반응을 떠올리는 것을 의미한다. **직관**은 내담자와 관련된 설명적 패턴이나 정보의 근원을 확신에 가까운 느낌과 함께 빠르게 인식하는 능력과 관련된다. **신체화**는 내담자의 신체적 경험에 대한 반응으로 나타나는 신체 감각의 유발과, 공유된 신경 네트워크의 활성화와 관련된다.

주관적 공감의 네 가지 구성 요소 각각은 상담과 심리치료에서 공감 및 공감적 이해와 관련된 방대한 문헌 속에서 뚜렷이 확인할 수 있다(Eisengart & Faiver, 1996; Goodyear, 1979; Margulies, 1989; Ridge, Campbell, & Martin, 2002). 이 네 가지 역량은 비교적 구분되어 있지만, 실제 치료 장면에서는 이들 간의 상호작용이 불가피하게 겹쳐지기도 한다. 예를 들어, 상담사나 치료사는 내면에서 상상 역량을 작동시켜 심상을 떠올리기도 하지만, 때로는 직관적(intuitive) 반응을 통해서도 심상이 마음속에 떠오를 수 있다. 주관적 공감의 구성 요소들은 각각 구별된 개념으로 설명되고 있지만, 실제로 이 역량들을 활용할 때는 유연하고 창의적인 특성이 함께 나타난다. 비록 주관적 공감은 상담 및 심리치료에서 공감적 이해를 이루는 데 필수적인 부분이지만, 이 접근 방식만으로는 완전하지 않다. 치료 과정이 진행되는 동안, 내담자에 대한 보다 깊고 포괄적인 공감적 이해를 추구하는 맥락에서는 주관적 관점, 객관적 관점, 그리고 상호관계적 관점이 반복적으로 함께 교차하고 융합된다.

동일시

내담자가 개인적 경험을 이야기할 때, 상담사나 치료사는 유사한 경험을 통해 그와 적극적으로 동일시할 수 있는 위치에 놓이게 된다(Clark, 2007, 2010a; Clark & Simpson, 2013; Stewart, 1956). 동일시의 과정에서는 치료 장면 속에서 실무자의 내면에 일시적인 정서적 연결이 형성된다. 감정 반응은 개인마다 다를 수 있지만, 인간으로서의 보편적인 취약성과 갈망을 공유함으로써 내담자와의 유대감이 형성될 가능성이 높아진다(Sharma & Clark, 2018; Vanaerschot, 1997). 인간 존재의 취약성과 끊임없는 열망은 치료사가 동일시를 통해 내담자의 삶을 보다 깊이 공감하도록 이끈다(McWilliams, 2004). 내담자의 삶을 부분적이고 일시적으로 동일시하는 과정 또한 내담자를 보다 현실적으로 이해하는 데 도움이 된다(Gelso, 2011; Modell, 1979). 한 치료 장면의 예로, 한 학교 상담사가 8세 여학생 토냐(Tonya)를 상담하는 상황을 생각해 보자. 토냐는 쉬는 시간 동안 다른 아이들에게 외면당한 경험을 눈물을 글썽이며 이야기한다. 토냐는 그날 아침 두 명의 여자아이에게 다가가 줄넘기에 함께 끼워 줄 수 있는지 물었지만, 그 아이들은 그녀를 못 본 척하며 무시했고, 토냐는 혼자 운동장 한쪽 구석으로 달려가 울었다고 말했다. 상담사는 토냐와 완전히 동일한 상황을 겪어 본 적은 없지만, 인생의 어느 순간 타인에게 거절당하거나 무시당했던 경험을 통해 부분적으로 동일시할 수 있었다. 토냐가 이 아픈 순간을 이야기하는 찰나, 상담사는 경미하지만 분명한 형태로 상처와 고통의 감정을 내면에서 경험한다.

이론적 관점에서 볼 때, 동일시는 상담과 심리치료의 초기 역사 이래로 공감과 오랫동안 연관되어 논의되어 왔다(Modell, 1979). 알프레드 아들러(Alfred Adler)는 대인관계에서의 공감의 중요성과 치료 맥락에서 내담자의 삶에 대한 근본적인 인식을 이해하는 데 있어 공감의 중요성을 강조한 최초의 이론가였다(Clark, 2016). 아들러(1927)는 "공감은 한 사람이 다른 사람과 대화하는 그 순간에 발생한다. 상대방과 동일시할 수 없다면, 그 사람을 이해하는 것도 불가능하다."(pp. 60-61)라고 했다. 그는 동일시를 인간에게 내재된 능력으로 보았으며, 사회적 상황에서 어떻게 행동해야 할지를 판단하는 데 있어 동일시가 필수적이라고 보았다. 이와 관련하여 아들러(1927)는 “우리는 이 능력을 동일시라고 부르며, 공감이라고도 한다. 이 능력은 인간에게 탁월하게 발달해 있으며, 심리적 삶의 모든 영역에서 발견될 수 있을 정도로 그 범위는 매우 넓다.”(p. 60)라고 언급했다. 또한 아들러는 동일시라는 능력이 대인관계에서 지니는 의미에 대해 “타인의 입장에서 행동하고 느끼는 이 능력의 기원을 찾고자 한다면, 우리는 그것이 인간에게 선천적으로 존재하는 사회적 감정 속에 자리하고 있음을 알 수 있다.”(p. 61)라고 덧붙였다.

어떤 특정 치료 사례를 언급하면서, 아들러(1929/1969)는 내담자와의 공감적 이해를 추구하는 과정에서 실무자가 동일시를 수행하는 것이 얼마나 핵심적인 역할을 하는지를 강조했다. 그는 “이와 같은 사례를 다룰 때, 동일시(곧 타인의 상황에 공감적으로 자신을 놓을 수 있는 능력)는 무엇보다도 중요하다.”(p. 109)라고 언급했다. 심리평가 관점에서 아들러(1937)는 초기 기억을 투사적 기법으로 일상적으로 활용했으며, 첫 기억의 의미를 파악하는 데 있어 공감과 동일시가 지니는 중요성을 강조했다. 이와 관련하여 아들러(1929/1969)는 “초기 기억을 이해하는 기술은 높은 수준의 공감, 즉 아동기의 상황 속에 있는 아이와 동일시할 수 있는 능력을 필요로 한다.”(p. 14)라고 서술했다. 정신분석적 관점에서도 지그문트 프로이트는 동일시에 대해 타인을 공감적으로 이해하는 데 기여하는 지적 과정으로 언급한 바 있다(Pigman, 1995). 프로이트(1921/1955)는 “동일시를 통해 모방에서 공감으로 나아가는 길이 열리며, 이를 통해 우리는 타인의 심리적 삶에 대해 어떤 태도를 취할 수 있는 메커니즘을 이해하게 된다.”(p. 110)라고 설명했다. 또한 정신분석가 플리스(Fliess, 1942)는 공감을 "일시적 동일시(trial identification)"로 설명했으며, 이를 통해 분석가가 환자로부터 "마치 직접 경험한 듯한 내면적 통찰"(p. 212)을 얻을 수 있다고 보았다.

실무자에게 있어 동일시는 내담자의 존재를 이해하게 하는 경험의 부분적 공통성을 잠시나마 전달하는 과정을 포함한다(Vanaerschot, 1997). 동시에, 상담사나 치료사는 일시적으로 동일시를 불러일으킬 수 있지만, 내담자의 경험으로부터 감정적으로 분리된 상태로 적절히 전환하는 것이 필수적이다(Beres & Arlow, 1974; Katz, 1963). 동일시 과정에서 적절한 시점마다 한 걸음 물러나 의식적인 거리 두기를 하지 않으면, 치료사는 내담자의 강도 높은 경험에 압도되거나 감정적으로 휩쓸릴 위험이 있다(Alma & Smaling, 2006). 이와 관련하여, 그린슨(Greenson, 1967)은 실무자가 내담자와 동일시할 때, 내담자의 감정을 **양적**으로가 아니라 **질적**인 측면에서 경험하는 위치에 놓인다고 강조했다. 예를 들어, 내담자가 마비될 듯한 우울감이나 불안감을 이야기할 때, 상담사는 그 감정이 어떤 것인지를 이해하되, 별개의 인격체로서의 의식을 유지한 채 공감한다. 이러한 구분은 실무자가 감정적으로 깊이 이해하는 주관적 공감의 입장에서 벗어나, 분석적 사고와 이론적 이해를 강조하는 객관적 공감의 관점으로 전환할 때 더욱 뚜렷해진다.

상담사나 치료사에게 있어, 내담자와의 치료적 동일시는 순간적이고 일시적인 시간 동안만 지속된다(Beres & Arlow, 1974). 치료사가 내담자와 잠시 동일시하는 경험은, 그 직후 내면의 반응을 보다 이성적이고 감정적으로 분리된 관점에서 평가하는 과정으로 이어지는 하나의 경험적 태도이다(Reik, 1948). 임상 사례로, 40세의 회계 감사원인 경(Kyung)은 범불안장애로 진단받았다. 경이 일상생활에서 겪은 다양한 불안 에피소드를 이야기하는 동안, 치료사는 과거에 자신 역시 감정적으로 압도당했던 경험을 잠시 떠올리며 그와 동일시한다. 이어서 실무자는 객관적 관점으로 전환하여 경이 이야기하는 내용을 분석적 태도로 이해하려 시도한다. 치료사는 경의 치료 세션이 끝난 후, 느린 심호흡을 몇 차례 하는 것이 과도한 동일시 감정을 가라앉히는 데 도움이 된다는 것을 발견한다. 또한 치료사는 상담치료를 하지 않는 평상시에도 주기적으로 명상과 마음챙김(mindfulness)을 실천하며, 이러한 노력이 동일시 과정에서 수반될 수 있는 감정적 강도로부터 균형감과 거리를 유지하는 데 도움을 준다는 것을 인지하고 활용한다(Stebnicki, 2007).

내담자와의 짧고 부분적인 동일시를 유지하는 것은, 상담사나 치료사가 과도하게 몰입하여 균형 잡힌 치료적 관점과 공감적 이해 능력을 잃는 것을 방지하는 데 도움이 된다(Stebnicki, 2007). 동일시 과정에서 유연성을 잃고 내담자의 경험에 정서적으로 융합될 경우, 실무자는 전문가로서의 경계를 흐리게 될 수 있다(Kohut, 1984; Shapiro, 1974). 나아가 동일시가 지나치게 강화되면 치료사는 치료 세션 외 시간에도 오랫동안 내담자에 집착하게 되는 수준에 이르게 될 수 있다(Bohart & Greenberg, 1997). 이처럼 장기간에 걸친 집요한 동일시는 역전이(countertransference) 특성을 띠며, 실무자의 개인적 스트레스와 공감 피로, 그리고 공감적으로 경청하고 반응하는 능력의 저하로 이어질 수 있다(Cormier, Nurius, & Osborn, 2017; Stebnicki, 2007). 과잉 동일시에 관한 사례로, 한 경력 초기의 사회복지사는 자신의 사례 목록 중 특히 열악한 경제적 환경에서 살아가는 내담자들을 자주 떠올리곤 한다. 그는 경제적으로 어려운 환경에서 성장했으며, 빈곤 속에서 사는 것이 어떤 것인지에 쉽게 공감한다. 그러나 동시에, 지속적으로 경제적 어려움을 호소하는 내담자들의 이야기에 짓눌리는 느낌을 받으며, 그의 동일시는 점차 공감 피로의 수준으로까지 심화된다.

내담자와의 과잉 동일시는 균형 잡힌 치료적 관점을 해칠 수 있는 반면 반대로 특정 내담자와 동일시하지 못하는 경우에는 실무자가 공감적으로 연결되는 데 어려움을 겪게 된다(Greenson, 1960; Shapiro, 1974). 이와 관련하여 상담사나 치료사가 내담자와의 차이로 인해 일정 수준의 동일시가 불가능하다고 인식하는 상황이 발생할 수 있다. 특히 어떤 사람과의 유대감이 멀게 느껴지거나 전혀 형성되지 않는 맥락에서 이러한 현상이 두드러지게 나타난다(Chung & Bemak, 2002). 예를 들어, 병적으로 비만이거나, 만성 우울 상태에 있거나, 주의가 극도로 산만한 내담자들은 실무자에게 동일시할 수 있는 공통점을 거의 불러일으키지 않을 수 있다. 하지만 보편적인 감정과 경험은 인간으로서의 공통된 정체성을 반영하며, 이를 통해 우리는 타인과 동일시하고 인간적인 차원의 유대를 형성할 수 있다(Adler, 1927; Gibbons, 2011). 이러한 점에서, 치료사는 굴욕감, 절망, 기쁨, 희망과 같은 내담자의 감정적 표현에 동일시함으로써 인간적인 차원의 공감적 연결을 보다 빠르게 형성할 수 있다(Krznaric, 2014; Peloquin, 1995).

상상

실무자의 상상력은 내담자의 생생한 서사를 들을 때 심상과 정서 반응을 활성화시킨다(Clark & Simpson, 2013; Steeves, 2004). 상담사나 치료사는 잠시 동안 내담자가 된다는 것이 어떤 느낌일지를 상상하며, 그가 겪은 삶의 경험들을 떠올려 본다(Alma & Smaling, 2006; Watson, Goldman, & Vanaerschot, 1998). 상상은 대체로 내담자의 현재 정서적 기능에 초점을 맞추지만, 그 맥락은 삶의 전체 과정으로 확장된다(Fleming, 1991). 이와 관련하여 실무자는 내담자의 어린 시절부터 미래에 이르기까지의 시간적 경험을 상상하며, 그와 함께할 수 있는 다양한 가능성의 시나리오들을 창의적으로 떠올릴 수 있다(Sharma & Clark, 2018; Steeves, 2004). 즉, 실무자가 상상 속에서 내담자의 삶을 짧은 순간이든, 보다 넓은 시간의 흐름 속이든 직접 경험해 보는 방식으로 자신을 위치시킬 때, 내담자가 지닌 인간적 기능과 존재 방식에 대해 더 깊이 이해할 수 있게 된다(Batson, Early, & Salvarini, 1997; Berger, 1987; Krznaric, 2014). 이에 따라 치료사는 단순한 사건의 표면을 넘어서서, 내담자의 존재 방식을 공감적으로 이해하는 데 있어 보다 깊이 있는 상상적 상황을 그려 볼 수 있는 위치에 놓이게 된다(Peloquin, 1995).

이론적 관점과 관련하여 아들러의 전기를 저술한 학자 웨이(Way, 1950)는 아들러가 상상력이라는 정신 기능에 주목했다는 점을 언급했다. 그는 “개인의 고유한 개성을 이해하기 위해서는 과학자처럼 분석하는 능력만으로는 부족하며, 예술가처럼 상상력을 통해 파악하는 능력이 필요하다는 것이 아들러의 일관된 견해였다."(p. 55)라고 전했다. 치료 장면에서 아들러(1927)는 내담자의 이야기에 반응할 때 치료사의 감정과 정서를 불러일으키는 상상적 방식의 가능성을 인식했다. 아들러는 내담자의 꿈 해석(1936)과 초기 기억에 대한 해석(1937) 또한 실무자의 상상력이 중요한 기능으로 작용하는 과정이라고 보았다. 실존주의 전통에서는 부버(Buber, 1957)가 "실재를 상상하는 것(imagining the real)"(p. 110)을 통해, 개인의 고유성과 잠재력을 인식하고 확인하는 것이 중요하다고 강조했다. 부버의 관점에 따르면, 상상을 통해 발달의 잠재 가능성을 마음속에 떠올리는 행위는, 비록 희망이 희미하거나 미약하게 보일지라도 그 사람에 대한 깊은 존중을 반영하는 것이다. 현상학적 관점에서는 메를로퐁티(Merleau-Ponty, 1945/1962) 역시 상상의 확장력이 인간 존재 양식의 표현 가능성을 보여 주며, 이는 미래의 지향점을 형성하는 데 기여한다고 보았다. 상상을 통해 새로운 상황을 구상하거나 사건을 바라보는 방식을 재구성하는 것은, 내담자와 실무자가 이전에는 상상하지 못했던 방식으로 행동 계획을 수립하기 시작하도록 돕는다(Steeves, 2004).

메를로퐁티(1945/1962)는 의식의 방식으로서 상상(imaginings)과 지각(perceptions)을 구분했다. 상상은 지각처럼 경험의 대상으로 작용하여 경험적으로 검증될 수 있는 정밀성을 갖추고 있지는 않다(Steeves, 2004). 치료 장면의 예로, 30대 초반의 내담자 마고(Margo)는 최근 쇼핑몰에서 겪은 공황발작 경험을 이야기한다. 마고는 "쇼핑몰 안의 가게에서 나오는 순간 숨을 쉴 수 없었어요. 심장은 미친 듯이 뛰었고, 모두가 저를 쳐다보는 것 같았어요. 정말 죽는 줄 알았어요."라고 말한다. 마고가 공황발작을 설명하는 동안, 상담사는 자신의 상상을 통해 그 장면의 세부 요소들을 떠올린다. 실무자는 마고가 숨을 헐떡이며 얼굴이 일그러진 모습을 머릿속에 그려 보고, 자신의 몸에서 긴장이 점점 높아지는 것을 느낀다. 동시에, 상점들과 사람들로 북적이는 배경 속에서 주변 인물들의 희미한 이미지도 스치듯 떠오른다. 상담사의 이러한 상상적 활동은 마고의 경험을 구성하는 핵심 요소들을 포착하지만, 이 창의적 과정은 검증 가능한 구체적 세부사항을 동반하지는 않는다. 예를 들어, 마고의 공황발작이 어느 정도였는지, 얼마나 지속되었는지, 그리고 그 즉각적인 환경에 대한 구체적 정보 등은 정확히 측정되거나 경험적으로 검증 가능한 지각으로 간주될 수 없다.

상상에 대한 또 다른 철학적 구분은 임마누엘 칸트(Immanuel Kant, 1781/1990)가 18세기에 발표한 저술들 속에서 제시되었다. 칸트는 상상이 지식 형성에 필수적인 역할을 한다고 보았지만, 모든 심상(mental image)이 마음속의 그림(pictures)으로 표현되는 것은 아니라고 여겼다(Steeves, 2004). 보다 확장된 방향에서 칸트는 **스키마**를 감각적 경험이나 복잡한 패턴을 설명하는 데 도움이 되는 일종의 정신적 이미지로 개념화했다(Makkreel, 1990). 앞서의 예시로 돌아가면, 마고가 자신의 공황발작 경험을 이야기할 때, 상담사는 그녀의 공포에 질린 얼굴과 그녀가 사람들 사이를 지나칠 때 나타나는 이들의 놀란 반응을 즉각적으로 머릿속에 그려 본다. 이때 상점이나 멀리 있는 사람들의 군중과 같은 요소들은 오늘날 쇼핑몰이라는 공간 안에 **선험적**(a priori)으로 존재하는 존재들로서 스키마의 일부를 구성한다. 상담사는 상점과 사람들에 대해 일종의 상상적 감각(imaginal sense)을 경험하지만, 그것은 엄밀한 의미에서 시각적인 심상이라기보다는 개념적 맥락에서 떠오르는 인지적 표상이다. 내용이나 개념이 스키마로 조직되는 과정에서, 이러한 이미지는 다양한 가능성의 표상을 종합하여 특정한 속성을 예측하는 방식으로 작동한다(Makkreel, 1990; Mozdzierz, Peluso, & Lisiecki, 2014).

창의적 과정으로서 실무자의 상상적 사고 상태는 내담자의 시간적 존재에 대한 특정한 표상을 만들어 낼 가능성을 지닌다(Makkreel, 1990; Sharma & Clark, 2018). 내담자의 이야기를 들을 때, 치료사는 과거 또는 현재의 경험적 맥락 속에서 심상을 떠올릴 수 있는 위치에 놓인다(Fleming, 1991). 또한 내담자와 관련된 미래의 사건이나 상황을 상상하는 일 역시 가능성의 영역으로 들어가는 상상력의 작용을 필요로 한다(Schmid, 2003).

마고의 사례는 그녀가 공황발작을 겪기 이전의 삶을 회상하며 이어진다.

마고: 적어도 예전에는 발작에 대한 걱정 없이 외출할 수 있었어요. 도서관에 가서 조용한 자리를 찾아 책 읽는 걸 좋아했죠. 도서관 한쪽 구석의 안락한 의자에 앉아 있는 시간이 늘 참 좋았어요.

상담사의 마음속에는 도서관이라는 스키마가 떠오르고, 특정한 공간에서 책을 읽고 있는 마고의 시각적 이미지가 즉시 형성된다.

조금 시간이 지난 뒤, 마고는 현재의 상황에 대해 언급한다.

마고: 이렇게까지 걱정하지 말고 또 발작이 올 거라는 생각도 안 해야 한다는 걸 아는데, 멈출 수가 없어요. 아파트에 혼자 앉아 있는 시간이 많고, 밖에 나갈 마음도 안 생겨요.

상담사는 소파에 앉아 긴장감 속에서 생각을 반복하는 마고의 모습을 떠올리며, 그 배경에는 가구들이 배치된 공간에 대한 스키마가 함께 형성된다. 몇 분 뒤, 마고는 미래에 대한 어두운 전망을 이야기한다.

마고: 앞으로 무슨 일이 일어날까 생각하면 최악이에요. 숨을 쉴 수 없게 될 것 같고, 끔찍한 방식으로 죽게 될 것 같아요.

상담사는 숨을 쉬지 못하고 몸을 심하게 떨고 있는 마고의 모습을 상상한다. 상담사는 대인적 관점에서 마고가 느끼는 걱정과 두려움의 정서적 깊이를 공감적으로 인정한 뒤, 치료는 마고의 공황발작 빈도를 줄이기 위한 계획 수립에 초점을 맞추기 시작한다.

다문화적 관점과 관련하여, 실무자의 능동적인 상상력은 내담자의 경험을 공감적으로 이해하는 데 기여한다(Clark & Simpson, 2013). 상상 활동은 특정 문화 안에서 살아간다는 것이 어떤 느낌인지를 파악하는 데 도움을 준다(Pedersen, Crethar, & Carlson, 2008). 다문화적 사례로, 헬라쿠(Helaku)라는 아메리카 원주민 내담자는 미국 시골 지역의 인디언 자치구역에서 성장했다. 그는 최근 인디언 자치구역에서 수백 마일 떨어진 대형 종합대학에 신입생으로 입학했다. 입학 후 몇 주가 지나면서 학업과 사회적응에 어려움을 겪었고, 대학 상담센터에 연계되었다. 초기 면담에서 헬라쿠는 자신이 자라 온 인디언 자치구역에서의 삶에 대해 애정 어린 기억들을 이야기한다. 상담사의 상상력은 헬라쿠가 부족 내에서 느낀 강한 소속감과 관련된 활동들을 설명할 때 자극된다. 보호구역에서의 친밀한 관계들은 대학 생활 중 겪는 문화적 차이에 대한 헬라쿠의 씁쓸한 표현들과 뚜렷한 대조를 이룬다. 헬라쿠가 특히 절망감을 느낀 순간들을 묘사할 때, 상담사는 그가 붐비는 식당에서 혼자 앉아 있는 모습이나, 도서관의 커다란 테이블에 홀로 있는 모습에서 헬라쿠의 정서적 고립감을 시각적으로 떠올린다. 이러한 상담사의 주관적 상상은, 객관적 공감의 관점으로 전환할 때, 아메리카 원주민 문화에 대한 문헌적 이해와도 연결되어 보완된다(Ivey, Ivey, & Zalaquett, 2018).

유사한 맥락에서, 상상의 산물인 꿈은 영화의 한 장면처럼 구성된 생생한 시각 이미지를 생성한다(Clark, 1999b). 창의적 경험을 통해, 꿈꾸는 행위는 자율적으로 통제되지 않는 시각적 내러티브에 대해 정서 반응을 이끌어 낸다(Asma, 2017). 그러나 또 다른 이론적 관점에서는, 꿈에 대해 아직 자발적으로 조절되지는 않지만 목적성과 구조가 드러나는 상상 활동으로 본다(Ichikawa, 2009). 상상의 표현으로서, 아들러(1936)와 융(Jung, 1923)은 꿈이 특정한 감정과 정서를 불러일으키는 시각적 표상을 만들어 낸다고 보았다. 치료적 상호작용에서는, 내담자가 생생하게 꿈을 이야기할 때 치료사의 상상 기능이 작동하게 된다.

꿈을 다룬 치료 장면의 한 예로, 30대 초반의 부동산 중개업자 케링턴(Kerrington)은 자신의 삶의 다양한 상황에 대해 걱정하고 반복적으로 곱씹는 불안한 경향을 보인다. 치료 세션 초반에, 케링턴은 자신이 여러 번 꾼 꿈을 이야기한다. "전차를 타고 도심으로 가던 중, 내려야 하는 정거장을 지나친 걸 깨달았어요. 전차에서 내려 걷기 시작했죠. 점점 어두워졌고, 내가 조금 위험한 동네에 있다는 걸 알아차렸어요. 그때 두 남자가 저를 따라오기 시작했고, 저는 정말 무서웠어요." 이 지점에서 꿈은 끝난다. 케링턴의 꿈 이야기를 들으며 치료사는 상상을 통해 다양한 이미지와 정서적 반응과 함께 내담자가 깊이 공감되기 시작한다. 치료사는 케링턴이 낯선 위험한 장소에서 길을 잃었다는 사실을 인식하는 순간, 그녀의 얼굴에 떠오른 당혹감과 공포를 떠올린다. 그녀가 걷기 시작하는 장면에서는 주변이 어두워지는 위험이 느껴지고, '위험한 동네'라는 표현은 하나의 스키마로 떠오른다. 케링턴을 따라오는 남성들의 모습과 그녀가 경험하는 극도의 공포는 치료사의 마음속에 강하게 각인된 정서적 이미지로 남는다. 케링턴이 꿈 이야기를 마친 후, 치료사는 그녀의 두려움과 절망감을 대인적 관점에서 공감적으로 확인하고 반응한다. 이 꿈이 케링턴의 삶에서 점차 심화되는 통제 상실감과 불안을 반영하는 것일 수 있다는 가능성은 치료가 진행되면서 더 깊이 탐색될 주제로 남겨진다.

직관

직관적 과정을 통해, 상담사나 치료사는 이전에는 불분명하거나 확신할 수 없었던 설명적 패턴과 정보의 근원을 통찰하게 되는 경험을 하게 된다(Piha, 2005). 인간의 인지 기능으로서의 직관은 대체로 심사숙고하거나 명시적인 이성적 사고의 영역 밖에서 작동한다(Eisengart & Faiver, 1996). 치료사의 직관적 경험은 내담자에 대한 이해가 빠르게 의식 속으로 떠오르며 확신을 동반하는 방식으로 나타난다(Garcia & Ford, 2001). 이러한 인식은 종종 한 개인의 본질이나 존재 양식을 직관적이고 순간적으로 파악하는 방식으로 나타난다(Marks-Tarlow, 2012). 공감 역량으로서의 직관은 선천적으로 타고나는 동시에, 전문적 경험과 삶의 경험을 통해 습득되는 측면도 있다(Charles, 2004). 직관 기능은 실무자의 마음속에서 형성되는 새로운 지식에 대한 민감성과 수용성을 함의한다(Goodyear, 1979).

이론적이고 실제적인 관점에서 볼 때, 융(1923)과 아들러(1933/1964)는 자신들의 치료적 관점에서 직관의 중요성을 강조했다. 융은 초기에는 이 과정의 초자연적 측면에 관심을 가졌지만, 이론이 발전함에 따라 성격을 이해하는 데 중요한 심리적 기능으로 직관을 인식하게 되었다. 직관의 의미를 명확히 하면서, 융(1923)은 "직관은 **이성**(reason)에 반하는 것이 아니라, 이성의 영역 바깥에 있는 것이다."(p. 569)라고 설명했다. 아들러는 직관이 일상에서 누구나 활용할 수 있는 보편적이고 필수적인 능력이라고 보았다. 이와 관련하여, 아들러(1933/1964)는 "많은 사람은 이 능력을 '직관'이라 부르며, 일부 비범한 사람만이 지닌 특별한 자질로 간주한다. 그러나 실제로 이는 모든 인간에게 가장 보편적으로 주어진 선물이다."(p. 33)라고 적었다. 치료 맥락에서 아들러는 직관만으로 내리는 판단이 개인적 편향으로 이어질 수 있기 때문에, 보다 객관적인 관점과 균형을 이루는 것이 중요하다고 보았다. 이러한 문제를 다루며, 래트너(Rattner, 1983)는 "개인심리학은 인간 본성에 대한 직관적 이해를 전제하지만, 동시에 직관을 보다 과학적인 도구로 뒷받침할 수 있는 보조적 수단도 제공한다."(p. 103)라고 지적했다. 보다 최근에는 로저스(Rogers)가 상담 및 심리치료에서 직관과 공감의 관계에 대한 자신의 관점이 점차 확장되고 발전해 왔음을 언급했다. 로저스와 러셀(Rogers & Russell, 2002)은 "나는 점차 공감에 대한 이해를 직관적인 공감 능력으로 넓혀 갔고, 내면에서는 자연스럽게 말로 표현하고 싶은 충동이 일어났다."(p. 285)라고 회고했다.

부정적인 시각에서 보면, 직관은 신비주의 전통이나 설명하기 어렵고 정의 내리기 힘든 난해한 특성과 연관되기도 한다(Jeffrey & Fish, 2011). 모든 치료 개입이 완전할 수는 없지만, 직관에 대한 문헌에서는 이 과정이 불확실하고 신뢰하기 어렵다는 점을 강조하며 조심스러운 태도와 회의를 불러일으키곤 한다(Piha, 2005). 이와 관련하여, 실무자의 단순한 직감이 공감적 직관 능력으로 오해되는 경우가 흔히 발생한다(Szalita, 1981). 직관에 기반한 의사결정은 치료사의 자동적 편향을 수반하는 것으로 보이기 때문에 자주 의문이 제기된다(Marks-Tarlow, 2012). 직관이 잘못 사용될 가능성을 넘어서, 모호하고 정의 내리기 어려운 여러 경험 또한 직관으로 간주되곤 한다(Chinen, Spielvogel, & Farrell, 1985). 아마도 직관에 대한 가장 비판적인 견해는, 직관이 본질적으로 인식 불가능한 것이며 이를 분석할 수 있는 개념적 틀을 구성하는 것이 불가능하다는 주장일 것이다(Williams & Irving, 1996). 또 다른 비판자들은 직관을 논리적으로 설명하려는 시도가 오히려 그 본질을 훼손하고, 직관적으로 인상을 포착하는 능력 자체를 잃게 만든다고 본다.

직관을 인식 불가능한 것이라고 간주할 때의 분명한 단점은, 상담사와 치료사가 실제 치료 장면에서 자신이 어떻게, 왜 이 과정을 활용하는지를 설명할 수 없게 된다는 점이다(Williams & Irving, 1996). 직관적으로 행동하면서도 그 경험을 논리적으로 성찰할 수 없거나 성찰하려 하지 않는다면, 실무자의 전문성에 대한 우려가 제기될 수 있다. 그러나 직관의 작동 구조가 본질적으로 인식 불가능하다는 주장은, 실제로는 직관적 경험을 설명할 수 있는 공식적인 언어 체계나 그것을 실천에 통합할 수 있는 체계적인 틀이 부족하기 때문에 생기는 문제일 수도 있다(Stickle & Arnd-Caddigan, 2019). 이러한 맥락에서 직관은 공감적 이해의 한 방식으로 개념화될 수 있어야 하며, 상담사는 치료 과정에서 그것을 의식적으로 돌아보고 성찰할 수 있어야 한다(Williams & Irving, 1996). 직관적 과정이 보다 명확하게 설명된다면, 학생들과 실무자들은 훈련 과정에서 직관의 기능을 더 잘 이해하고 효과적으로 적용할 수 있을 것이다.

근거 기반 실천(evidence-based practice)의 흐름에 따라, 치료 맥락에서 실무자가 직관을 효과적으로 활용한다는 것은 직관에서 얻은 인상과 이성적 이해를 함께 고려해 치료에 활용하는 것을 의미한다(Witteman, Spaanjaars, & Aarts, 2012). 치료사가 직관을 공감적으로 활용할 때, 그는 잠재적 편향을 최소화하고 개념적 정보에 기반한 이해를 활용하기 위해 객관적 공감의 관점으로 전환할 수 있다. 치료 사례의 예로, 한 학교 상담사는 문제행동 이력이 있는 청소년 모니크(Monique)와의 세션을 시작한다. 평소 모니크는 말이 많고 상호작용이 풍부한 편이지만, 이날은 위축되어 보이고 무기력한 상태로 나타난다. 상담사는 그녀의 감정을 탐색하려 하지만, 모니크는 대화에 소극적이다. 이때 상담사는 모니크가 말하지 않은 어떤 사건으로 인해 깊은 고통을 겪고 있다는 직관적 반응을 경험한다. 상담사의 내면적 인식에서 특히 중요한 부분은, 모니크가 자살을 생각하고 있을 가능성이다. 세션이 계속되면서 상담사는 문헌에 기반한 객관적 공감의 관점에서 자살 징후들을 검토한다(Byrd & Luke, 2021; Hankammer, Snyder, & Hankammer, 2006). 모니크가 최근 자살 사고와 관련된 핵심 지표들을 다수 경험한 것으로 확인되자, 상담사는 신중하게 해당 주제를 조심스럽게 꺼낸다. 이 사례에서 직관적 과정은 이론에 기반한 근거와 통합되어 공감적 이해를 위한 기능으로 작용한다.

모니크와의 치료 사례에서와 같이, 위기 상황이나 긴급한 상황에서는 상담사나 치료사가 직관을 공감적으로 활용하는 것이 특히 중요하다. 이러한 상황에서는 내담자의 불안정한 삶의 맥락에 대해 충분히 성찰할 시간을 갖기 어렵기 때문이다(Stickle & Arnd-Caddigan, 2019). 시간적 압박과 불확실성이 큰 조건에서는 실무자가 경험하는 직관적 반응이 내담자의 정서 상태를 이해하는 데 중요한 실마리가 될 수 있다. 새로운 인식이 갑작스럽게 떠오르는 순간은 즉각적인 개입 방향을 결정하는 데 핵심적인 역할을 하기도 한다. 반면 시간적 여유가 있는 상황에서는 직관이 치료 과정과 개입 방향을 신중하게 조율하는 데 기여할 수 있다. 예를 들어, 직관을 공감적으로 활용하는 것은 실무자가 내담자에 대해 더 깊이 탐색할 시점인지, 혹은 특정한 질문을 더 이상 이어 가지 않아야 할 시점인지를 판단하는 데 도움이 될 수 있다(Shallcross, 2016). 치료 사례의 예로, 25세 내담자 커티스(Curtis)는 법원의 명령에 따라 한 사회복지사에게 치료를 받게 된다. 커티스는 개인적인 문제와 관련된 감정에 대해 이야기하기 시작하고, 치료사는 그에 대해 공감적으로 반응하며 이해한다고 말로 표현한다. 그러나 커티스는 사회복지사의 민감한 반응에 불편함을 느끼고, 자리에서 몸을 뒤척이며 불안한 모습을 보인다. 이때 치료사는 커티스가 자신을 공감적으로 이해하려는 시도를 침해적이고 불편하게 받아들이고 있으며, 자신이 이해받거나 노출되는 것을 원하지 않는 태도를 취하고 있음을 직관적으로 감지한다. 이러한 공감적

인식을 바탕으로, 사회복지사는 지금 시점에서 신뢰를 쌓고 개인적인 이해를 시도하는 접근이 커티스에게 위협적으로 느껴질 수 있으며, 이는 오히려 더 큰 저항을 불러올 수 있다는 점을 인식하게 된다(Williams & Irving, 1996).

신체화

상담과 심리치료에서 신체화란, 내담자의 신체적 경험에 반응하며 실무자의 몸에서 감지되는 반응과, 이 과정에서 공유된 신경네트워크가 활성화되는 현상을 의미한다. 치료 장면에서는 상담사나 치료사가 내담자의 신체화된 표현에 반응하면서 몸으로 느껴지는 감각을 경험하게 되는 경우가 종종 있다(Steeves, 2004). 치료사가 내담자의 깊은 신체 반응(visceral responses)에 민감하게 조율될 때 나타나는 생리적 변화는 그 개인을 공감적으로 이해하는 데 도움을 준다(de Wall, 2009; Watson & Greenberg, 2009). 이러한 신체화된 의미를 통해, 실무자의 신체 반응은 내담자를 신체적 수준에서 이해하는 데 있어 중요한 역할을 한다(Shaw, 2004). 상담사는 잠시 내면에 집중하며, 내담자의 신체 기반 정보를 감지하는 감각적 수용 도구처럼 작동하게 된다(Halling & Goldfarb, 1991; Sultan, 2017).

이론적 관점에서 메를로퐁티(1945/1962)는 “나는 내 몸을 통해 타인을 이해한다.”(p. 186)라고 주장했다. 인간은 본질적으로 신체를 통해 삶의 경험에 참여하기 때문에, 신체적 표현은 타인을 이해하는 하나의 경로가 된다. 이와 관련하여, 메를로퐁티(1945/1962)는 “나는 내 몸이라는 메커니즘을 통해 세계를 인식한다."(p. 82)라고 설명했다. 이와 유사하게 실무자의 신체 반응은 내담자의 삶의 현실이 어떤 영향을 주고 있는지를 몸으로 감지하게 해 주는 통로가 될 수 있다(Felder & Robbins, 2011). 메를로퐁티는 인간을 신체적으로 이해하는 관점을 일상적 삶의 맥락으로까지 확장했고, 이는 상담 및 치료 실천에도 의미 있는 시사점을 제공한다(Steeves, 2004). 더불어, 그는 신체화된 기능이 종종 당연시되며, 인간이 이성 중심의 사고로 발전할수록 점차 의식의 전면에서 사라지게 된다고 보았다(Steeves, 2004). 메를로퐁티의 관점에 따르면, 신체를 통한 경험은 궁극적이고 가장 진정한 의미에서 개인이 삶에 몰입하는 방식이며, 삶의 생동감과 가능성을 온전히 살아 내는 방식이다.

상담 및 치료 관련 문헌에서, 신체화된 경험(somatic experiencing)은 내담자를 공감적으로 이해하는 고유하고 의도적인 방식으로 잘 인정되거나 활용되지 않는다(Halling & Goldfarb, 1991; Shaw, 2004). 최근에는 내담자에 대한 이해를 설명하는 방식으로 인지적 평가가 부상하면서 치료사의 신체적 차원은 한 개인의 존재 방식을 공감적으로 파악하는 수단으로서 논의에서 대부분 배제되고 있는 실정이다(Staemmler, 2012). 그러나 상담사나 치료사의 신체 감각이 내담자를 공감적으로 이해하는 데 포함되지 않는다면 그 사람의 보다 넓은 삶의 경험에 대해 부분적인 조율만이 이루어질 수 있다(Cooper, 2001). 공감에 대한 이해를 거의 전적으로 정신적 과정이나 언어화된 개념에만 초점을 맞출 경우, 그 접근은 빈약할 수밖에 없으며, 내담자를 이해하는 데 있어 핵심적인 요소를 온전히 포착하지 못하게 된다(de Wall, 2009; Staemmler, 2012).

실무자가 공감적으로 내담자의 신체화된 경험에 대한 생생한 서사를 경청할 때 나타나는 생리적 반응은 다양하며 일시적이다(Messina, Palmieri, Sambin, Kleinbub, Voci, & Calvo, 2013). 치료사의 몸에서 일어나는 감각적 반응 가운데 공감적 이해에 기여하는 대표적인 신체 표현에는 근육 긴장, 혈압 상승, 심박수 증가, 손바닥에 땀이 나는 현상, 복부 팽창감, 그리고 무기력감 등이 있다(Staemmler, 2012). 치료 사례의 예로, 상담사는 40대 초반의 이벤트 코디네이터인 소냐(Sonja)와 초기 상담 세션을 진행 중이다. 주요 정서 장애를 진단받은 소냐는 무기력한 말투로 대부분의 활동에서 즐거움을 느끼지 못하며, 항상 '뼛속까지' 피곤하다고 말한다. 그녀는 손과 손가락을 반복적으로 비틀고 비비며, 과도한 수면과 아침 기상 시 전신의 뻣뻣함과 무거운 느낌 등을 호소한다. 소냐가 자신의 신체 기능에 대해 이야기할 때 실무자는 몸속이 텅 빈 듯한 감각, 팔과 다리의 무거움, 순간적인 집중력 저하와 같은 신체 감각이 일어났다. 소냐의 이야기로 인해 생리적 반응이 유발된 것을 인식한 상담사는 보다 이성적이고 감정적으로 분리된 관점에서 그녀의 경험을 평가하기 위해 객관적 공감의 입장으로 전환한다. 이후 상담사는 소냐의 '살아 있는 몸의 표현'을 이해하고 전달하기 위해 상호관계적 공감의 입장으로 다시 전환한다.

상담사나 치료사가 신체적으로 온전한 존재로 자리할수록 내담자의 신체적 경험에 더 깊이 조율될 수 있다. 하지만 신체화를 치료에 활용하기 위해서는 그것이 공감적 이해에 어떤 의미를 지니는지를 민감하게 인식해야 한다. 실무자의 신체 반응은 내담자를 이해하는 하나의 방식으로서 의미를 지니며, 이러한 감각은 의도적으로 길러져야 한다(Messina et al., 2013). 상담사가 내담자의 언어적 표현에만 거의 전적으로 집중하고, 신체 반응에 민감하게 반응하지 못한다면, 내담자를 보다 깊이 이해할 수 있는 기회를 놓치게 된다(Cooper, 2001). 실제 상담 장면에서 치료사는 너무 쉽게 대화 중심의 개입에 치우쳐, 내담자의 신체적 표현을 자연스럽게 느끼고 반응할 수 있는 시간을 충분히 확보하지 못할 수 있다. 이러한 점에서 상담사가 내담자의 신체적 경험에 생리적으로 조율되기 위해서는 충분한 시간과 온전한 존재감이 요구된다. 신체화된 이해를 추구하는 과정은 실무자 자신의 스트레스나 긴장 상태로 인해 방해받을 수도 있으며, 이는 치료 맥락과는 직접적인 관련이 없는 경우가 많다. 시간이 허락된다면, 세션 사이에 몇 분 정도 이완하고 심호흡하는 시간을 갖는 것이 즉각적인 긴장을 완화하는 데 효과적인 방법이 될 수 있다(Cooper, 2001). 더 나아가 명상과 마음챙김은 스트레스를 줄이는 데 기여할 뿐 아니라, 상담사가 내담자의 신체적 경험에 공감적으로 민감할 수 있도록 돕는다(Keng, Smoski, & Robbins, 2011; Shaw, 2004).

최근 신경과학의 발전은 공감과 깊이 연결된 인간 두뇌의 신경 구조 안에서의 생리적 과정과 반응을 보다 통합적이고 근본적인 수준에서 밝혀내고 있다(Coutinho, Silva, & Decety, 2014; Decety & Jackson, 2004; Watson & Greenberg, 2009). 치료적 상호작용에서는, 신체화된 시뮬레이션 메커니즘을 통해 내담자와 실무자의 뇌 구조가 서로 작용하면서 거울 뉴런이 활성화된다(Gallese, 2009; Jones & Gagnon, 2007). 공감의 경험 중심에는, 거울 뉴런이 내담자의 감정적 · 감각적 경험에 상담사가 조율되도록 동일한 신경 회로를 활성화하는 과정이 있다(de Vignemont & Singer, 2006; Pfeifer & Dapretto, 2009). 특히 여러 뇌영상 연구는 공감과 관련된 신경 상관성이 자동적인 반응을 통해 뇌의 여러 영역에서 생리적 연결을 형성한다는 점을 보여 준다(Decety & Jackson, 2006; Coutinho et al., 2014; Iacoboni, 2009). 치료 맥락에서 거울 뉴런 시스템은 주관적 공감을 하나의 인식 방식으로 작동시키는 신경생물학적 기반을 통해 내담자와 상담사 간의 상호적 연결을 가능하게 한다(Clark, 2017).

상담 및 심리치료에서 주관적 공감에 대한 추가 고찰

개념적으로 볼 때, 주관적 공감은 상담사와 치료사의 이론 교육이나 실무 훈련 과정에서는 다소 익숙하지 않을 수 있는 여러 구성 요소를 포함한다. 그럼에도 불구하고 대부분의 실무자는 실제 내담자와의 상호작용에서 동일시, 상상, 직관, 신체화의 일부 요소를 이미 어느 정도 활용하고 있다. 주관적 공감의 틀을 명확히 제시하는 것은 이러한 구성 요소를 치료 맥락에서 더 분명하게 이해하는 데 도움을 준다. 하지만 주관적 공감이 내담자 이해를 심화하고 치료 관계를 증진시킬 수 있는 잠재력을 지닌다는 점을 인정하더라도, 치료 전 과정에서 객관적 공감과 상호관계적 공감이 함께 작용하지 않으면 이 접근은 불완전하고 충분하지 않다.

제3장

상담 및 심리치료에서의 객관적 공감

과학적 탐구에서 객관적 지식의 원천은 관찰 데이터를 체계적으로 기록하기 때문에, 편향에 덜 좌우되고 신뢰할 수 있는 것으로 널리 인정받는다(Hansen, 2006; Rogers, 1964). 치료 맥락에서 객관적 입장을 취한다는 것은 상담사나 치료사가 편견 없이 공정한 태도를 유지하며, 내담자와의 상호작용에서 비교적 감정에 치우치지 않은 치료적 분위기를 반영하는 것을 의미한다. 객관성을 지향하는 접근은 상담사의 주관적 경험이나 내담자를 개인적이고 공감적으로 이해하려는 방식을 상대적으로 덜 중시한다(Schmid, 2003; Scholl, McGowan, & Hansen, 2012). 반면 인간주의적 및 체험적 관점을 지닌 이론가들은 내담자와의 관계에서 감정적으로 거리감을 두거나 대상화하는 치료적 접근에 대해 종종 비판적인 경우가 많다(Hansen, 2005; Ladd & Churchill, 2012). 특히 진정성 있는 치료 관계 안에서 내담자의 고유성을 이해하지 못하는 것은, 진단 기준과 증상 완화에 우선순위를 두는 치료 환경 속에서 개인을 소외시키는 결과를 초래할 수 있다고 지적된다.

객관적 공감과 실무자의 경험

가치관과 치료 목표에서 뚜렷한 차이가 존재하지만, 내담자를 보다 넓고 포괄적인 인간 경험의 관점에서 공감적으로 이해하려는 과정을 통해 객관적 접근과 주관적 접근을 통합할 가능성도 있다(Bugental & Sapienza, 1994). 한 개인과 주관적으로 관계를 맺는 것은 진정성 있는 관계적 만남을 형성하는 데 필수적이지만, 객관적이며 이론적으로 정립된 이해 방식 또한 내담자의 기능을 보다 깊고 풍부하게 파악하는 데 기여할 수 있다(Clark, 2007, 2010a; Clark & Butler, 2020). 객관적 관점에서 실무자는 내담자의 존재 방식을 공감적으로 이해하기 위해 개념적이고 학문적인 자료와 축적된 전문적 경험을 신뢰할 수 있는 자원으로 삼아 명확하고 신중하게 참고할 수 있다(Bayne & Hays, 2017; Vyskocilova, Prasko, & Slepecky, 2011). 객관적 공감을 지향할 때, 상담사나 치료사는 다양한 상황에서 축적된 신뢰할 수 있는 연구와 임상 경험을 바탕으로 합리적이고 신중한 고려를 거쳐 비판적으로 사고하며, 이를 통해 목적이 있는 판단을 내린다(Deal, 2003).

현재 신경과학 연구에 따르면, 실무자가 객관적 공감 방식을 활용할 때, 집행 기능과 자기 조절이라는 핵심 과정과 관련된 뇌 영역이 활성화된다(Coutinho, Silva, & Decety, 2014; Zaki & Ochsner, 2012). 치료사가 감정을 조절하는 인지적 유연성은, 체험에 기반한 주관적 및 상호관계적 입장에서 객관적 관점으로 전환할 때 조율하는 역할을 한다. 관점을 전환하는 데 도움을 주는 객관적 시각과 결합하여, 체험적 접근 방식은 상담사가 한 개인을 보다 넓은 관점에서 포괄적으로 이해하는 데 기여한다(Egan & Reese,

2019). 공감의 다양한 관점을 함께 사용하는 것은 내담자를 공감적으로 이해하는 과정에서 단일한 지식 채널에 지나치게 의존하거나 경직되게 매달림으로 인해 발생할 수 있는 왜곡과 편향의 가능성을 줄이는 데에도 도움이 된다(Rogers, 1964; Rothbauer, 2008).

한발 물러서서 보다 넓고 이성적인 관점에서 한 개인을 이해하고자 하는 과정을 통해, 상담사나 치료사는 개념적으로 정립된 다양한 자료에 접근하고, 축적된 치료 경험에서 비롯된 관점을 공감의 행위로서 활용할 수 있게 된다. 그러나 이러한 숙고의 과정에서 객관적 공감은, 단순히 자기보고식 성격 검사에서 도출된 항목들을 계산하거나 행동 체크리스트를 기계적으로 훑어보아 내담자의 정신병리적 특성을 분류하는 수준을 넘어선다. 대신 실무자는 객관적으로 도출된 결과들이 한 개인의 실제 삶의 맥락에서 어떤 의미를 가지는지를 성찰함으로써 공감적 입장을 취하게 된다. 예를 들어, 양극성 장애로 진단받은 내담자는 일상에서 어떤 어려움을 겪고 있을까? 혹은 과잉행동 수준이 상위 10%에 해당하는 아동의 학습 및 사회적 경험은 어떤 모습일까? 또 다른 예로, 자신이 속한 문화의 신념과 가치가 주류 문화와 자주 충돌하는 환경에서 살아가는 내담자의 일상은 어떤 모습일까? 이처럼 내담자가 겪는 구체적인 삶의 어려움들을 공감의 틀 안에서 성찰할 때, 실무자는 신뢰할 수 있는 자료들과 다양한 배경의 사람들과의 임상 경험을 바탕으로 보다 포괄적이고 정확한 이해를 형성해 나갈 수 있다.

내담자의 이야기를 들을 때, 치료사의 머릿속에는 '그녀는 강박적 성향이 있는 것 같다.' '그는 합리화를 하고 있고, 위협을 느끼는 것 같다.' '그녀의 부모는 가족 전통에 대한 가치관이 서로 다른 것 같다.'와 같은 개념적 사고가 즉각적이고 분석적인 방식으로 떠오르곤 한다. 내담자에 대해 전체적으로 이해하는 과정에서, 상담사는 객관적 공감의 이성적이고 성찰적인 태도와 주관적 · 상호관계적 공감 양식에서 비롯된 체험적 이해를 연결시킬 수 있다. 이와 관련하여 코헛(Kohut, 1971)은 개념적으로 도출된 결과와 관찰이 인간적인 연결성을 갖지 못할 때, 그러한 자료는 추상적이고 생명력이 없는 것으로 남는다고 주장했다.

통합 모델에서의 객관적 공감

객관적 공감의 관점에서 진단 체계, 치료 개념, 다문화적 차원 등은 치료 문헌에서 폭넓게 다루어지며, 체험적 이해와 통합될 때 치료를 더욱 풍부하게 만드는 신뢰할 만한 자원으로 작용한다.

진단 체계와 공감

정신건강 분야에서 『정신질환의 진단 및 통계 편람(Diagnostic and Statistical Manual of Mental Disorders: DSM)』의 제5판(American Psychiatric Association, 2013)[1]은 정신질환 진단 기준을 수십 년에 걸쳐 체계화하고 정교화해 온 지속적인 노력의 결과로, 정신건강 분야에서 널리 활용되는 권위 있는 자료이다. 주로 정신의학

1) 역자 주: 2022년에 개정판(DSM-5-TR)이 출간되었으나 원문을 그대로 따라 DSM-5로 번역했다.

분야의 전문가들로 구성된 팀이 제공한 객관적 데이터는, 의료보험 제도, 건강관리 체계, 그리고 일반 대중의 요구 등 정신질환 진단 절차의 명확한 근거를 요구하는 다양한 목소리에 부응하기 위한 기반으로 활용된다(Ladd & Churchill, 2012). 다양한 이론적 입장과 학문적 배경을 지닌 상당수의 상담사와 치료사는 DSM을 참고하여, 개인의 정신병리 수준을 결정하고 분류하는 과정에서 근거 기반의 판단을 내린다. 최근 DSM은 진단 기준에 따른 증상에 대한 동료 평가와 수용을 강조하며, 신뢰도와 임상적 유용성을 높이기 위한 노력을 현대 치료 및 연구의 기준에 맞추어 지속해 오고 있다. 또한 다양한 개인의 삶에 영향을 미치는 사회적 · 문화적 맥락을 보다 폭넓게 고려함으로써 진단의 적절성을 높이기 위한 진전도 이루어지고 있다(DeSilva, Aggarwal, & Lewis-Fernández, 2018).

수십 년에 걸친 DSM 개발 노력과 정신건강 치료 현장에서의 광범위한 활용에도 불구하고, 주관적이고 체험적인 치료 과정을 중시하는 많은 상담사와 치료사는 이 진단 매뉴얼과 진단 체계 전반에 대해 부정적인 시각을 가지는 경우가 많다(Scholl, McGowan, & Hansen, 2012). 개인의 고유성과 독자성을 핵심 가치로 삼는 인간중심적 관점에서는 DSM을 활용해 내담자를 분류하고 이름을 부여하는 방식이 진정성 있는 관계 형성과 더 깊은 공감적 이해를 방해한다고 본다. 이처럼 인간과의 만남 안에서 내담자를 진단 범주나 증상 중심의 시각으로 바라보는 것은 그 사람의 삶의 맥락과 개인적 의미에 깊이 있게 공감하고 조율하는 데 걸림돌이 된다. 더 나아가 내담자에게 특정한 진단적 이름을 부여하는 행위는 실무자로 하여금 그 사람을 대상화하는 선입견을 갖게 만들 수 있으며, 이는 개인의 맥락적 존재를 상호적이고 열린 자세로 탐색하는 데 장애가 될 수 있다. 따라서 내담자의 고유성을 존중하고 진정성 있는 관계 형성을 우선시하는 가치를 중시하는 많은 상담사와 치료사에게 DSM의 사용은 문제적으로 여겨질 수 있다(Ladd & Churchill, 2012).

그러나 진단 기준이 내담자를 보다 깊이 있고 정확하게 공감적으로 이해하는 데 기여할 수 있다는 타당한 근거가 제시된다면, 인간중심적 전통과 그와 유사한 접근을 따르는 이론가들과 실무자들 또한 DSM의 활용 가능성에 보다 열린 태도를 보일 수 있다. 동시에, DSM의 체계적이고 기술적인 틀에 인간적인 요소와 맥락적 특성을 보완함으로써, 한 개인을 보다 넓은 관점에서 균형 있게 이해하는 방식이 더욱 풍부해질 수 있다(Sauerheber & Bitter, 2015). DSM을 다양한 이론적 관점과 통합하여 접근할 경우, 상담사나 치료사는 내담자의 고유하고 개별적인 기능을 보다 근거 기반으로 이해할 수 있으며, 동시에 서로 다른 관점의 가치와 정당성을 함께 존중할 수 있다(Bayne & Hays, 2017). 더 나아가 정신질환에 대한 신뢰할 수 있는 지식 기반과 체험적 관점에서의 이해를 통합함으로써 보다 다각적이고 정확한 진단이 가능해진다.

통합적 관점에 초점을 맞추면, 내담자의 존재 방식을 공감적으로 이해하는 과정에서 진단에 대한 시야를 넓힐 수 있다. 이런 의미에서 각 진단은 한 개인을 보다 친밀하고 포괄적인 방식으로 이해할 수 있도록 인간적인 특성을 탐색할 가능성을 열어 준다(Havens, 1974). 치료의 맥락에서, 상담사나 치료사는 공감을 바탕으로 진단에 도달하기 위해 다양한 이해 방식을 통합할 수 있다. 실제 상담 과정에서는 치료사가 주관적이고 상호관계적인 공감 양식을 활용하며, 내담자의 삶 속 경험의 윤곽을 파악해 나가기 시작한다. 이후 객관적 공감의 입장으로 전환하면, DSM에 축적된 방대한 자료를 보다 이성적이고 분석적인 시각에서 검토하게 된다(Gelso, 2019). 이러한 공감의 양식들 사이를 오가며 활용하는 과정은, 내담자의 삶의 경험을 진단 속에 반영하고자 하는 실무자의 공감적 이해를 더욱 깊이 있게 만든다.

상담 전공 학생들과 숙련된 실무자들을 대상으로 진행한 한 연구에서는, 진단 기준이 내담자를 보다 정확하게 공감적으로 이해하는 데 도움이 되는 경우가 많다고 참가자들이 응답했다(Bayne & Hays, 2017). DSM과 공감에 관련된 치료 사례에서, 한 상담사는 최근 일자리를 잃은 조경 관리인 오마르(Omar)와 면담하게 된다. 오마르가 무기력함과 아무것도 하고 싶지 않은 상태, 극심한 피로감에 대해 이야기할 때, 상담사는 주관적 입장에서 순간적으로 우울감과 무기력함이 밀려오는 반응을 경험한다. 30대 중반인 오마르는 자신이 인생에서 이룬 것이 없다고 스스로를 반복적으로 자책하며, 미래에 대한 희망이 없다고 절망감을 드러낸다. 상담사는 상호관계적 공감의 방식으로 전환하여, 오마르가 느끼는 절망감과 그것이 일상생활에 미치는 영향을 공감적으로 표현한다. 이후 객관적 관점으로 전환하며, 상담사는 오마르의 증상에 대한 체험적이면서도 이성적인 이해를 바탕으로 우울장애의 진단 가능성을 고려하게 된다.

치료 세션 이후, 상담사는 DSM의 우울장애 관련 부분을 참고하며 오마르의 기능과 관련된 진단 기준 가운데 지속성 우울장애(기분부전증)에 부합하는 항목들을 확인하게 된다(American Psychiatric Association, 2013). 오마르의 증상은 이야기된 진술과 관찰된 행동을 바탕으로 하지만, 그에 따른 범주적 진단 결과는 단순히 진단명을 부여하는 데 그치지 않는다. 오히려 객관적 자료와 체험적 이해는 오마르라는 한 인간을 다양한 방식으로 공감적으로 이해하는 보다 풍부하고 깊이 있는 길을 제공한다. 이런 맥락에서, 오마르의 삶 속에서 형성된 공감적이고 관계적인 만남은 DSM이 제시하는 분석적이고 숙고된 사고와 상호보완적으로 작용할 수 있다.

다문화적 관점과 공감

인종, 민족, 성별, 사회경제적 지위 및 기타 문화적 차원에 따라 다양한 집단의 특성에 초점을 맞춘 방대한 양의 정보가 존재한다(Ponterotto, Casas, Suzuki, & Alexander, 2010; Sue, Sue, Neville, & Smith, 2019). 이러한 방대한 문헌은 개인과 내담자의 가치관과 정체성을 이해하는 데 필요한 문화적 지도를 제공하며, 상담사와 치료사가 다양한 다문화 집단을 더 잘 이해할 수 있도록 돕는다(Bezanson & James, 2007; Pedersen, Crethar, & Carlson, 2008). 상담과 치료의 교육 및 실제 현장에서는, 문화적 이해를 확장하는 것이 다양한 내담자를 보다 정확하고 포괄적으로 이해하는 데 기여한다고 본다. 이러한 이해는 실무자가 특정 문화 집단에 속한 내담자에게 적절한 개입 기법과 전략을 적용할 수 있는 근거가 된다(Sue & Zane, 2009). 특정 문화 집단에 관한 폭넓은 연구들을 참고하는 것은, 내담자가 마주할 수 있는 사회적 압력과 어려움에 대해 실무자가 더 민감하고 세심하게 반응할 수 있도록 돕는다(Bezanson & James, 2007).

다문화 집단에 대한 인식은 다양한 치료 맥락에서 활용 가능한 유의미한 정보를 제공하는 듯하지만, 서로 다른 문화에 관한 방대한 연구 자료는 학생이나 실무자에게 압도적이고 혼란스럽게 느껴질 수 있다(Bezanson & James, 2007). 특정 문화나 문화 집단에 속한 내담자에게 적절한 기법과 개입 전략을 적용하려 할 때, 그에 필요한 문화 지식의 양과 가능한 치료 방법들이 방대하기 때문에 이 작업은 매우 까다로운 과제가 된다. 또 다른 중요한 문제는 상담사나 치료사가 내담자를 특정 집단의 틀 안에서 고정적으로 바라보고, 그 집단과 관련된 문화적 정보가 해당 개인에게도 그대로 적용된다고 가정할 수 있다는 점이다. 그러나 실제로는 많은 경우에 내담자가 속한 문화나 하위문화와는 다른 고유한 신념과 가치를 지니고 있는 경우가 많다(Dyche & Zayas, 2001; Hoffman, 2020). 이러한 점에서, 문화 정보의 적절성과 적용 가능성은 다양한 집단 내에 존재하는 개인차를 고려할 때 실무자가 당연하게 전제할 수 있는 것이 아니다(Sue & Zane, 2009). 다문화적 담론과 연구에서는, 다양한 집단과 관련된 지식을 습득하는 데 초점을 맞춘 문화 특유적 관점을 **에믹**(emic) 접근이라 부른다(Mani, 2020).

에믹 접근과 대조적으로, **에틱**(etic) 접근은 문화를 초월하여 모든 사람에게 적용된다고 가정되는 보편적 원리를 중심으로 한다(Bezanson & James, 2007). 이러한 문화 일반적 관점은 인간의 차이를 넘어서는 공통된 경험에 초점을 둔다. 다문화적 사고의 복합성을 반영하듯, 에틱 관점에서 제시되는 구성 요소들과 주제들은 연구자들 사이에서 활발한 논의의 대상이 되어 왔다. 에틱 관점의 하나로, 피셔, 조움과 앳킨슨(Fischer, Jome, & Atkinson, 1998)은 대부분의 심리치료에서 공통적으로 나타나는 네 가지 요소를 제시했으며, 그중에는 치료 관계도 포함되어 있다. 내담자의 문화적 배경과 상관없이 적용될 수 있는 신뢰도 높은 주제들을 아우르는 보편적 지식 체계가 존재한다고 보는 입장도 있다(Speight, Myers, Cox, & Highlen, 1991). 예를 들어, 다양한 정신병리 범주와 특정 치료 이론의 개념들은 인간 경험을 반영하는 것으로 간주되며, 문화적으로 일반화 가능한 개념으로 여겨지기도 한다.

에틱 및 에믹 접근은 상담 및 심리치료의 다문화적 맥락을 이해하는 데 유익한 관점을 제시하며, 객관적 공감 방식과 밀접한 관련이 있다. 그러나 이러한 차원들은 내담자의 고유한 삶의 맥락과 개별적 존재와 통합될 때에만 임상적으로 유의미하고 실제적으로 활용될 수 있다(Ibrahim, 1985; Ridley & Udipi, 2002). 동시에, 내담자의 개인적 현실은 문화 전반에 공통적으로 나타나는 요소와 특정 집단에 고유한 요소 양쪽 모두의 영향을 받을 수 있다. 보편적 차원, 집단적 차원, 개인적 차원이라는 세 가지 문화적 요소에 공감적으로 주의를 기울이며 이를 역동적으로 삼각 구성(triangulation)하는 것은 한 개인에 대해 완전히 이해하게 한다(Leong, 1996). 다문화적 치료에 민감하게 개입하기 위해서는 치료 과정에서 특정 시점에 가장 핵심적인 차원이 무엇인지에 따라 이 세 관점 사이를 유연하게 이동할 수 있어야 한다. 내담자에게 가장 의미 있고 소중한 것이 무엇인지를 더 깊이 공감하려는 태도는 그 시점에서 어떤 문화적 차원을 중심으로 접근하는 것이 적절한지를 직관적으로 파악하는 데 도움을 준다.

에틱, 에믹, 그리고 개인 차원은 다양한 문화적 맥락 속에서 내담자를 공감적으로 이해하고 효과적으로 반응하기 위한 삼중적 틀(tri-level framework)을 제공한다.

이러한 구조와 관련된 개념적 모델은 클럭혼과 머레이(Kluckhohn & Murray, 1962)가 인간의 성격을 사회와 문화 속에서 탐구한 연구에서 처음 제안한 바 있다. 이들의 이론적 관점에 따르면, 성격의 결정 요인은 다차원적이다. 어떤 측면에서 한 개인은 모든 사람과 비슷하며, 또 다른 측면에서는 일부 사람과 비슷하고, 동시에 그 누구와도 닮지 않은 고유한 존재이기도 하다.

다문화적 맥락을 지닌 실제 사례로, 한 백인 학교 심리학자가 도심 지역에 거주하는 아프리카계 미국인 청소년 일라이(Eli)와 상담을 시작한다. 이 상담은 일라이가 다니는 교외의 공립학교에서 진행되며, 해당 학교는 교육 기회를 넓히고 문화적 다양성을 촉진하기 위한 프로그램을 운영 중이다. 중학교 2학년(8학년)인 일라이는 급식실과 교내에서 싸움을 일으켰다는 이유로 심리학자에게 의뢰되었고, 이로 인해 교육구 프로그램에서 퇴출될 위기에 처해 있었다. 일라이가 처음으로 심리학자의 상담실에 들어섰을 때, 그는 침울하고 반항적인 태도로 자리에 앉는다.

일라이: 여기 왜 와야 하죠? 얼마나 있어야 해요?

심리학자: 음, 최근에 몇 번 싸움이 있었잖아. 우리가 이야기 좀 나누면 도움이 될지도 몰라.

일라이: 드릴 말씀 없어요. 그냥 교실로 돌아가고 싶어요.

심리학자: 그럼 다른 이야기부터 해 볼까? 며칠 전에 네가 농구공으로 드리블하는 걸 봤는데, 꽤 잘하던데?

일라이: (심리학자를 째려보며) 선생님도 다 똑같아요. 그렇게 말하는 거 진짜 가식적이에요.

(일라이와 개별적인 문화적 수준에서 연결하려는 시도가 효과를 보이지 않자,

심리학자는 문화 특유적 또는 에믹 접근으로 전환하여 인종에 관한 주제를 조심스럽게 꺼내기로 한다.)

심리학자: 일라이, 난 이 근처에 사는 백인 여성이야. 너는 도시에서 자란 흑인 아이이고. 내가 뭘 알겠니?

일라이: 선생님은 제가 이 학교에서 어떤 기분인지, 여기까지 오기 위해 뭘 해야 하는지 전혀 모르잖아요.

심리학자: 알고 싶어. 근데 네가 말해 줘야 알 수 있어.

일라이: 선생님처럼 다 가진 사람들은 진짜 지긋지긋해요. 저는 아침 다섯 시에 일어나서 지하철까지 뛰어가야 해요. 길을 걷다가는 약쟁이들한테 당할 수도 있어요. 버스 타고 여기 오면 큰 차들이 백인 애들 태우고 오는 것만 보여요.

심리학자: 네가 사는 곳에서는 늘 생명을 걱정하면서 살아야 하고, 이곳 사람들은 돈 걱정 없이 사는 것처럼 보이겠구나.

일라이: 잘 모르겠어요. 지난주에 제 멍청한 선생님이 수업 시간에 제 부모님이 무슨 일을 하시는지 물었어요. 아빠는 어릴 때 저랑 여동생들 버리고 떠났고, 엄마는 호텔에서 객실을 청소해요. 어쩔 수 없이 말하긴 했지만, 그건 걔네가 알 바 아니잖아요.

심리학자: 모두 앞에서 그런 이야기를 하게 돼서 많이 창피했겠구나.

일라이: 아니요. 창피했던 게 아니라, 그냥 진짜 화났어요. 몇몇 애들이 웃는 소리를 들었거든요.

상담 시간이 끝나 갈 무렵, 심리학자와 일라이는 주중에 다시 만나기로 약속한다. 그사이 심리학자는 객관적 공감의 관점을 보다 잘 형성하기 위해 문화 특유적 정보들을 찾아본다. 인터넷 검색을 통해 그녀는 흑인 청소년의 인종 정체감, 차별, 그리고 회복탄력성에 초점을 맞춘 학술 논문 두 편을 찾게 된다.

일라이가 두 번째 상담에 왔을 때, 그는 산단하고 위축된 모습을 보인다. 심리학자는 지난 대화의 흐름을 이어 가기로 결심하고, 문화 특유적인 발언을 조심스럽게 건넨다.

심리학자: 이번 주에 몇 가지를 알아봤거든. 너한테 이 학교가 얼마나 불공평하게 느껴질 수 있는지, 조금은 더 이해하게 된 것 같아.

일라이: 그게 무슨 말씀이세요? 저 그런 거 신경 안 써요. (잠시 멈추고) 아마 저 쫓겨날 것 같아요. 그럼 다시 원래 학교로 돌아가야 할 거예요. (심리학자는 문화 일반적 또는 에틱 접근으로 바꾸며, 갈등과 상실이라는 보편적 인간 경험을 바탕으로 일라이와 공감적으로 연결되려 시도한다.)

심리학자: 여기 있는 게 많이 힘들겠지만, 이런 식으로 끝나기를 바라는 건 아니잖아.

일라이: 제가 쫓겨나면 엄마가 많이 상처받으실 거예요.

심리학자: 지금은 모든 게 좀 혼란스럽게 느껴질 수도 있겠구나. 근데 네가 엄마 이야기를 할 때는, 그 말 속에 진심이 많이 담겨 있더라.

일라이: 엄마는 항상 제 곁에 있어 주셨어요. 잔소리는 많이 하시지만요…….

심리학자: (잠시 멈추며) 엄마는 너를 믿고, 가능성이 있다고 생각하시는 것 같아.

이 사례에서 심리학자는 일라이의 현재 삶의 맥락과 치료 관계에서 어떤 문화적 차원이 가장 중요하게 작용하는지를 고려하여 문화적 관점들 사이를 유연하게 오간다. 문화 특유적 또는 문화 일반적 자료에 초점을 맞출 때, 실무자는 객관적 공감 양식을 활용한다. 동시에 일라이의 생생한 삶의 경험은 심리학자의 주관적 공감 능력을 통해 깊이 있게 울림을 주며 다가온다. 이러한 문화적으로 민감한 관점을 바탕으로 상호관계적 공감이 작동하고, 점차 진정성 있는 관계가 형성되기 시작한다. 이처럼 세 가지 공감 양식이 서로 합류하는 과정 속에서, 실무자는 일라이를 보다 깊고 풍부하게 공감적으로 이해하고, 다문화적 역동에 민감하게 반응할 수 있게 된다.

상호관계적 공감과 관련된 또 하나의 중요한 기능은, 심리학자가 일라이의 문화적 경험에 대해 호기심과 관심을 표현함으로써 문화적 겸손(cultural humility)을 드러낸다는 점이다(Hook, Davis, Owen, Worthington, & Utsey, 2013). 심리학자는 일라이의 문화적 배경에 대해 사전에 알고 있는 정보만으로 단정 짓기보다는, '모른다(not knowing)'는 입장에서 탐색적이고 객관적인 공감 태도를 유지한다(Young, 2021). 이러한 학습자적 태도는 특정 문화적 맥락 속에서 일라이로 살아간다는 것이 어떤 의미인지를 공감적으로 이해하는 데 기여한다.

상담 및 심리치료에서의 이론과 구성 개념, 그리고 공감

1950년대 이후, 칼 로저스와 그의 인간중심적 접근은 공감의 치료적 가치와 실천을 정신건강 전문 분야 전반에 걸쳐 부각시켜 왔다(Hutchinson, 2015; Rogers, 1957, 1975). 공감에 관한 그의 영향력 있는 이론은 오늘날에도 상담 및 심리치료 교재에서 자주 인용

된다(Corey, 2017; Gladding, 2021; Sommers-Flanagan & Sommers-Flanagan, 2018; Wedding & Corsini, 2019). 그러나 로저스의 업적을 넘어서, 다양한 치료 맥락에서 공감의 중요성이 주목한 다른 이론가들 또한 주목할 만하다. 알프레드 아들러(Alfred Adler), 산도르 페렌치(Sándor Ferenczi), 하인츠 코헛(Heinz Kohut)을 포함한 여러 인물은 자신들의 치료 모델에서 공감의 핵심적 역할을 강조했으며, 이들의 작업은 학문적으로 탐구할 가치가 있다(Clark, 2007). 또한 여러 심리치료 이론은 공감과 관련된 고유 개념들을 제시하며, 이러한 개념에 대한 이해는 치료 현장에서 내담자를 더 깊이 있게 공감하는 데 기여할 수 있다.

개인심리학의 창시자인 알프레드 아들러는 그의 저술 전반에 걸쳐 일상생활과 다양한 사람과의 치료 맥락 속에서 공감이 갖는 본질적 기능을 강조했다. 아들러는 공감을 정의하며 '우리는 내담자의 눈으로 보고, 내담자의 귀로 들어야 한다."(Adler, 1931/1958, p. 72)라고 언급했다. 그는 또한 동일시와 상상력을 인간이 보편적으로 지닌 능력으로 보았으며, 이는 건강한 관계를 형성하고 타인에 대한 공감적 이해를 촉진하는 데 중요한 역할을 할 수 있다고 보았다(Adler, 1927; Clark, 2007). 치료 과정에서 안스바허와 안스바허(Ansbacher & Ansbacher, 1956)는 "아들러는 '현상학'이라는 용어를 사용하지는 않았지만, 편견 없는 태도로 내담자에게 접근하고 공감을 바탕으로 이해를 형성했다는 점에서 그는 일관되게 현상학적 접근을 사용했다."(p. 14)라고 지적했다. 아들러의 주요 이론적 개념들인 생활방식(style of life), 사회적 관심(social interest), 전체론적 관점(holism)이 임상적으로 의미 있게 작용하기 위해서는 내담자의 삶의 경험에 대한 공감적 이해를 필요로 한다(Adler, 1927, 1931/1958). 아들러는 개인의 일상생활 속에서, 그리고 다양한 치료 맥락에서 공감의 중요성에 주목한 이론가로서, 공감 및 공감적 이해의 발달적 및 치료적 중요성을 가장 먼저 인식한 인물로 평가받을 수 있다(Clark, 2007, 2016; Clark & Butler, 2020).

샨도르 페렌치는 정신분석 전통 외의 영역에서 널리 알려진 인물은 아니지만, 공감적인 치료 기법의 발전에 중요한 기여를 한 인물이다. 치료 과정과 관련하여, 페렌치(1928/1955)는 "다시 한번 강조하지만 오직 진정한 공감만이 도움이 된다. 환자는 조금만 가식이 있어도 즉시 간파해 낸다."(p. 95)라고 언급했다. 1920년대 후반에서 1930년대 초반까지의 감정적으로 거리를 두는 전형적인 정신분석적 접근과는 달리, 페렌치는 환자들과 따뜻하고 반응적인, 그리고 공감적인 관계를 형성하고자 했다(Rachman, 1988, 1997). 그의 전문적인 저술에서 페렌치는 자주 "tact"라는 표현을 사용했으며, 그것을 "공감의 능력"(Ferenczi, 1928/1955, p. 89)으로 정의했다. 그는 과도하게 엄격하고 권위적인 치료 관계를 유지하는 것이 오히려 개인의 초기 외상 경험을 악화시키는 경우가 많다고 보았다. 정신분석계 내부에서는 페렌치가 환자와의 관계에서 공감을 핵심적인 치료 요인으로 강조한 데 대해 거센 비판이 제기되었다. 그에 대한 비난은 점차 과장되어, 그의 정신 상태가 심각하게 불안정하다는 근거 없는 주장과 함께 반복적인 정신병원 입원 요구로까지 이어졌다(Rachman, 1988, 1997).

이와 관련하여, 이후 하인츠 코헛은 1960년대까지 오랜 기간 주류 정신분석학 내에서 중심적인 인물로 활동했다. 그는 이 시기를 기점으로 공감을 인간 발달에 필수적인 욕구이며, 동시에 치료에서 중요한 핵심 요소로 보기 시작했다. 이러한 이론적 토대는 이후 자기심리학(self psychology)이라는 주요 정신분석 학파가 자리 잡는 데 중요한 기반이 되었다(Fall, Holden, & Marquis, 2017; Kohut, 1977, 1984). 공감의 의미를 명확히 하면서, 코헛(1984)은 이를 간단히 "다른 사람의 내면 세계로 들어가 생각하고 느낄 수 있는 능력"(p. 82)이라고 정의했다. 앞서 코헛(1959)은 공감을 더 간결하게 "대리적 자기성찰(vicarious introspection)"이라는 표현으로 설명한 바 있다.

치료 현장에서 공감의 다양한 관점을 포괄하는 이론적 틀 속에서, 코헛(1984)은 치료 과정을 **이해**(understanding) 단계와 **설명**(explanatory) 단계로 구분했다. 이해 단계에서 실무자는 내담자 또는 환자의 경험 속으로 공감적으로 몰입하며, 그 사람의 동기와 의도를 파악하고자 노력한다. 이러한 공감적 이해를 바탕으로, 치료사는 이후 설명 단계로 전환하여 심리역동적 과정에 대한 성찰을 활용하고 해석하게 된다. 이 과정에서도 공감은 지속적으로 작용하고, 내담자의 기능에 대한 상담사의 개념화는 해석을 전달하기 위한 틀로서 기능하며, 이는 개인의 경험에 담긴 의미를 더 깊고 풍부하게 확장시키는 데 기여한다(Fall et al., 2017; Kohut, 1984). 생애 말기에 코헛(1984)은 공감에 대한 자신의 발전된 관점을 "공감은 정신분석이라는 분야를 규정하는 핵심 작용이다."(p. 174)라고 정리했다.

공감적 객관성의 관점과 관련하여, 현재의 상담 및 심리치료 이론들은 관계적 맥락 속에서 내담자에 대한 공감적 이해를 이끌어 낼 수 있는 다양한 개념적 구성을 제시하고 있다. 이러한 개념들은 객관적 공감의 입장을 뒷받침하는 지식으로 기능하지만, 치료 현장에서 체험적 양식들과 공감적으로 통합될 때 비로소 임상적으로 의미를 갖게 된다(Manzano Boulton & Davis, 2019).

정신분석 **방어기제**(defense mechanism)는 위협에 대한 무의식적 반응으로, 왜곡과 정당화라는 특정한 패턴을 통해 내면의 갈등을 완화하려는 기능을 한다(Clark, 1991, 1998; Cramer, 2015; Freud, 1936/1966). 이러한 자동화된 반응을 정확하게 파악하는 것은 내담자가 겪는 갈등적 경험에 대한 공감적 인식을 높여 주며, 그 과정의 수정과 변화 또한 가능하게 해 준다.

개인심리학 유아기에 형성되는 **생활방식**은 자기 자신, 세계, 그리고 삶에 대해 깊이 뿌리내린 신념을 전체론적인 방식으로 반영한다(Adler, 1927; Allen, 1971). 내담자의 삶의 방향에 대한 공감적 인식은 그 사람의 실제 삶의 경험을 이해하는 데 도움을 주며, 치료적 변화의 가능한 방향을 제시해 준다(Adler, 1931/1958; Marková & Čechová, 2016).

실존치료 **나-너 관계**(I-Thou relationship)는 진정한 대화와 상호성의 과정을 통해 한 개인의 고유함을 인정하는 것을 의미한다(Buber, 1957). 이러한 관계적 차원은 '포함' '강도', 그리고 내담자의 개별성과 잠재력을 긍정하는 태도로 특징지어지며, 이는 더욱 고양된 형태의 공감으로 나타난다(Martin & Cowan, 2019).

게슈탈트 치료 형상 형성 과정(figure-formation process)이란 하나의 형상이 주의와 관심의 중심으로 부각되고, 다른 형상은 배경으로 물러나는 현상을 말한다(Köhler, 1947; Sommers-Flanagan & Sommers-Flanagan, 2018). 이러한 역동적 전환은 공감과 관련된 다음과 같은 과정들과 연결된다. 통합 모델에서의 다양한 공감 양식, 참여적 관찰자(participant observer)로서의 태도, 경험에 밀착된(experience-near) 접근과 거리를 둔(experience-distant) 접근, 보편적 · 집단적 · 개인적 문화 차원, 개인 모델, 그리고 공감적 자기 사용(empathic use of self) 등이다.

인지치료 스키마란 마음 안에 존재하는 인지 구조로, 생애 초기부터 형성되어 자기 자신, 세상, 미래에 대해 깊이 뿌리내린 핵심 신념을 반영한다(Beck, Rush, Shaw, & Emery, 1979; Corey, 2017). 치료 과정에서 상담사나 치료사는 내담자의 고통스러운 정서 반응에 공감하며, 왜곡되었거나 기능적으로 손상된 스키마에 대한 개념을 재구성하려는 노력을 기울인다(Beck et al., 1979; Beck, 2011).

다문화치료 세계관(worldview)은 사고의 구조로서, 한 개인이 세상을 어떻게 인식하고 어떤 관계를 맺고 있는지를 나타낸다(Chung & Bemak, 2002). 세계관을 개념화하는 작업에는 자연, 타인, 동물, 제도, 사물, 인간 본성, 시간 및 활동에 대한 태도, 종교, 우주와 같은 매우 다양한 주제가 포함된다(Ibrahim, 1985; Sue, 1978). 내담자의 세계관에 대한 공감적 이해는 다문화 담론에서 널리 지지되는 요소이다. 그러나 동시에 이 개념 틀은 그 구성 요소가 분산되어 있고 구조화하기 어려워서 연구나 교육, 실제 적용 측면에서 조작화하기 쉽지 않다는 한계도 존재한다.

해결중심 단기치료 **모른다는 자세**(not-knowing posture)는, 내담자의 삶에서 무엇이 효과적이었고 무엇이 그렇지 않았는지를 가장 잘 아는 사람은 바로 내담자 자신이라는 관점을 반영하는 실무자의 태도이다(De Jong & Berg, 2002). 공감적 이해는 내담자가 지닌 강점과 자원을 명확히 드러냄으로써, 긍정적인 치료적 변화를 추구하는 데 기여한다(Neukrug, 2017).

현실치료와 선택이론 **좋은 세계**(quality world)는 한 개인이 만족스럽고 충만하다고 느끼는 대상에 대한 인식을 포함한다. 예를 들어, 특정 사람들과 시간을 보내고자 하는 욕구, 소유하거나 경험하고 싶은 대상에 대한 생각 등이 이에 해당한다(Glasser, 1998; Neukrug, 2017). 내담자의 좋은 세계를 공감적으로 이해하는 것은 그 사람에게 진정으로 중요한 것이 무엇인지를 파악하게 해 주며, 동시에 관계적 연결을 강화하는 데 기여한다(Fall, Holden, & Marquis, 2017).

내러티브 치료 **외재화**(externalization)는 알코올 중독이나 억압적인 환경과 같은 문제를 내담자 자신과 동일시하는 것으로부터 분리할 수 있도록 돕는다(Corey, 2017; White & Epston, 1990). 실제 치료에서는 협력적이고 긍정적인 관계가 공감적 기반이 되어, 문제를 내담자 외부에 존재하는 것으로 재정의함으로써 그것을 해체하고, 보다 역량을 강화하는 새로운 내러티브를 형성해 나갈 수 있도록 한다(Neukrug, 2017).

관계문화치료 신뢰, 진정성, 친밀감이 형성된 관계 속에서, 내담자와 치료사는 문화적으로 민감한 맥락 안에서 상호적 공감(mutual empathy)을 경험하게 된다(Jordan, 2017). 상호적 공감은 상호작용적이고 상보적인 과정으로서, 건설적인 치료적 변화를 추구하는 데 있어 평등하고 역량을 강화하는 인간적 연결을 강조한다(Freedberg, 2007; Sommers-Flanagan & Sommers-Flanagan, 2018).

동기강화상담 협력적이고 공감적인 치료적 스타일의 맥락 안에서, 내담자는 **변화대화**(change talk)와 **결심**(commitment)을 언어로 표현하고, 알코올 및 약물 남용, 섭식 장애, 충동적 도박, 불안 및 기분 장애, 그 외 건강 관련 행동들에 대한 양가적 동기에 기반한 결심을 이야기한다(Miller & Rollnick, 2013; Wedding & Corsini, 2019). 공감적 이해가 형성된 관계적 분위기 속에서, 내담자는 변화에 대한 양가감정을 탐색하고 구체적인 행동 목표와 계획에 대한 의지를 표현하게 된다(Sommers-Flanagan & Sommers-Flanagan, 2018).

꿈 이론과 공감

꿈에 대한 이론적 관점에서, 프로이트, 아들러, 융은 모두 복잡한 인간 정신을 이해하는 데 있어 꿈이 지니는 치료적 역할을 강조한 바 있다. 초기 이론가들이 꿈의 의미를 탐색하고 해석하는 작업의 가치에 주목함으로써 그 중요성과 학문적 타당성이 부각된 지도 100년이 넘는 시간이 흘렀다. 현대에 들어서는 발달적 · 임상적 맥락에서 다양한 개인의 꿈 이야기를 바탕으로 관점을 도출해 내기 위한 수많은 모델이 개발되어 왔다(Hill & Knox, 2010). 프로이트의 주요 저작인 『꿈의 해석(The Interpretation of Dreams)』(1900/1953)은 과거의 왜곡, 잠재된 내용, 연상적 상징과 같은 주제를 통해 꿈에 대한 관심을 크게 고조시켰다. 그러나 현대의 꿈 이론은 프로이트의 입장과는 달리, 사람들이 현실에서 직면하는 문제와 도전을 명확히 하는 데 더 큰 초점을 둔다. 또한 감정은 내담자의 문제 해결을 이끄는 동기적 촉매로 간주된다(Eudell-Simmons & Hilsenroth, 2007). 과거에는 **꿈 해석**(dream interpretation)이라는 용어가 전문가가 상징적이고 암시적인 의미를 일방적으로 해석해 주는 방식으로 사용되었으나, 오늘날에는 협력적인 치료 접근을 의미하는 **꿈 작업**(dream work)이라는 표현이 주로 사용되고 있다(Hill & Knox, 2010).

꿈은 내담자가 직면한 고유한 고민과 어려움을 공감적으로 이해하는 데 있어 비교적 접근하기 쉬우며 관계를 형성하는 유용한 통로로 보일 수 있지만, 상담 및 심리치료에서 꿈 작업의 활용을 가로막는 여러 가지 장애 요인도 존재한다. 꿈과 관련된 방대한 이론적 모델과 체계는 학생이나 실무자에게 압도적으로 느껴질 수 있으며, 이외에도 교육 및 전문 현장에서의 훈련 부족, 꿈을 다루는 데 필요한 시간이 과도하게 길어질 수 있다는 점, 제한된 시간 안에 효율성을 요구하는 건강보험 중심의 치료 환경, 난해하고 암호적인 상징과 연상, 자신의 역량 부족에 대한 인식으로 인한 망설임, 실무자의 무관심, 그리고 꿈 자체가 본질적으로 무의미하다는 일반적인 인식 등이 모두 꿈 작업의 활용을 어렵게 만드는 요인으로 작용한다.

꿈 작업을 시도하는 데에는 앞서 언급한 바와 같이 여러 한계가 존재하지만, 꿈 작업을 시도하지 않음으로써 내담자의 삶의 맥락 속에서 드러나는 고유한 기능을 공감적으로 이해할 수 있는 기회를 잃게 될 가능성 또한 존재한다. 더 나아가 내담자와 깊이 연결된 주제에 대해 실무자가 관심이 없어 보일 경우, 치료 관계를 강화할 수 있는 기회마저 저해될 수 있다. 이는 특히 아동이 강렬한 인상을 남긴 꿈을 이야기할 때 상담사나 치료사가 산만하거나 무관심한 태도를 보이는 경우에 두드러지게 나타날 수 있다(Clark, 1999b).

치료 현장에서 꿈 작업의 궁극적인 목적은, 내담자의 생생한 삶의 경험을 다루는 과정을 통해 자기 이해(self-understanding)를 증진시키는 데 있다(Bird, 2005). 꿈은 한 개인의 고유성과 독자성을 드러낸다는 점에서, 상담사나 치료사가 내담자에 대한 공감적 이해를 관계적 맥락 안에서 전달할 수 있는 기회를 제공한다. 이러한 방향에서, 통합적 공감 모델은 꿈 작업과 관련된 제약들을 다루는 동시에, 다양한 관점을 통해 꿈을 다룰 수 있는 가능성을 제시한다. 특히 실무자는 이 과정에서 '공감적 자기 사용(empathic use of self)'을 적극적으로 활용할 수 있다. 내담자가 꿈을 이야기하는 순간, 치료사는 주관적 공감의 태도를 통해 그 사람과 동일시하며, 상상적 이미지를 함께 떠올리게 된다. 이처럼 꿈에 관한 이야기를 공감적으로 경청하는 것은 체험 기반의 정서적 울림을 만들어 내며, 이는 관심과 개인적 연결을 더욱 깊게 만든다. 이후 상호관계적 공감의 입장으로 전환할 때, 상담사는 내담자의 정서 반응에 대한 공감적 이해를 전달하게 되며, 내담자의 인상 깊은 꿈과 관련된 감정을 인정해 주는 것은 치료 동맹 안에서의 정서적 유대감을 강화하는 데 기여한다.

객관적 공감의 관점에서 볼 때, 상담사나 치료사는 자신이 꿈 작업에 대한 지식이나 역량이 부족하다고 느낄 경우, 내담자의 꿈에 대한 논의를 감정의 수용과 경청 수준으로 제한할 수도 있다. 그러나 임상 경험이 축적되고 꿈 이론에 대한 이해가 심화되면, 실무자는 내담자의 꿈을 보다 폭넓게 다루는 방식을 고려할 수 있다(Hill & Knox, 2010). 현대의 꿈 이론에 따르면, 꿈의 기능을 개인의 문제 해결 능력과 도전을 마주하게 하는 정서적 촉매로 이해하는 것에서 출발할 수 있다(Eudell-Simmons & Hilsenroth, 2007). 이러한 맥락 의존적(high-context) 틀을 활용할 때, 치료사는 상호관계적 공감의 태도로 전환하여, 내담자의 문제 상황 및 정서 반응과 관련된 꿈의 의미를 함께 탐색하게 된다. 또한 객관적 공감의 입장에서, 한 회기당 꿈 논의를 하나로 제한하는 등의 구체적인 지침을 고려하는 것은 꿈 작업을 보다 현실적이고 실행 가능하게 만드는 데 도움이 될 수 있다(Bird, 2005; Clark, 1999b).

꿈 작업의 한 사례로, 라모나(Ramona)라는 초등학교 3학년 학생이 학업 수행 능력의 뚜렷한 저하로 인해 학교 상담사에게 의뢰되었다. 라모나는 8세이며, 아기 때 루마니아에서 입양된 아동이다. 선생님들은 라모나가 종종 멍하니 공상에 잠긴 듯 보이고, 수업 활동에 관심이 없어 보인다고 보고했다. 라모나의 어머니 허스트(Hurst) 씨와의 면담에서, 그녀는 남편과 관계가 어려운 시기를 겪고 있으며, 최근에는 별거에 대해 이야기를 나눈 적이 있다고 밝혔다. 허스트 씨는 라모나에게 "모든 게 잘될 거야."라고 반복해서 말해 주고는 있지만, 밤에 딸이 방 안에서 조용히 흐느끼는 소리를 들은 적도 있다고 한다. 첫 상담에서 라모나는 매우 위

축된 모습이었고, 말수도 거의 없었다. 그러던 중 한순간 라모나는 괴로운 표정으로 "엄마랑 아빠가 자주 싸-워요."라고 말했다. 상담사가 이 말을 이어 가려 하자, 라모나는 거의 들리지 않을 정도의 목소리로 "그 얘기는 하고 싶지 않아요."라고 답했다.

두 번째 상담 중반쯤, 상담사는 라모나와 정서적으로 더 깊이 연결되기를 바라며 다정하게 묻는다. "밤에 꿈을 꾸기도 하니?" 라모나는 잠시 머뭇거리더니 말한다.

> 며칠 전 밤에 꿈을 꿨어요. 놀이터에 있었고, 엄마랑 벤치에 나란히 앉아서 이야기를 나누고 있었고, 주변에는 아무도 없었어요. 그런데 갑자기 어떤 아저씨가 나타나서는 저한테 "그네를 밀어 줄까요?" 하고 물었어요. 엄마는 좋다고 하셨고, 그 아저씨가 저 가 좋아하는 방식으로 천천히 그네를 밀어 줬어요. 그때 엄마가 웃고 계신 게 보였어요.

그 시점에서 꿈은 끝이 난다. 상담사는 라모나에게 꿈속에서 어떤 감정을 느꼈는지 물었고, 라모나는 "기분이 정말 좋았어요."라고 대답했다. 이에 상담사는 "그 꿈은 너에게 참 따뜻하고 특별한 시간이었구나."라고 말해 준다. 자신의 꿈 작업 역량에 대한 확신이 부족했던 상담사는 꿈의 내용을 더 깊이 탐색하기보다는, 라모나가 이야기의 흐름을 이끌도록 맡기기로 한다. 그러자 라모나는 부모님 사이에 문제가 생기기 전, 예전의 일상이 무척 그립다고 털어놓는다. 이후 회기의 남은 시간은 이 주제를 중심으로 진행된다. 이처럼 꿈은 라모나가 느끼는 감정을 끌어내고, 상담사가 그녀의 삶의 경험에 정서적으로 연결되며 공감적으로 이해할 수 있도록 하는 데 중요한 역할을 하게 된다.

역전이와 공감

역전이(countertransference)란 상담사나 치료사 내면에 미해결된 문제나 갈등이 존재하여, 내담자에 대한 공감적 이해를 방해하는 현상을 의미한다(Gelso & Hayes, 2007; Corey, 2019). 치료적 상호작용 속에서 역전이는 종종 실무자가 내담자를 왜곡되게 인식하게 만들며, 그 인식은 극단적으로 부정적이거나 긍정적인 방향으로 치우칠 수 있다(Gelso & Hayes, 2007). 예를 들어, 한 치료사가 적대감과 관련된 미해결 갈등을 지니고 있을 경우, 내담자가 분노를 표현하는 장면에서 그 감정을 축소하거나 무시하는 경향을 보일 수 있다. 이때 치료사는 내담자의 정서 반응을 이해하고 처리하려 하기보다는, 위협을 느끼고 자기방어적인 회피 반응으로 대응하게 된다.

객관적 공감의 관점에서, 상담사나 치료사는 역전이를 관리하기 위해 그 역동을 의식적으로 인식할 필요가 있다. 이는 개인적인 갈등이 행동으로 표출되지 않도록 예방하는 데 도움이 되며, 그에 따른 실무 지침들이 마련되어 있다(Hayes, Gelso, & Hummel, 2011). 자기성찰, 동료나 슈퍼바이저와의 상담, 혹은 개인 상담을 통해 실무자는 역전이 반응을 이해하고 다룰 수 있는 가능성을 높이게 된다. 치료사는 주관적 및 상호관계적 공감 양식을 통해 내담자와 공감적으로 연결되지 못할 때 역전이가 발생했음을 처음으로 인식하게 될 수도 있다. 즉, 내담자의 경험에 공감적으로 연결되지 못한 채, 자신에게 초점을 맞추어 정서적으로 위축되거나 반대로 지나치게 감정적으로 개입하는 태도를 보이는 것이다. 이처럼 왜곡된 반응을 점진적으로 다루어 나가는 과정은, 상담사나 치료사가 치료 동맹 안에서 내담자를 보다 정확하게 공감적으로 인식하는 데 기여한다.

역전이와 혼동될 수 있는 유사 개념들이 있으며, 이들 또한 내담자에 대한 공감적 이해를 방해할 가능성이 있다. 동시에, 다음에 제시된 외상 관련 과정들은 역전이와는 구별되는 내담자의 경험에 기반한 현상들이다(Harrison & Westwood, 2009). **이차 외상 스트레스**(secondary traumatic stress)는 상담사나 치료사가 아동기 성적 학대, 신체적 폭력, 성폭행 및 가정폭력, 중증 질환 및 장애, 전쟁 경험 등과 같은 외상적 사건에 대한 내담자의 이야기를 간접적으로 접할 때 발생하는 반응을 말한다(Arnold, Calhoun, Tedeschi, & Cann, 2005). 실무자의 외상 반응으로 인해 나타날 수 있는 부정적 영향에는 두통, 피로, 불안, 위축, 심리적 무감각 등 다양한 심리적 · 생리적 증상이 포함된다(Wilson & Thomas, 2004). **연민 피로**(compassion fatigue)는 보다 포괄적인 개념으로, 치료사가 외상이나 고강도의 심리적 문제를 겪는 내담자의 이야기를 반복적으로 접하는 가운데 점차 축적되어 나타나는 정서적 소진 상태를 의미한다(Ludick & Figley, 2017). **대리 외상**(vicarious traumatization)은 외상 경험을 지닌 내담자를 지속적으로 다루는 과정에서 상담사나 치료사의 인지적 스키마에 부정적인 변화가 생기는 현상을 가리킨다(McCann & Pearlman, 1990). 마지막으로, **번아웃**(burnout)은 단순히 외상적 내러티브에 반복적으로 노출됨으로써 나타나는 부정적 영향에 그치지 않고, 과도한 사례 수, 부족한 슈퍼비전, 불충분한 자기돌봄 등이 누적되며 심화되는 정서적 탈진 상태를 포함하는 보다 광범위한 개념이다(Harrison & Westwood, 2009; Wilkinson, Whittington, Perry, & Eames, 2017).

외상 반응으로 인한 부정적 영향을 관리하는 다양한 치료 전략이 역전이를 다루는 방식과 유사하게 치료 문헌에서 제시되어 왔다. 특히 정서 조절(emotion regulation), 자기중심적 초점이 아닌 내담자 중심의 관점 유지, 명확하고 일관된 경계(boundaries) 설정, 관점 전환(perspective-taking) 등은 공감을 기반으로 한 접근으로, 이러한 전략들은 실무자에게 심리적 보호 기능을 제공할 수 있다(Ekman & Halpern, 2015). 이와 함께 임상 슈퍼비전(또는 임상 지도), 전문성 향상 교육, 자기돌봄 실천, 스트레스 관리, 건강 증진 활동, 외상 관련 사례의 비율 조정 등과 같은 실천적 개입들은 외상 사례가 집중된 치료 환경에서 실무자가 받는 정서적 부담을 완화하는 데 기여한다. 동시에 이러한 노력은 상담사와 치료사의 개인적·전문적 웰빙을 증진시키는 데도 도움을 준다(Brockhouse, Msetfi, Cohen, & Joseph, 2011; Ogińska-Bulik, Juczyński, & Michalska, 2020).

위협에 대한 반응과 공감

일상생활과 치료 맥락 모두에서, 사람들은 지각된 위협에 대해 방어적이고 회피적인 방식으로 반응하는 경우가 많다. 19세기 후반, 지그문트 프로이트는 **방어기제**의 개념을 처음 제시했고, 이후 그의 다양한 저술 전반에 걸쳐 이 과정에 대해 부분적으로 설명했다(Freud, 1926/1959). 고전적 저작인 『자아와 방어기제(The Ego and the Mechanisms of Defense)』(1936/1966)에서 안나 프로이트(Anna Freud)는 위협에 대한 반응을 체계화하면서, 전통적인 방어기제를 정의하고, 그 특성을 명확히 하며, 방어적 기능에 대한 치료적 접근을 제시했다. 객관적 공감의 관점에서 실무자는, 방어기제가 위협적인 상황에서 유발되는 감당하기 어려운 정서와 갈등을 완화하기 위해 작동한다는 점을 이해한다(Clark, 1991, 1998). 기존 문헌에서는 50가지가 넘는 개별적인 방어기제가 보고되어 있다(Laughlin, 1979). 그러나 소수의 방어기제를 선정하여 다루는 것은 상담사가 이를 공감적으로 이해하고 치료적으로 다루는 데 있어 보다 실용적인 접근을 가능하게 한다. 〈표 3-1〉은 상담 및 심리치료 장면에서 자주 관찰되는 방어기제에 대한 현대적 정의 10가지를 제시한다(Clark, 1991, 1998).

〈표 3-1〉 방어기제의 정의

부인 (denial)	지각된 경험이나 그 의미를 부정함
전치 (displacement)	용납되기 어려운 감정을 보다 취약한 대상에게 전가함
동일시 (identification)	환상적 연상을 통해 타인의 바람직한 특성을 자신의 것으로 받아들임
고립 (isolation)	언어화된 경험을 그에 수반되는 정서로부터 분리시킴
투사 (projection)	받아들이기 어려운 자신의 특성을 타인에게 전가함
합리화 (rationalization)	문제적인 행동을 그럴듯한 설명으로 정당화함
반동 형성 (reaction formation)	내면의 신념과는 반대되는 도덕적 행등을 토임
억압 (repression)	괴로운 경험에 대한 정서적 · 인지적 인식을 무의식적으로 밀어냄

퇴행 (regression)	발달적으로 미성숙한 수준의 기능으로 되돌아감
취소 (undoing)	잘못된 행동이나 생각을 상쇄하기 위해 반대되는 행동을 함

치료 현장에서 내담자의 방어기제를 식별하고 수정해 가는 과정은 관계적 맥락 속에서 개인에 대한 공감적 이해를 전제로 이루어진다. 내담자의 방어기제에 무분별하게 도전하거나 시기상조로 직면시키는 것은 치료 동맹을 약화시키고, 저항이나 조기 종결을 초래할 수 있다(Cramer, 2015). 치료 과정 전반에 걸쳐 치료사가 다양한 공감 양식을 촉진함으로써 내담자는 뿌리 깊은 방어 패턴을 치료적으로 다루고 보다 적응적인 기능으로 나아갈 수 있는 기반을 마련하게 된다.

지각된 위협에 대한 반응과 관련된 또 하나의 중요한 개념 틀로, 아들러(1914a, 1929/1969)는 자기존중감을 보호하기 위한 회피 행동의 고착된 양식을 **보호 경향**(safeguarding tendencies)으로 개념화했다. 보호 경향은 낙담한 사람이 자신의 결핍이 드러나는 도전이나 문제에 직면할 때 활성화되며, 개인은 직접적인 해결책을 추구하기보다는 실패를 회피하거나 정당화하려는 행동을 선택한다(Adler, 1935). 보호 경향에 대한 현대적 정의는 열등감이 유발되는 경험 속에서 기능을 저해하는 자기기만적인 회피 행동으로 이해된다(Adler, 1914a, 1929/1969, 1935; Clark, 1999a). 객관적 공감의 입장에서는, 실무자가 내담자의 보호 경향을 여러 형태의 움직임으로 공감적으로 개념화할 수 있다. 예를 들어, 거리 두기 콤플렉스, 망설이는 태도, 우회하기, 접근 경로의 축소 등이 있다

(Adler, 1935). 다양한 증상은 이러한 각 움직임의 특성과 관련되며, 〈표 3-2〉는 보호 경향에 대한 현대적 정의를 제시한다.

〈표 3-2〉 보호 경향의 정의

거리 두기 콤플렉스 (distancing complex)	도전과 문제를 회피하기 위해, 지각된 장애물로부터 거리를 두고, 능동적인 문제 해결 가능성을 차단하는 의심과 불확실성을 표현함
망설이는 태도 (hesitating attitude)	다양한 장애나 불운을 이유로 활동과 문제 개입을 제한하며, 어려움의 원인을 타인에게 돌리고 해결을 방해하는 태도를 정당화함
우회하기 (detouring around)	중심 과제나 도전보다 덜 중요한 문제로 주의를 전환하고, 부차적인 사안에 과도한 시간과 에너지를 소모함
접근 경로의 축소 (narrowed path of approach)	과제를 완료하지 않거나, 매우 제한적이고 예측 가능한 활동에만 소극적으로 관여함으로써 문제 해결을 방해함

내담자의 자기패배적 행동은 안전확보 경향에 내재된 요소이지만, 외형적으로는 장애물에 맞서거나 고통을 드러내려는 방식으로 일정한 목적을 수행한다(McBrien, 2012). 내담자의 보호 경향은 일반적으로 치료 초기 단계에서 관찰될 수 있으며, 실무자가 이러한 반응을 인식하는 것은 개인에 대한 공감적 이해를 가능하게 한다. 방어기제와 마찬가지로, 내담자의 보호 경향에 시기상조로 도전하는 위협을 불러일으키고, 치료 관계를 불안정하게 만들 위험이 있다. 치료가 진행됨에 따라 치료사는 격려와 기타 공감 기반 기술들을 통해 보호 경향의 역기능적 측면을 명확히 하고, 내

담자로 하여금 보다 목적 지향적인 행동 양식을 형성할 수 있도록 돕는 정서적 지지 환경을 만들 수 있다(Clark, 2000; McBrien, 2012).

개인 평가와 공감

표준화된 평가 속성에 기반한 객관적 측정을 통해 개인을 이해하려는 시도는, 전통적인 공감의 기능과는 상충되는 것으로 보일 수 있다. 실제로 로저스(1951, 1975)는 내담자에 대한 어떠한 형태의 평가도 실무자의 판단이 개입된 것으로 보았으며, 이는 '진정한 공감'을 대표하지 않는다고 지속적으로 주장해 왔다. 그러나 동시에, 내담자에 대한 공감적 이해를 증진하기 위해 객관적 자료와 체험적 공감 양식을 통합할 수 있는 가능성도 존재한다. 개인 평가(individual assessment)의 의도는 내담자의 고유한 존재 방식을 중심에 두면서, 객관적 자료와 주관적 통찰을 통합하고자 하는 데 있다(Bugental & Sapienza, 1994).

치료 현장에서 핀(Finn, 2007)은 상담사나 치료사가 내담자와 공감적인 평가 관계를 유지하는 일이 가장 도전적이면서도 동시에 가장 흥미로운 과업 중 하나라고 보았다. 이와 관련해 실무자는 치료 과정과 조화를 이루는 평가 개입을 통해 내담자와 공감적으로 연결되기 위해 노력한다. 심리평가의 범위는 매우 광범위하지만, 객관적 측정을 통해 내담자를 공감적으로 이해하는 방식으로 연결될 수 있는 접근 또한 가능하다. 자기보고식 검사, 행동 관찰, 그리고 개인에 대한 개념적 모델 형성은 모두 내담자를 공감적으로 이해하기 위해 주관적 공감 및 상호관계적 공감 양식과 함께 사용할 수 있는 대표적인 객관적 절차들이다.

심리평가 도구는 매우 다양한 범주로 이루어져 있지만, 그중에서도 자기보고식 검사는 내담자에 대한 이해를 심화하고, 공감적으로 치료 개입을 구상하는 데 특히 효과적인 도구로 평가된다(Whiston, 2017). 표준화된 측정 도구로서 자기보고식 검사는 우울, 불안, 섭식 장애, 물질 사용 문제 및 기타 정신건강 문제와 관련된 내담자의 증상을 평가하는 데 중점을 둔다. 일반적으로 이러한 선별 도구는 전체 점수, 하위척도 또는 군집 점수, 핵심 문항에 대한 반응을 바탕으로 내담자의 정서적 상태에 대한 정보를 제공한다(Drcar, 2018). 예를 들어, **Beck 우울 척도 2판**(Beck Depression Inventory-2: BDI-II; Beck, Steer, & Brown, 1996)은 21개의 문항으로 구성된 간결하고 널리 사용되는 자기보고식 검사 도구이다. 이 검사는 지난 2주간의 경험을 바탕으로, 각 문항에 제시된 네 개의 문장 가운데 하나를 선택하도록 하며, 각 문장은 증상의 심각도에 따라 단계적으로 구성되어 있다(Whiston, 2017).

상담사나 치료사는 BDI-II의 전체 점수와 관련된 설명을 참고함으로써, 내담자가 최소 수준에서부터 중증에 이르기까지 다양한 범주의 우울 증상을 경험할 때 일상생활이 어떤 모습일지를 가늠할 수 있다. BDI-II의 군집 점수를 평가할 때, 실무자는 내담자의 인지적 · 정서적 · 행동적 · 생리적 기능과 관련하여 우울의 특성을 파악할 수 있다. 또한 BDI-II에 제시된 구체적인 문장들을 고려함으로써, 치료사는 내담자의 우울과 관련된 핵심 반응을 공감적으로 평가하게 된다. 해당 검사 문항과 유사한 문장들로는 "나는 한 인간으로서 무가치하다고 느낀다." "미래에 대한 희망을 잃었다." "나는 대부분의 시간 동안 짜증을 느낀다." 등이 있다.

자기보고식 검사 도구는 왜곡이나 조작 가능성에 노출될 수 있지만, 이와 같은 결과는 내담자를 공감적으로 이해하기 위한 다양한 방식과 통합되고 조화를 이루는 하나의 객관적 자료로서 의미를 가진다.

또 하나의 객관적 보조 자료로서, 내담자의 일상적 활동에 대한 행동 관찰은 그 사람을 공감적으로 이해하는 데 기여할 수 있다. 다양한 삶의 맥락에서 내담자를 관찰할 기회는 상대적으로 제한적이지만, 상담사나 치료사가 행동 평가를 수행할 수 있는 상황이 때때로 주어지기도 한다. 특히 학교 상담사나 학교 기반 실무자들은 학생들을 식당, 운동장, 교실 등에서 관찰할 수 있는 기회를 비교적 자주 갖는다(Axelrod, 2017; Blacher, Murray-Ward, & Uellendahl, 2005).

예를 들어, 한 학교 심리학자는 쉬는 시간 동안 운동장에서 노는 4학년 학생 숀(Shawn)을 관찰한다. 숀은 다른 아이들과 함께 놀려고 시도하지만 외면당하고, 어느 순간 두 명의 학생이 숀을 놀리기 시작하자 그는 그들로부터 도망친다. 또 다른 사례로, 한 학교 사회복지사는 며칠에 걸쳐 점심시간에 고등학생 한 명이 혼자 식사하는 모습을 관찰한다. 다중 관점 공감(multiple perspective empathy)의 입장에서, 실무자들은 지속적으로 놀림을 받거나 무시당하는 청소년의 삶이 어떠할지를 감정적으로 연결하고 성찰해 볼 수 있다.

보다 복잡한 평가 과정을 포함하여, 1960년대에 그린슨(1960, 1967)은 정신분석 치료 과정에서 개인과의 상호작용을 통해 파악된 공감적 관찰을 조직하고 활용하기 위한 틀로서 **환자 모델**(model of a patient)을 개념화했다. 이 모델의 이론적 구성은 폭넓은 범주의 개념으로, 환자의 정서, 환상, 내적 갈등, 가능성 등 다양한 요소를 포함한다. 그린슨(1967)은 이 구성 개념을 설명하며 "내가 설명하려는 것은 한 사람이 환자에게 공감할 때 일어나는 과정들이다."(p. 367)라고 언급했다. 그린슨의 환자 모델이 처음 소개된 이후, 여러 이론가는 이 개념을 인용하며 치료 맥락에서의 실제 적용을 명확히 하고 구체화하려는 시도를 이어 갔다(Berger, 1987). 이와 관련하여 패튼과 미어라(Patton & Meara, 1992)는 이 틀이 내담자를 이해하는 데 도움이 되는 자원이자, 그 개인이 향후 도전적 상황에 어떻게 반응할지를 예측하는 데 유용한 안내서 역할을 한다고 보았다.

하지만 오늘날에는 정신분석 전통 내부를 포함하더라도, 치료 관련 문헌에서 환자 모델에 대한 논의가 거의 이루어지지 않는다. 이 모델은 치료 과정에서 형성된 공감적 이해를 조직하고 활용할 수 있는 창의적인 틀을 제공할 가능성이 있음에도 불구하고, 그 구조는 일관성과 실용성이 부족하다는 한계를 지닌다. 최근 학계와 실제 치료 현장에서 이 모델에 대한 관심이 줄어든 현실은, 관계적 맥락 속에서 내담자를 깊이 이해할 수 있는 중요한 틀을 활용할 기회를 잃어버린 것이라 볼 수 있다.

환자 모델을 확장하고 발전시키는 과정에서, 다중 공감 관점(multiple empathy perspectives)은 내담자에 대한 정보를 구분하고 통합하는 데 중요한 역할을 한다(Wilkinson, Saltis, & Dewell, 2020). 치료가 진행되는 과정에서, 상담사나 치료사는 내담자에 대한 공감적 이해를 체계화할 수 있는 하나의 **개인 모델**을 구성해 나갈 수 있다. 이 과정에서 초기 면담 단계에서는 자기 자신, 타인, 사건에 대한 삶의 스키마를 포함하는 잠정적인 구조를 형성하는 것이 가능하다(Clark, 2002, 2007, 2016; Clark & Butler, 2020). 공감적 이해가 지속적인 치료적 만남 속에서 점차 심화됨에 따라, 실무자는 한 개인에 대한 보다 정교하고 복합적인 심리적 표상(mental representation)을 구축해 나가게 된다(Berger, 1987; Levy, 1985). 시간이 흐르면서 이 구조를 다듬고 풍부하게 해 나가는 과정은 내담자를 공감적으로 이해하기 위해 다양한 자원을 축적해 나가는 데 기여한다(Schafer, 1959). 그렇게 형성된 개인 모델은 특정한 개입이나 상호작용에 대한 내담자의 반응을 예측하는 데 유용한 자원으로 쓰인다(Patton & Meara, 1992; Schafer, 1959). 아울러, 개인 모델의 형성은 실무자가 지닌 이론적 지향성과, 다양한 치료 현장에서의 임상 경험의 축적에 의해 영향을 받는다(Greenson, 1960, 1967).

상담사나 치료사가 개인 모델이라는 개념 자체를 명시적으로 인식하지 못하더라도, 그 개념의 여러 측면은 이전의 교육이나 치료 경험을 통해 이미 익숙할 수 있다. 치료 현장에서 고유한 이해의 틀을 구축해 가는 과정에서, 치료사는 다양한 공감적 입장을 유연하게 오가며 내담자와 관계를 맺는다. 주관적 공감의 입장에서는, 상담사가 내담자의 경험에 정서적으로 **깊이 이입하며**(resonating) 유대감을 형성하고, 이를 통해 내담자에 대한 이해가 더욱 깊어진다. 객관적 공감 관점에서는, 실무자가 **참조 가능한**(referential) 자료와 축적된 치료 경험을 떠올리며 내담자에 대한 신중하고 이성적인 관점을 형성한다. 상호관계적 공감의 입장으로 전환할 때는 **관계적**(relational) 연결을 통해 공감적 이해가 증진되고, 다양한 공감 기반 치료 기술을 활용할 수 있는 토대가 마련된다. 인지적으로 복합적인 이 과정에서 인식의 분화와 통합이 이루어지고, 치료가 거듭될수록 개인 모델은 정교하고 세밀하며 일관된 구조로 다듬어져 간다(Wilkinson et al., 2020).

상담 및 심리치료에서 객관적 공감에 대한 추가 고찰

상담 및 심리치료에서 공감의 객관적 입장을 수용하는 것은 공감 과정을 체험적 영역을 넘어 이성과 신중한 사유의 영역으로 확장하고 심화시키는 것이다. 하지만 동시에 여러 이론가와 실무자는 객관적 접근이 내담자를 대상화하고, 공감의 현상학적 특성과 어긋난다고 본다. 반면 통합 모델에서는 객관적 공감이 주관적 공감 및 상호관계적 공감 양식과의 관계 속에서 작동하며, 내담자의 감정과 의미를 이해하는 데 기여한다. 역전이 또는 치료 동맹의 균열과 같은 주제들은 객관적 공감의 시각에서 다뤄질 수 있지만, 체험적 공감 양식을 통해 공감의 연결을 이어 가는 일은 개인을 보다 깊이 이해하는 데 더욱 강력하고 통합적인 접근으로 작용한다.

제4장

상담 및 심리치료에서의 상호관계적 공감

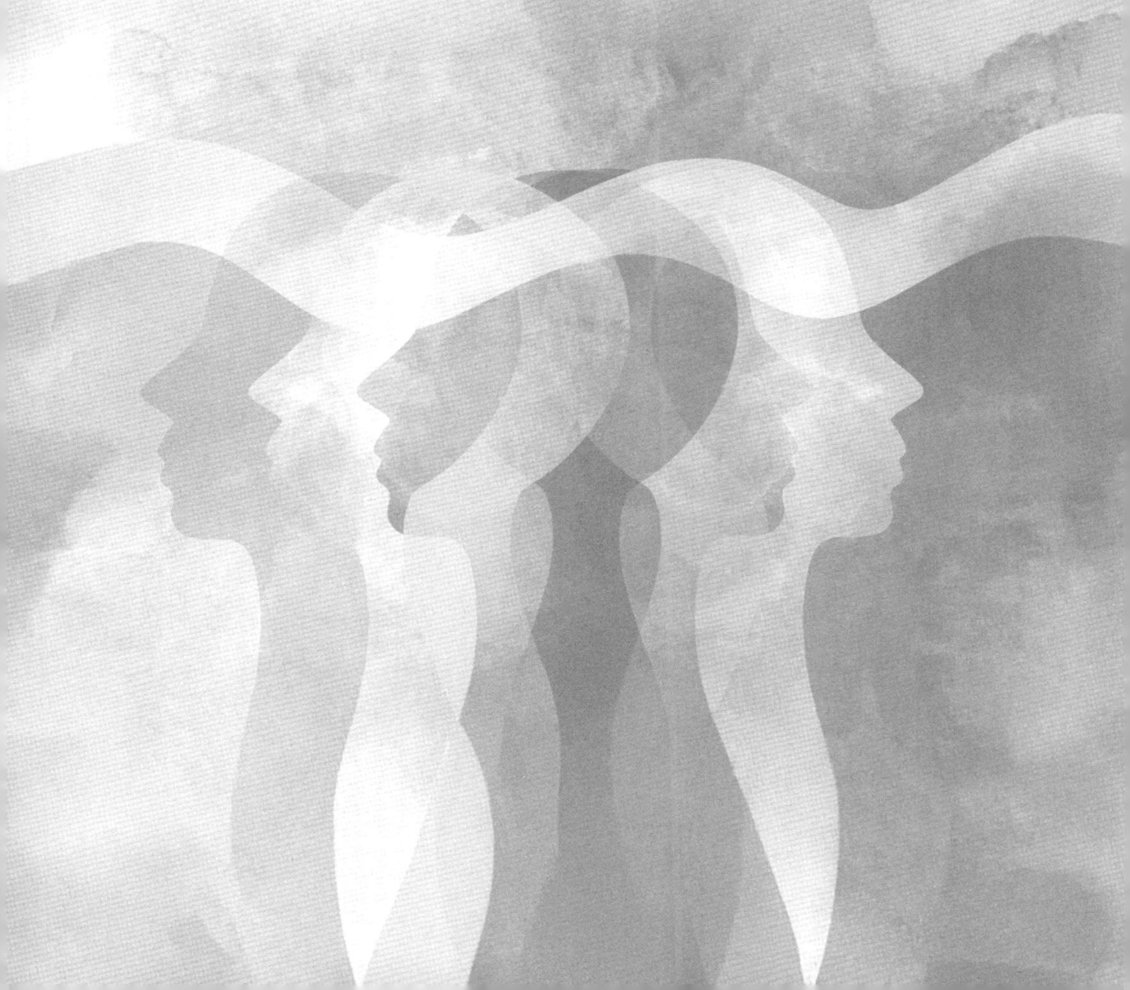

상담사와 치료사들에게 가장 익숙한 치료 방법으로서 상호관계적 공감은 연구자들과 실무자들 사이에서 여러 논란의 대상이 되어 왔다. 로저스(1957, 1975)는 내담자와 관계를 쌓아 가는 과정에서 공감과 공감적 이해가 실무자들의 태도적인 표현이 될 수 있다고 주장했다. 치료사의 존재 방식에 따라 치료 과정을 넓게 인지하는 것을 통해 치료 과정의 미묘하고도 강력한 본질이 명백해진다는 것이다(Rogers, 1975). 그러나 동시에 몇몇 비판자는 한 개인에 대해 이해하고 이를 전달하는 것이 임상적 유용성 측면에서 태도로 표현될 수 있는가에 대해 그 질적인 측면을 고려한 의문을 제기하기도 했다(Barkham, 1988). 교육 및 실무 환경에서 실무자의 태도적 마음 상태나 성향은 모호하고 추상적이며, 반복적으로 재현되기 어려운 것으로 보인다는 것이다.

이는 결과적으로 연구와 훈련의 주된 노력이 다양한 치료 맥락에서의 공감 표현에 관한 상담사 및 치료사의 행동을 식별하는 데 집중되도록 했다(Carkhuff & Berenson, 1977; Truax & Carkhuff, 1967). 로저스(1957, 1986)는 공감을 관찰 가능한 용어로 표현하는 것에 있어서 수용적이었는데, 이와 관련하여 그는 내담자의 감정 반영을 너무 기법으로 공식화하는 것처럼 보인다는 이유로 강한 비판을 받기도 했다. 또한 공감을 어떤 행위로 보려는 노력은 상담 과정의 뉘앙스와 깊이를 포착하지 못하게 한다는 비판을 받았다(Barkham, 1988; Egan & Reese, 2019).

상담 및 심리치료 문헌에서 공감의 태도적 본질에 대한 논쟁이 계속되는 동안, 또 다른 논란은 치료 관계와 실무자 개입을 구분하는 것과 관련이 있다. 많은 연구에서는 독특하지만 상호 연관된 기술 및 관계 영역에 초점을 맞춰 왔다(Kelly, 1997). 예를 들어, 상담 내에서 동맹 관계가 손상되었을 때 이를 회복해 가는 과정과 같은 관계적 기능은 상담사나 치료사가 상호관계적 맥락에서 내담자와의 관계를 유지하는 능력이 중요하다. 기술적 영역은 감정을 반영하고, 대면하며, 주로 특정 이론적 접근법과 관련된 다른 치료 기법을 활용하는 것을 포함한다. 관계적 및 기술적 분열 문제를 해결해 나가는 과정에서, 공감은 치료사와 내담자 간의 상호적이고 쌍방적인 소통을 촉진한다(Bohart, Elliot, Greenberg, & Watson, 2002; Hatcher, 2015; Hill, 2020). 이러한 점에서, 현대 연구와 실천에서 치료 관계는 궁극적으로 기술적 역량과 분리될 수 없다(Norcross, 2011; Pearson, 1999).

사람을 대상으로 하는 서비스 분야에서는 연구자들이 공감을 상담사나 치료사의 언어적 기능으로만 좁게 개념화하는 것에 대해 여전히 회의적인 입장을 보이고 있다(Main, Walle, Kho, & Halpern, 2017). 동시에 치료사는 공감적 반응을 단순히 내면적으로 경험하는 데 그치지 않고, 내담자에 대한 이해를 어떠한 형태로든 가시적인 방식으로 표현해야 한다(Barret-Lennard, 1981; Watson, Goldman, & Vanaerschot, 1998). 그러나 상호작용이 중심이 되는 치료 맥락에서는 공감하는 것이 종종 감정을 반영하는 치료 기법과 동일시되고는 한다(Bozarth, 1998). 이에 대해 로저스

(1986)는 공감의 풍부하고 미묘한 과정이 내담자의 감정을 식별하는 단순하고 반복적인 표현으로 축소되는 경향을 보고 경악했다. 다른 경우에는, 공감이 요약(summarization)이나 자기 개방(self-disclosure), 둔감화(desensitization)와 같은 여러 실무 기법 중 하나로 간주되기도 한다(Goldfried & Davila, 2005). 그러나 공감이 단독적인 개입으로만 규정될 때, 이 과정은 대개 감정을 반영하는 형태로 표현된다.

상호관계적 공감과 실무자 경험

최근 들어 공감 및 공감적 이해는 치료 과정 전반에서 상담사나 치료사의 다양한 상호작용과 기법에 필수적인 요소로 자리 잡고 있다(Clark, 2007, 2010a; Clark & Butler, 2020; Kim & Kim, 2013; West & Cox, 2014). 이를 뒷받침하는 근거로, 두안, 로즈와 크라츠(Duan, Rose, & Kraatz, 2002)는 "공감이 이해의 기반이 되기 때문에, 공감 없는 효과적인 개입은 존재할 수 없으며, 모든 효과적인 개입은 공감적이어야 한다."(p. 209)라고 했다. 다각적인 관점에서 보면, 공감의 통합적인 특성을 통해 상담사나 치료사의 태도적 및 행동적 역량을 조화롭게 결합할 수 있는 것이다. 실무자는 통합적이고 공감적인 접근법을 활용할 때, 관계적인 맥락에서 내담자를 이해하고자 하는 노력을 지속적으로 기울이게 된다. 또한 치료사는 상호적인 자세를 취함으로써 치료 과정 전반에 걸쳐 내담자의 감정적인 의미를 파악하려는 시도를 통해 태도적으로 안정감을 촉진할 수 있다(Marangoni, Garcia, Ickes, & Teng, 1995). 상담사도 마찬가지로 언어적 및 비언어적 의사소통을 통해 내담자와 지속적으로 소통하며 내담자가 경험하는 것을 정확하게 인식할 수 있다.

통합 모델에서의 상호관계적 공감

전통적인 공감의 개념이 주로 내담자의 내적 준거 틀을 중심으로 일방향적 또는 단방향적 반응에 초점을 맞추는 반면, 상호관계적 공감은 양방향적인 치료적 만남을 강조한다. 공감적이고 상호관계적인 교류를 통해 실무자는 내담자와 함께 상호협력을 이끌어 내며, 이는 작업 동맹을 형성하고 긍정적인 치료 효과를 내는 데 기여한다(Burns & Nolen-Hoeksema, 1992). 이와 같은 맥락에서, 민감하고 공감적인 치료사는 내담자의 감정과 그 속에 담긴 의미를 세심하게 이해하고 이에 맞춰 반응함으로써 치료 관계를 구축해 간다. 상담사나 치료사가 치료 과정을 통해 내담자의 기능에 대한 깊은 이해를 발전시킬수록, 이러한 인식은 폭넓은 전략적 기술 및 단계적 기술을 신중하게 활용하는 데 중요한 지침이 된다. 방법론적 개념(methodological conceptions)과 실천적 구상(practice formulations)은 공감을 기반으로 한 상담 및 심리치료에서 전략적 기술을 포괄하는 것이다.

상담과 심리치료에서의 전략적 기술

방법론적 개념으로서의 전략적 기술 전략적 기술로서 다양한 개념은 치료 맥락에서 효과를 발휘하기 위해 내담자에 대한 공감적 이해를 요구한다. **내담자에 대한 즉각적이고 확장된 관점**은 순간순간의 경험을 포함하며, 좀 더 넓은 시각에서는 삶에 대한 인식과 신념을 포함한다. 치료 과정에서 다루는 **내용**과 **과정**은 치료사와 내담자가 해당 주제를 다루는 방식 및 그와 관련된 정서적 관여를 포함한다. **스키마(도식) 이론**은 내담자의 인지 구조에 초점을 맞추는데, 이는 자기, 타인, 사건, 그리고 삶에 대한 인식을 반영한다. **일차 변화**(first-order change)와 **이차 변화**(second-order change)는 치료 목적에 따라 내담자의 행동적 변화(behavioral change)와 구조적 변화(structural change)를 구분한다. **다문화적 차원**(multicultural dimensions)은 내담자와의 관계적 만남에서 중요하게 작용하는 문화 보편적(culture-universal), 문화 특유적(culture-specific), 문화 개인적(culture-individual) 과정을 포함한다. **공감**과 **동정**의 **구분**은 관계 방식의 목적과 특성에서 차이를 나타낸다. **상담 및 심리치료 단계**는 치료 과정 전반에 걸쳐 내담자에 대한 공감적 이해를 촉진하고 실무자가 신중한 개입 방식을 수행할 수 있도록 하는 개념 구조를 제공한다.

실천적 구상으로서의 전략적 기술 전략적 기술의 활용은 내담자와의 치료적 상호작용 속에서 여러 관점의 전환을 통해 공감을 통합할 수 있는 상담사나 치료사의 능력을 강화시키는 인지적으로 복잡한 과제를 포함한다. **위협에 대한 반응**(response to threat)은 내담자가 방어적이고 회피적인 패턴을 취하게 하며, 이는 식별 및 수정이 가능하다. **역전이**가 발생하면 치료사의 미해결된 개인적인 갈등이 내담자에 대한 정확한 인식을 왜곡할 수 있다. **치료 동**

맹의 균열은 내담자와 상담사 사이에 긴장과 갈등을 초래하게 되는데, 이로 인한 오해와 정서적 고통을 줄이기 위해서는 이를 충분히 이해하고 인정하는 과정이 필요하다. **꿈 작업**은 내담자의 꿈속 감정에 대해 명확히 하고, 내담자의 삶에서 마주한 문제나 어려움들을 직면함으로써 유발된 감정의 의미를 탐색하게 한다. 내담자의 **비언어적 의사소통**은 치료 맥락에서 내담자가 취하는 다양한 신체적 표현을 통해, 그 사람을 이해할 수 있는 또 다른 방식을 제공한다. 상담사나 치료사가 내담자의 상태에 감정적으로 과도하게 몰입하거나 관점 전환 및 자기돌봄이 부족할 경우, **상담사의 고통**(practitioner distress)이 가속화된다. **개인 평가**는 내담자의 독창성과 존재 방식을 이해하는 데 중점을 두며, 타인의 관찰을 수집하고, 투사 기법을 활용하며, 개인 모델을 개발하는 과정을 포함한다.

방법론적 개념

내담자에 대한 즉각적이고 확장된 관점, 그리고 공감

상담사나 치료사가 내담자를 공감적으로 이해하려고 할 때, 전통적으로 그러한 노력은 내담자의 즉각적인 경험에 집중하게 한다(Hutchinson, 2015; Rogers, 1957, 1975). 실습 및 훈련의 장에서도 다양한 치료 맥락에서 내담자의 순간순간의 반응을 파악하는 데 중점을 둔다(Egan & Reese, 2019; Hill, 2020). 이러한 과정에서 내담자의 감정과 의미를 파악하고, 내담자와의 소통에서 드러난 핵심을 되돌려 전달하려는 지속적인 노력이 이루어진다. 한편, 내담자가 점진적으로 드러내는 경험에 정확히 반응하는 것이 치료적으로 필수적이긴 하지만, 그 사람의 고유한 특성과 개성을 폭넓게 반영하는 더욱 확장된 수준의 역할도 존재한다(Hatcher, 2015; Watson & Greenberg, 2009). 이러한 확장된 관점에서는 내담자 안에 깊이 뿌리내린 인식과 확신이 내담자의 존재 방식을 구성하는 중요한 요소로 작용한다(Bohart & Greenberg, 1997). 상담사는 내담자에게 온전히 반응하기 위해 내담자의 즉각적인 경험의 시간적 틀을 공감적으로 초월하며, 삶에 대한 태도와 관련된 지속적인 패턴에 맞추어야 한다.

치료 과정에서 상담사나 치료사는 내담자의 상황적 맥락에서 드러나는 순간적인 감정 상태와 내담자의 전반적인 기능을 넓게 반영하는 지속적인 패턴 사이의 차이를 고려할 수 있다. 내담자와의 경험이 쌓이면서 공감적으로 이해하게 되는 깊이가 개인의 삶에 대한 확장된 관점까지 포괄하게 된다(Berger, 1987; Meissner, 1996). 즉각적인 관점과 확장된 관점 사이에서 초점이 전환될 때, 실무자는 두 관점이 내담자의 기능에 미치는 영향을 모두 염두에 둘 수 있다. 공감적인 상호작용 속에서 치료사는 내담자의 일시적인 경험에 집중하거나, 치료 목표 및 관계적 측면에서 각 관점의 중요성에 따라 장기적인 관점을 다루게 된다(Mitchell, 1988). 상담사가 단기적인 경험이나 더 확장된 내담자의 경험에 반응하는 방식은 치료적 상호작용에서 특정 기술을 신중하게 사용하는 데 영향을 미친다. 그러나 궁극적으로는 개인의 삶 속에서 이러한 시간적 관점들이 통합된다. 평가적 관점에서 보면, 내담자의 즉각적인 경험과 확장된 관점을 통합하는 것은 개인을 이해하는 데 필요한 심리적 모델을 공감적으로 정교화하는 데 기여한다.

다음은 즉시적이고 확장된 관점에 관한 예시로, 34세의 요식업 종사자인 몰리(Molly)는 몇 달간 실직 상태로 지내다가 새로운 일자리를 구한 상황에 대해서 이야기한다. 그녀와 상담사는 세 번째 상담 세션을 시작하는 상황이다.

몰리: 어제 전화가 왔었어요. 월요일부터 일을 시작할 수 있냐고 물어보더라고요.

상담사: 오랜 시간 일자리를 구하지 못한 끝에 드디어 연락이 왔다니 다행이네요.

몰리: 잘 모르겠어요. 어떻게 될지는 좀 더 지켜봐야 할 것 같아요.

상담사: 새 일자리에 대해 확신이 서지 않는 것 같군요.

몰리: 네, 뭐랄까. 같이 일하게 될 상사나 동료들이 어떤 사람들일지 알 수 없잖아요? 저를 힘들게 할 수도 있고요.

이 시점에서 상담사는 몰리의 경험을 더 깊이 이해하기 위해 확장된 관점으로 전환을 시도한다.

상담사: 함께 시간을 보내야 할 사람들 중에는 어렵게 느껴지는 이들이 있을 수 있다고 생각을 하시는군요.

몰리: 네, 맞아요. 정말 의지할 만한 사람들이 없고, 오히려 저를 힘들게 하는 경우가 많죠.

상담사: 아직 새 직장에서 만날 사람들을 대부분 알지 못하지만, 그들이 실망을 주거나 당신을 힘들게 할지도 모른다고 생각하시는군요.

몰리: 네, 맞는 거 같아요. 이번에는 다를 거라는 기대가 안 돼요. 여러 직장을 가 봤지만 대부분 그런 식이었거든요.

앞선 대화에서 몰리가 타인에 대해 가지고 있는 스키마는 그녀 개인이 구성한 모델의 맥락에서 점차 분명해지고 있다. 상담사가 확장된 관점으로 전환했지만, 관계적 경험은 여전히 몰리의 즉각적인 좌절감과 불만의 감정에 연결되어 있다.

내용과 과정, 그리고 공감

상담사나 치료사가 내담자와 공감적으로 소통할 때, 특정 상호작용의 내용과 과정을 평가하는 것이 가능하다. 치료적 상호작용에서 내용이란 **무엇**이 언급되었는가 혹은 언급되지 않았는가와 관련이 있으며, 과정은 해당 내용이 **어떻게** 논의되었는가에 대한 감정적 강도를 포함한다. 집단 치료 관점에서 보면, 내용과 과정은 집단원 간의 의사소통을 평가하는 치료 도구로 간주된다(Puskar, Mazza, Slivka, Westcott, Campbell, & McFadden, 2012). 일반적으로 집단 리더는 집단원들 사이에서 치료 진전(therapeutic progress)을 촉진하기 위해 내용과 과정 모두의 치료적 수준을 최적화하고자 노력한다. 개인 치료와 관련해서 이 두 변인은 상담사로 하여금 내담자와의 관계적 맥락에서 공감적 이해의 질을 가늠할 수 있도록 한다. 내용은 내담자의 발화된 메시지에 초점을 맞추며, 과정은 해당 주제를 다루는 데 있어서 감정적인 몰입의 정도를 나타낸다(Chen & Giblin, 2018). 두 차원을 질적으로 평가하는 것은 내담자와의 공감적 연대를 강화한다. 이를 음악적 관점에 비유하자면 내용은 노래의 가사에 해당하고, 과정은 그 노래의 멜로디에 해당한다고 할 수 있다(Puskar et al., 2012). 내용과 과정의 공감적 접근은 상담 및 심리치료에서 다른 의미로 사용되는 경우와 차이가 있는데(Held, 1991), 이때 내용은 내담자의 문제 원인을 말로 표현하는 것을 가리키며, 과정은 상담사가 내담자의 변화를 촉진하기 위해 사용한 방법이나 개입에 관한 것을 의미한다.

다양한 치료 환경에서 내용과 과정의 공감적 적용은 치료 관계와 내담자 이해에 중요한 영향을 미친다. 내담자의 우려나 감정적으로 몰입된 내용이 담긴 주제에 대해 논의하는 것은 관계적으로 연결을 강화하는 데 있어서 중요한 방향성을 제시한다. 상담사나 치료사가 마주하는 도전 과제는 치료 동맹에 있어서 상호 목표를 반영하는 중요한 이슈에 대해 최적의 소통 수준을 이끌어 내는 것이다(Gelso, 2019). 치료 목표와 관련성이 낮은 문제에 지나치게 오래 집중하게 되면 치료 진전이 제한될 수 있다. 이와 관련하여, 상담사는 내담자로 하여금 이야기하기 익숙하고 편안한 주제만 장기간 반복적으로 논의하도록 방치하여 개입에 실패할 수도 있다. 이러한 상황에서 상담사는 내담자가 이야기하기 불편하게 느끼거나 심지어 위협적으로 느낄 수 있는 주제를 다루는 것이 내담자와의 공감적 관계를 해칠 수 있다는 우려로 인해 새로운 주제를 제기하지 못할 수 있다. 결국 내담자는 관계적으로 공감받고 이해받는다고 느낄 수는 있지만, 이야기하는 내용의 범위가 좁고 제한적이라면 치료 성과를 얻을 기회를 놓치게 될 수 있다.

다음은 내용과 과정에 관련된 치료 사례로, 어느 학교 상담사가 초기 상담에서 청소년 내담자와 상호작용하며 공감적 태도를 유지하는 장면이다. 비니(Vinny)는 교실에서 집중력 부족과 성적 부진으로 상담에 의뢰되었으며, 상담이 시작되자 매우 열정적으로 이야기하기 시작한다.

비니: 오늘은 집에 가자마자 바로 스케이트보드 타러 나갈 거예요. 빨리 타러 가고 싶어요!

상담사: 빨리 밖에 나가서 스케이트보드 타면서 놀고 싶나 보구나.

비니: 어제는 시내에 친구들이랑 같이 있었는데, 멋진 묘기도 부리면서 좋은 시간을 보냈어요. 오늘도 또 만나기로 했어요.

상담사: 스케이트보드를 타는 게 비니한테 정말 중요한 것 같구나. 재미있기도 하고 점점 잘하게 되기도 하고.

비니: 네. 집 뒷마당에 점프대를 만들려고 해요. 나무판하고 시멘트 블록이 좀 필요한데, 어디서 구할 수 있는지 아세요?

상담사는 비니가 스케이트보드에 대한 강한 관심을 보이며 이야기하는 것을 들으면서 이를 공감적으로 경청하는 것의 중요성을 인식한다. 이러한 대화의 초점은 치료 관계 형성에 어느 정도 기여하며, 제한적이긴 하지만 비니를 공감적으로 이해하는 데 도움이 된다. 동시에 상담사는 비니가 계속해서 스케이트보드에 대한 이야기에만 집중하여 상담에 의뢰된 문제들이 뒷전으로 밀리고 제대로 다루어지지 않을 수 있겠다는 생각을 한다. 이에 상담사는 학교 문제와 관련된 다른 주제를 새롭게 제시해 보기로 결정한다.

상담사: 스케이트보드를 타면서 새롭게 도전해 보는 것을 좋아하는구나. 그런데 너에게 그렇게 재미있지 않은 다른 것도 같이 이야

기해 볼 수 있을까?

비니: 무슨 말씀이세요?

상담사: 음, 몇몇 선생님께 전해 들었는데, 비니가 수업 시간에 집중하지 않고, 두 과목에서 낙제했다고 들었어.

비니: 저는 학교가 정말 싫고 그냥 스케이트보드만 타고 싶어요.

상담사: 교실에서 책상에 앉아 있을 때 기분이 어때?

비니: 정말 끔찍해요. 시간이 너무 안 가고, 머릿속이 그냥 멍해요.

이 시점에 비니는 학교와 관련해서 부정적인 태도를 취하기는 하지만, 대화에 어느 정도 몰입하게 된다. 상담사는 이 중요한 순간에 공감적 태도를 유지하고자 한다.

상담사: 스케이트보드 학교가 있으면 참 좋을 텐데.

비니: 네, 맞아요. 근데 없잖아요. 대신 저는 이 학교에 갇혀 있어요.

상담사: 교실에 있는 느낌이 어떤 느낌인지 조금 더 이야기해 줄래?

비니: 다른 애들은 맨날 손을 드는데, 저는 그냥 듣지도 않아요.

상담사: 그래, 마음이 좀 산만해지고 잘 듣지 않는다고 말해 줬었지.

비니: 네, 저는 담임 선생님께 전혀 집중하지 않는 편이에요.

상담사: 그렇구나. 그럼 우리가 앞으로 학교에서의 시간을 좀 더 잘 활용할 수 있는 방법에 대해 이야기하면서, 동시에 비니가 스케이트보드를 얼마나 좋아하고 즐기고 있는지에 대해서도 계속 이야기할 수 있지 않을까 싶어.

스키마 이론과 공감

스키마 또는 인지적 도식은 상황적 경험에 대한 개인의 인식과 타인과의 상호작용을 통해 형성되며, 주로 어린 시절부터 발달하기 시작한다(Beck & Weishaar, 2019; Beck, 2011). 스키마는 삶에 대한 개인의 근본적인 신념과 내재된 가정을 포함하는 인지 구조를 나타낸다. 이러한 핵심 신념과 기본 전제는 실제 경험의 맥락에서 적응적일 수도 있고 역기능적일 수도 있으며, 이는 공감 및 공감적 이해에 중요한 영향을 미칠 수 있다. 스키마는 목적이 있는 패턴을 형성하고, 일상에서의 행동을 안내하고 삶의 사건들을 탐색하는 '지도' 역할을 한다(Mozdzierz, Peluso, & Lisiecki, 2014). 스키마의 형성은 개념적으로 다양한 이론가에 의해 정립되어 왔으며, 한 사람에게 오랫동안 형성되어 온 신념들을 반영한다. 수년 전, 아론 벡(Aaron Beck)은 상담 및 심리치료 분야에서 문헌으로나 치료 맥락에서 널리 채택된 인지 삼제(cognitive triad)의 틀을 제시했는데(Beck & Weishaar, 2019), 이는 자신과 세상, 미래에 대한 개인의 인식을 포괄하는 개념이다. 대부분의 사람은 비교적 긍정적이고 적응적인 핵심 신념을 유지하지만, 부정적인 편견과 자기파괴적인 스키마는 모든 형태의 우울증과 다양한 형태의 임상적 증상에서 만연하게 나타난다(Beck & Weishaar, 2019; Beck, 2011). 예를 들어, **자기**(self)에 대한 부정적인 인식은 자기비판적이고, **세상**(world)을 비관적으로 인식하며, **미래**(future)는 절망적으로 여겨진다(Corey, 2007). 특정 스키마가 왜곡되고 기능적인 장애가 있을 수 있지만, 동시에 이러한 인식은 불확실한 사건과 상황에 직면할 때 개인에게 삶을 더 예측 가능하게 하고 어느 정도

견딜 수 있도록 만든다(Mozdzierz et al., 2014).

비록 인지 삼제가 정신건강 전문가나 학술 연구에서 내담자를 이해하고 관계를 형성하기 위한 틀로 자주 언급되지만, 이 구조에는 몇 가지 실질적인 한계도 존재한다. **자기**에 대한 개념은 상담사나 치료사가 내담자와의 상호작용을 통해 형성된 이해를 바탕으로 공감적으로 반응할 수 있도록 한다. 그러나 핵심 신념과 관련된 **세상**과 **미래**라는 단어의 사용은 개념적으로 모호하며 구체적으로 정의하거나 변화 가능한 틀로 재구성하기에 어려움이 있다. 세상이라는 스키마는 지나치게 포괄적이며, 그 내용을 매개 요인이나 치료적인 실천 방안으로 연결하기에는 명확히 정의되기가 어렵다. 미래라는 스키마 역시 자기와 세상이라는 비교 개념과 구조적으로 병행되지 않으며, 미래라는 개념은 두 가지 개념 모두에 고유한 일부인 것처럼 보인다. 더욱이, 내담자가 미래에 대해 지각하는 방식을 언급한다면, 개인의 과거 및 현재의 관점을 함께 참조하는 것이 이론적으로 타당할 것이다. 스키마의 틀을 재구성하는 한 가지 방법은 자기를 핵심 개념으로 유지하면서, **타인**(others)과 **사건**(events)이라는 용어를 적절하게 도입하는 것이다(Clark, 2002, 2007). 삶의 맥락 속에서 타인에 대한 고착된 인식을 사건과 연관지어 구체화하면, 간결하고 실질적인 용어 사용을 통해 내담자에 대한 공감적 이해를 촉진할 수 있다.

실천적 관점에서 스키마의 틀(schema framework)은 이를 표현하는 방식이나 구조적인 측면에서 재구성될 수 있다. 관련된 이론적 틀로는 아들러의 생활방식이 있으며, 이는 개인이 삶을 어떻게 해석하는지를 나타내는 기본 전제와 가정을 포함한다(Oberst & Stuart, 2003; Allen, 1971). 인지 삼제와는 달리, 아들러의 이론은

1인칭 관점으로 구성되어 있다. 예를 들어, '나는 ……이다' '세상은 ……이다' '그러므로, 삶은 ……이다'와 같은 형태이다. 이러한 구조는 마치 내담자에 의해 직접 언급된 것처럼 개인의 독특한 관점을 강조함으로써 상담사가 내담자를 공감적으로 이해하는 데 도움을 준다. 동시에, 이 개념에는 '세상'이라는 단어를 사용하고 있는데, 이는 잠재적으로 변화될 필요가 있을 수 있다. 또한 타인과 사건이라는 틀을 도입하면, 내담자의 중요한 인식을 구성하는 데 있어서 병행적인 구조를 제공할 수 있다.

예를 들어, 한 치료사가 불안 문제가 있는 30대 초반의 내담자를 의뢰받아 상담을 진행하고 있다고 가정해 보자. 초기 치료 세션과 개인 평가 절차를 통해, 치료사는 내담자의 삶에 대한 인식을 잠정적으로 스키마 구조로 정리할 수 있는 위치에 있다. 치료 초기 내담자의 스키마 모델은 다음과 같다. "저는 대부분의 시간 동안 불안해요." "다른 사람들은 예측할 수가 없고, 지지해 주거나 이해해 주는 일이 거의 없어요." "여러 사건은 종종 걱정이나 불안을 유발하죠." "그러니까 삶은 감정적으로 부담스럽고 불확실한 게 많아요." 이 구조는 치료가 진행됨에 따라 정교화되고 수정될 수 있으며, 개인 모델을 개발하는 데 기반이 된다. 나아가 이 구조는 내담자의 삶에 대한 기본적인 관점을 개념화할 수 있는 수단을 제공하고, 잠재적인 치료 변화를 위한 지도(map)로서의 역할을 수행한다.

일차 변화, 이차 변화, 그리고 공감

일차 변화와 이차 변화는 이론적으로 가족체계치료에서 비롯된 개념으로, 이러한 개념을 효과적으로 활용하기 위해서는 내담자에 대한 공감적 이해가 필수적이다. 이는 결과 목표와 연결된 적절한 치료 접근법을 결정하는 데 중요한 역할을 한다(Lyddon, 1990; Watzlawick, Weakland, & Fisch, 1974). 일차 변화는 대개 힘든 상황적 문제와 관련된 증상을 즉각적으로 완화하고, 내담자의 균형 감각(sense of equilibrium)을 회복시키는 데 초점을 맞춘다(Lyddon, 1990). 일차 변화는 내담자의 근본적인 구조적 통합성을 변경하지 않으면서 직업 상실이나 오랜 관계의 파탄, 시간 관리와 관련된 염려와 같은 도전에 대처하는 개인의 능력을 다룬다(Lyddon & Satterfield, 1994). 치료적 관점에서, 상황적 변화를 추구하는 것은 내담자의 기존 스키마 구조와 삶에 대한 관점을 기반으로 작업하는 것을 의미한다(Mozdzierz et al., 2014).

대조적이고 좀 더 복잡한 개념 틀로서 이차 변화는 새로운 의미 구조를 추구하는 과정에서 개인의 근본적이고 뿌리 깊은 신념을 다룬다(Fraser & Solovey, 2007; Lyddon, 1990). 내담자의 자기, 타인, 그리고 사건에 대한 스키마는 치료에서 보다 적응적이고 목적 있는 삶의 관점을 형성하도록 돕는 것을 목표로 한다(Murray, 2002). 예를 들어, 만성적이고 광범위한 불안을 경험하는 내담자가 있다고 가정해 보자. 이 내담자의 내적 스키마는 자신에 대해 지나치게 비판적인 자기 인식과 여러 사건에 의해 감정적으로 압도된다는 것을 반영한다. 내담자의 핵심 신념이 뿌리 깊게 자리 잡고 있다는 점에서 그녀의 불안을 완화하기 위해서는 이차 변화가 요구되며, 이를 촉진할 수 있는 전략을 포함한 계획이 필요하다.

평가 및 목표 설정 과정에서 일차 변화와 이차 변화를 구분하는 것은 필수적이다(Lyddon, 1990). 상담사의 내담자에 대한 공감적 이해는 전략적으로 타당한 변화 유형을 결정하는 데 기여하며, 이는 치료 계획 및 치료 기법의 활용에 중요한 영향을 미친다. 두 변화 수준 간의 차이를 간과하거나 혼동하게 되면 상담 및 심리치료에서 결정적인 방향성 오류로 이어질 수 있다. 내담자의 병리 상태나 상황적 어려움을 과대평가하거나 혹은 과소평가하여 치료 방향을 설정할 경우, 의도된 변화를 이루려는 노력이 크게 손상될 수 있다. 일차 변화 접근은 행동 패턴을 일시적으로 수정할 수는 있으나, 내담자가 자기패배적이거나 자기파괴적인 핵심 신념을 유지할 경우 장기적인 효과가 제한적일 수 있다(Mozdzierz et al., 2014). 반면 내담자의 문제가 일차 변화 유형에 속하며 단순하고 실용적인 해결책으로 해결될 수 있는 경우, 내담자의 인지 구조에 대해 지나치게 파헤치는 것이 오히려 불필요한 혼란을 초래할 수 있다. 내담자와 함께 추구할 변화의 유형을 잘못 판단하는 것은 일반적으로 내담자를 공감적으로 이해하지 못한 데서 기인한다. 또한 상담사는 내담자와의 작업에서 유연할 수 있어야 하는데, 이는 상담이 진행되면서 내담자에 대해 더 많은 정보를 얻으면서 변화 유형의 전환을 신중하게 고려해야 하는 상황이 있을 수 있기 때문이다.

다음은 치료 중 일차 변화에 대한 방향성을 보여 주는 예시이다. 카멜라(Carmella)는 50대 후반의 어린이 도서관 사서로, 초기 치료 세션에서 최근에 겪은 관계 문제에 대해 슬퍼하며 이야기한다. 카멜라는 최근 몇 주 동안 스트레스와 짜증의 정도가 심해지는 것을 느끼고 그녀의 감정 문제를 다루기 위해 치료를 받기로 결심했다.

카멜라: 저는 샘(Sam)을 온라인에서 만났고, 우리는 마음이 잘 맞았어요. 저는 제 남편이 2년 전 세상을 떠난 이후로 이렇게 저에게 중요한 이야기를 다른 남자와 나눠 본 적이 없었거든요.

상담사: 삶에 여러 어려움이 있었군요. 그래서 누군가와 함께 시간을 보낼 사람이 있다는 게 위안에 되셨나 보네요.

카멜라: 우리는 비슷한 게 참 많았어요. 그래서 샘이 좀 먼 곳에 살지만 우리는 거의 매일 이야기를 나눴죠. 샘은 제 나이 정도 되고, 작년에 아내를 잃었어요.

상담사: 서로에게 많은 위안이 되었을 거 같네요.

카멜라: 네 맞아요. 그치만 같이 많이 웃기도 했어요. 그래서 이 부분에 대해서 더 말씀을 드리고 싶어요. 어느 날, 샘과 저는 직접 만나기로 했고, 그가 한 달 전 즈음에 제가 사는 도시로 왔어요. 저희는 주말을 함께 보냈고 너무 좋은 시간이었어요.

상담사: 기대가 많이 되었을 것 같은데요. 실망할 수도 있었을 텐데 그렇지 않으셨던 것 같고요.

카멜라: 전혀요. 오후 내내 박물관을 구경하고, 저녁 식사도 함께했어요. 더할 나위 없이 좋았죠. 샘은 저에게 책과 꽃을 사 줬어요. 심지어 제가 일하는 도서관 근처도 같이 걸었어요.

상담사: 두 분 모두에게 참 특별한 시간이었겠네요.

카멜라: 네. 저희는 친밀한 관계였고, 좋은 호텔에서 하룻밤 함께 묵기도 했어요.

상담사: 그로 인해 관계가 더 진전이 있다고 느끼셨겠네요.

카멜라: 맞아요. 그치만 그 주말 이후에 샘이 당연히 연락을 할 거라고 생각했지만, 아무 연락이 없는 거예요. 처음에는 무슨 일이 생겼나 싶었는데, 제 친구 레이첼(Rachel)한테 이야기해 보니까

샘이 저를 '바람맞혔을(ghosted)' 가능성이 크다고 하더라고요. 바람맞힌다는 게 무슨 말인지 모를 정도로 저는 몰랐어요. 부끄럽지만, 저는 레이첼에게 샘에게 전화를 걸어 달라고 했고, 샘이 전화를 받았지만 금방 끊어 버렸어요.

상담사: 너무 힘드셨겠네요.

카멜라: 완전 무너졌어요. 감정이 온통 뒤죽박죽이에요. 너무 화가 나고, 정말 슬프기도 해요. 제가 상담에 오게 된 것은 이러한 제 상태가 아이들과 일하는 제 일에도 영향을 주는 거 같아서예요. 항상 너무 예민하고, 이런 제 모습이 너무 낯설어요.

상담사: 샘과의 관계에서 감정적으로 많이 연결되어 있었는데, 그가 아무 말 없이 갑자기 관계를 끝내는 상황이 당신에게 큰 상처를 준 것 같네요.

카멜라: (흐느끼며) 맞아요. 심지어 그와 함께 호텔에 있었던 것이 더럽게 느껴지기까지 해요.

카멜라와는 다르게, 다음 내담자는 역기능적 스키마 패턴으로 인해 이차 변화의 치료 과정이 필요한 경우이다. 브라이언(Brian)은 30대 후반 남성으로, 법원 명령에 의해 상담을 받게 되었으며, 초기 세션에서부터 정서적으로 스트레스를 받고 있는 모습을 보여 준다.

브라이언: 요즘 제게 너무 많은 압박감이 있어요. 가장 최근에는 위자료랑 양육비를 지원하라는 명령을 받았어요. 판사가 완전히 전처의 편만 들었고, 제 변호사는 아무 쓸모가 없었어요.

상담사: 이런 상황이 불공평하고 일방적이고, 삶이 더 긴장감으로 가득

차게 느껴지실 것 같아요.

브라이언: 다들 제가 돈을 계속 낼 수 있을 거라고 생각해요. 제 구역 매니저가 저에게 엉망인 지역을 맡겼어요. 아무도 보험을 살 돈이 없어요. 제가 매일 나간다고 무슨 소용이 있겠어요?

상담사: 판매 실적이 부족해도 여전히 계속 나가서 판매하려는 노력을 하고 계시네요.

브라이언: 해야만 하니까요. 제 상사는 판매 실적을 올리라고 항상 저를 압박해요. 제 이전 상사는 제가 술을 너무 많이 마신다고 했었는데, 그는 아무것도 몰라요. 이 사람들은 제가 얼마나 힘든지 전혀 몰라요. 하루 종일 길에서 제 자신을 몰아붙이다 보면 누구라도 술 몇 잔 하지 않겠어요?

상담사: 사람들이 당신이 겪는 어려움을 이해하지 못한다고 느끼고, 술 몇 잔이면 모든 것으로부터 잠시나마 해방감을 느끼시는 거군요.

브라이언: 결코 쉴 수가 없어요. 연줄이 있다면 잘될 수도 있죠. 그런 걸 항상 봐요. 보험 업계는 정말 치열해요. 대부분의 고객이 저를 무시하고, 제 얼굴 앞에서 문을 쾅 닫아 버리곤 하죠.

상담사: 이 또한 불공평하게 느껴지시겠군요. 마치 사람들이 아무 이유 없이 당신을 괴롭히는 것처럼. 당신이 느끼기엔 당신을 이해하려고 시간을 쓰거나 당신을 사람처럼 대하는 사람이 거의 없다고 느껴질 것 같아요.

브라이언: 맞아요. 지난주에 지역 세일즈 미팅이 있었어요. 사람들은 제 쪽을 거의 쳐다도 보지 않았고, 저를 아무것도 아닌 사람처럼 대했어요.

다문화적 차원과 공감

상호관계적 맥락에서, 상담사가 문화적 겸손(cultural humility)을 실천하는 것은 내담자에 대한 공감적 이해를 증진시키고 치료동맹을 강화한다. 상담사나 치료사는 자기에 대한 정제된 감각을 바탕으로 내담자를 중심에 둔 탐구적 태도를 취할 수 있는 위치에 있다(Hook, Davis, Owen, Worthington, & Utsey, 2013). 상담사는 일종의 존재 방식으로서 내담자의 문화적으로 다양한 배경에 대해 겸손하고 열린 마음으로 반응할 수 있다(Hoffman, 2020). 이는 기존에 상담사가 지닌 지식이나 훈련에 의한 반응이 아닌, 내담자의 문화적 인식과 가치에 대해 호기심과 관심을 표현하는 것을 의미한다(Hook et al., 2013). 문화적 겸손과 조화로운 틀 안에서 통합모델은 내담자를 보편적(universal), 집단적(group), 그리고 개인적(individual) 차원에서 역동적으로 공감하며 이해하는 것을 강조한다(Leong, 1996; Mani, 2020). 문화적으로 겸손한 자세는 상담사로 하여금 내담자와 특정 시점에서의 중요한 차원을 파악하고 이에 몰입할 수 있도록 한다. 또한 여러 다양성에 대한 이슈를 논의하는 것을 통해 상담사는 개인의 관점을 공감적으로 이해할 뿐만 아니라, 내담자에 대한 더욱 폭넓은 다문화적 지식을 학습자로서 습득할 수 있다(Chung & Bemak, 2002).

상호 교류적인 차원에서 상담사 혹은 치료사가 문화적 겸손을 지향하는 태도는 내담자를 공감적으로 이해하기 위해 배우는 자세(tutorial stance)와 탐구적인 태도(exploratory stance)를 취하는 것을 의미한다(Young, 2021). 이러한 배움의 자세는 내담자의 문화적 배경에 대해 자신이 습득한 지식과 경험을 우위에 두는 권위적인 접근 방식과 대조된다. 이와 같은 관점에서, 상담사는 내담자가 문화적 차이, 문화적 정체성 혹은 다양성에 대한 주제로 논의하고자 할 때 이를 수용할 수 있어야 한다. 상담사가 상호관계적 공감을 하는 차원에서 내담자와 소통할 때에는, 개방형 질문을 하고, 자신이 이해하지 못한 부분을 인정하며, 내담자의 문화적 관점에 대해 배우려는 열린 자세를 취하고, 내담자의 고유한 문화에 대한 존중을 표현하는 반응을 보이는 등의 행위가 포함될 수 있다. 상담사는 내담자의 개인적인 이야기와 경험을 경청하면서 특정 문화에 대한 지식을 축적해 나가게 되며, 이러한 정보는 차원적 모델(dimensional model)에 통합될 수 있다. 특히 문화 특유적(에믹) 요소는 다문화 집단의 특징과 가치를 담는 잠재적인 저장소가 될 수 있다. 이러한 점진적인 인식은 다양한 문화적 배경을 가진 다른 내담자를 객관적으로 공감하는 관점에서 치료하는 데 있어 상담사나 치료사에게 유용하게 작용할 수 있다.

다음은 한부모 가정의 20대 후반 여성인 마케나(Makena)가 사회복지사와 상담 초기 세션을 갖는 장면이다. 마케나는 대도시의 방 두 칸짜리 아파트에서 3세와 5세인 그녀의 두 아이와 함께 살고 있다. 그녀는 청소년 시기에 케냐에서 이민을 왔으며, 현재 패스트푸드점에서 일하고 있다.

마케나: 제가 이전 식당에서 음식을 훔치다가 일자리를 잃었다는 건 아마 알고 계시겠죠.

상담사: 그 부분에 대해서 저에게 바로 말씀해 주시는 게 중요하다고 생각하시는군요.

마케나: 선생님은 결코 무언가를 훔치거나 하실 분은 아니실 것 같네요.

상담사: 제가 마케나 씨를 잘 이해하지 못할 수도 있다는 느낌이 드시나 봐요.

마케나: 맞아요. 선생님도 유색인종 여성인 건 알겠는데, 배고프거나 돈이 없어서 힘들어 본 적이 있나요?

상담사: 없습니다. 그 점에서 우리 둘 사이에는 중요한 차이점이 있다는 걸 알게 되네요.

마케나: 엄청 큰 차이죠.

상담사: 맞아요. 하지만 동시에, 저는 마케나 씨의 삶이 어떤지, 경제적으로 정말 힘들 때 어떤지에 대해 알고 싶어요

마케나: (잠시 침묵) 저는 돈에 대해 항상 걱정해요. 제가 음식을 훔쳤을 때 정말 상황이 안 좋았어요. 큰 실수를 했다는 것도 알아요. 갑작스럽게 몇 가지 예상치 못한 청구서를 받았고, 집세도 밀려 있었거든요.

상담사: 잘못된 선택이라는 걸 알면서도, 그땐 정말 절박했겠네요.

마케나: 평소에 저는 그런 사람이 아니에요. 저도 제 삶에서 무언가를 이루고 싶어요.

상담사: 마케나 씨는 지금 두 아이를 혼자 기르고 계시고, 간호사가 되기 위해 일도 하고 학교도 다니고 계시잖아요.

마케나: 저는 굉장히 의지가 강한 사람이에요.

상담사: 야간 근무를 하고 있다고 들었는데, 그건 결코 쉬운 일이 아니죠.

마케나: 네, 그래도 시간당 조금 더 벌 수 있어서 해요. 낮에는 아이들과 시간을 보낼 수도 있고요. 언젠가 야간 매니저가 될 수도 있는데, 그렇게 되면 정말 큰 도움이 될 거예요.

상담사: 비록 지금은 상황이 정말 힘들어 보이지만, 미래에 대해 생각할 때 희망을 가지고 계시네요.

공감과 동정의 구분

공감과 동정의 차이를 혼동하는 것은 치료 상황에서 오해를 불러일으키고 치료적 진전을 방해할 가능성이 있다. 상담 및 심리치료에서 상담사는 공감과 동정을 동일시하는 실수를 할 수 있는데, 이는 두 용어가 유사하게 느껴질 수 있기 때문이다(Chismar, 1988; Clark, 2010b). 두 과정 모두 민감하고 중요한 반응을 요구한다는 점에서 공통점이 있지만, 동시에 명확한 차이점도 존재한다. 치료 상황에서 공감의 목적은 내담자에 대한 깊은 이해를 전달하는 데 있는 반면, 동정의 목적은 개인에 대한 우려나 슬픔을 전달하는 데 있다(Wispé, 1986). 내담자를 공감적으로 이해하는 것은 그 사람과의 관계적 연결을 더 깊고 정교하게 만들어 준다. 반면에 동정은 단순히 내담자의 고통이나 괴로움에 대한 전반적인 이해만으로도 효과를 발휘할 수 있다.

또 다른 차이점으로, 통합적 공감 모델에서는 상담사가 다양한 맥락에서 내담자를 이해하기 위해 여러 방식의 접근법을 활용한다. 이에 비해, 동정은 훨씬 단순한 평가 과정을 거치며, 주로 상담사나 치료사가 내담자의 필요를 파악하는 데 초점을 둔다. 해당 개념들 간의 또 다른 차이는 동의 여부와도 관련이 있다. 공감은 내담자와의 동의를 암시하지 않으면서 치료적으로 전달된다(Rud, 1993). 반면에 동정은 내담자의 관점과 견해에 동의함으로써 그들의 안녕을 증진시키려는 경향이 있다(Egan & Reese, 2019).

마지막으로, 공감은 가장 광범위한 감정의 범위를 포괄하고 이를 이끌어 내는 반면, 동정은 내담자의 고통과 불편함에 관련된 특정 감정 상태에 반응하며 제한적으로 작용한다.

치료 장면에서 상담사나 치료사가 동정과 공감의 목적 및 기능을 오해할 경우, 치료 과정을 방해하는 의도치 않은 결과를 초래할 수 있다. 예를 들어, 내담자가 고통스러운 경험에 대해 이야기할 때, 상담사가 대화의 주제를 바꿔 버리는 경우를 들 수 있다. 이러한 동정적인 행동은 내담자에게 일시적인 안도감을 줄 수 있지만, 내담자가 느끼는 슬픔에 대해 치료적으로 다루거나 이를 극복할 수 있는 기회를 제공하지 못하게 된다. 또 다른 예로, 상담사가 내담자의 이야기에 즉각적으로 반응하여 자신의 경험과 동일시 하는 경우도 있다. 이때 상담사는 내담자에 대한 공감적 이해를 형성하지 못한 채 동정적으로 다음과 같이 이야기할 수 있다. “아, 저도 당신이 겪고 있는 일이 무엇인지 알겠어요. 몇 달 전에 저도 비슷한 일을 겪었는데…….” 상담사가 동정을 표현할 때, 때로는 평가적 어조로 내담자를 위축시키거나 판단적인 태도를 보이기도 한다. 예를 들어, 상담사가 내담자에게 “정말 안타깝네요.” “정말 안타까운 상황에 처해 있으시네요.” “당신의 삶이 정말 달라졌으면 좋겠어요.”와 같이 이야기하는 경우이다. 상담사나 치료사는 동정을 표현할 때 내담자의 입장이나 관점에 동의하는 경향이 있는데, 그 결과, 상담사는 내담자를 동정적으로 지지하고 고통을 덜어 주고자 하는 노력의 일환으로 내담자의 **편을 들게 된다**(Szalita, 1976). 그러나 이러한 상호작용은 내담자가 고통스럽거나 어려운 상황을 다루기 위한 대안을 탐색할 가능성을 사실상 차단하게 된다.

동정은 공감과 비교했을 때 몇 가지 한계가 있지만, 치료에서 진심 어린 위로를 표현하는 데 있어 여전히 중요한 역할을 한다. 사랑하는 사람을 잃거나, 소중한 반려동물을 잃거나, 충격적인 사고 등 다양한 슬픈 경험에 대해 "유감입니다." "깊은 애도를 표합니다." "정말 안타깝네요."와 같은 진심 어린 말로 적절하고 섬세하게 반응할 수 있다.

다음은 동정과 공감의 차이를 살펴볼 수 있는 상담사와 내담자의 대화이다. 다음의 사례는 40대 중반의 컴퓨터 기술자인 래리(Larry)가 불안 문제로 인해 상담사를 처음 만나는 장면이다. 래리는 최근 여자친구와 그녀의 13세 아들과 함께 살기 시작한 상황이고, 상담사는 래리가 겪고 있는 고통스러운 상황에 대해 **동정적으로** 반응하는 모습을 보여 준다.

래리: 아시다시피, 저는 지난 달부터 멜리사(Melissa)와 그녀의 아들과 함께 살고 있어요. 그런데 글쎄, 제이슨(Jason)이 요즘 저를 너무 힘들게 해요. 이거 때문에 제 신경이 아주 예민해져 있어요.

상담사: 불안 증상 때문에 안 그래도 이미 힘드실 텐데. 제이슨이 뭘 어떻게 하나요?

래리: 우선, 저를 "패배자 래리"라고 부르면서 비꼬아요. 제가 말할 때 저를 쳐다보지도 않고, 제 말은 듣지도 않아요.

상담사: 정말 힘드시겠어요. 저는 제 아이들이 그런 행동을 하도록 절대 가만두지 않았어요. 아이들에게는 규칙을 세우는 게 필요하죠.

래리: 심지어 저는 제이슨에게 같이 낚시하러 가자고 하기도 했는데, 그냥 어디 다른 데나 가 버리라고 하더군요.

상담사: 그래도 먼저 다가가셨는데, 제이슨이 그런 노력을 조롱하다니요.

래리: 제이슨은 제가 불안 문제가 있다는 걸 아는데도, 제 상태가 악화되는 것에 대해서는 전혀 신경 쓰지 않아요. 저는 더 이상은 못 버틸 것 같아요.

상담사: 이런 일을 참으실 필요는 없어요. 당신이 문제가 아닌 걸요.

래리: 지금까지는 별말 안 했지만, 이제는 제이슨에게 제가 받은 스트레스를 쏟아 내기 직전이에요. 정말 한계에 다다랐어요.

상담사: 그런 것 같네요. 얼마나 더 참아야 하겠어요? 이미 충분히 오래 참으신 것 같아요.

다음 예시는 다른 상담사가 같은 상황에서 고통스러워하는 래리에게 공감적으로 반응하는 모습이다.

래리: 아시다시피, 저는 지난 달부터 멜리사와 그녀의 아들과 함께 살고 있어요. 그런데 글쎄, 제이슨이 요즘 저를 너무 힘들게 해요. 이거 때문에 제 신경이 아주 예민해져 있어요.

상담사: 함께 살게 된 상황이 모두에게 큰 변화였을 텐데, 제이슨 때문에 한계에 다다른 것처럼 느끼시는군요. 어떻게 대처해야 할지 막막한 느낌이 드시나요?

래리: 맞아요. 심지어 저는 제이슨에게 같이 낚시하러 가자고 하기도 했는데, 그냥 어디 다른 데나 가 버리라고 하더군요.

상담사: 제이슨에게 다가가려고 노력하셨는데, 그런 식으로 상처 주는 반응을 받으셨군요.

래리: 노력은 하고 있는데, 제이슨은 항상 저에게 빈정거려요. 제이슨은 엄마한테는 그렇게까지 하지 않아요. 멜리사는 제이슨이 저에게 적응하는 시간이 필요하다고 말하더라고요.

상담사: 그 말에 완전히 납득이 되지는 않으시는 것 같네요.

래리: 제 생각에는 그건 핑계에 가까운 것 같아요. 뭔가 조치를 취해야 겠어요.

상담사: 이 문제를 꽤 고민해 오신 것 같네요. 멜리사가 말한 적응에 대해 좀 더 이야기해 주실 수 있나요?

래리: 멜리사는 제이슨이 아빠를 그리워하고 있고, 그걸 저에게 푸는 거라고 생각해요.

상담사: 그 설명이 충분히 설득력 있다고 느끼시진 않는군요.

래리: 음, 조금 이해되기는 하지만, 그렇다고 해서 그게 옳은 건 아니죠.

상담사: 이 부분에 대해서 좀 더 이야기 나눠 볼까요?

상담 및 심리치료 단계와 공감

여러 단계로 이루어진 모델은 상담사나 치료사가 치료 과정과 치료 개입을 진행해 나가는 틀을 제공한다. 상담 및 심리치료 문헌에서는 단계 구성이 가지는 단계의 수와 기능에 관한 다양한 접근이 존재한다. 세 단계로 구분하는 것은 실무자로 하여금 내담자와의 관계적 맥락 안에서 점진적인 공감적 이해를 촉진하고 치료 결과를 모니터링하고 발전시킬 수 있는 전체적인 큰 그림을 제공할 수 있다(Hill, 2020; Welfel & Patterson, 2005). 각 단계에서 설정된 목표와 과제는 실무자가 여러 기법 및 전략을 적용하는 것과 관련이 있다(De Rivera, 1992). 단계적 모델을 구상하는 것에는 장점이 있지만, 일부 이론가는 치료 과정의 예측 불가능성과 치료 기법의 타이밍과 적용에 있어 유연성을 유지해야 한다는 우려로 인해 단계적 진행 방식을 피하기도 한다.

첫 번째 단계인 **관계 형성 단계**(relationship stage)는 내담자와 치료사 간의 상호 신뢰와 공감적 이해를 기반으로 관계적 유대를 형성하고 강화하는 것을 강조한다. 초기 단계에서는 특히 의미를 반영하거나 격려하는 것과 같은 구체적인 기술이 중요하며, 이는 탐색적이고 지지적인 정서적 환경을 형성하는 데 도움을 준다(Hill, 2020). 두 번째 단계인 **통합 단계**(integration stage)는 내담자를 더 깊이 이해하고, 더 목적 있는 의미와 관점을 탐색하고 통합하는 과정을 공감적으로 촉진하는 데 초점을 맞춘다(De Rivera, 1992). 점진적으로 발전하는 공감적 관계를 바탕으로, 상담사는 내담자의 이차 변화나 스키마의 재구성(reformulation)을 추구하는 과정에서 직면 또는 해석과 같은 기술을 활용해 내담자에게 도전한다(Chen & Giblin, 2018). 세 번째 단계인 **성취 단계**(accomplishment stage)는 내담자가 목적 있는 행동 패턴을 형성하도록 돕는 동시에, 이전 두 단계에서 얻은 상담 성과를 견고히 하는 데 초점을 맞춘다. 다양한 실용적인 기술들이 치료의 마지막 단계에서 건설적인 진전을 이루는 데 기여하며, 내담자가 행동 변화를 위해 적극적으로 참여하고 헌신할 수 있도록 공감적으로 유도한다. 중요한 것은, 통합 단계에서의 스키마 재구성 과정은 일차 변화를 추구하는 내담자의 경우 반드시 필요하지는 않으며, 치료는 일반적으로 관계 형성 단계에서 성취 단계로 바로 진행된다는 것이다.

비록 치료 단계가 구분된 형태로 제시되었지만, 실제 치료 현장에서는 상담사나 치료사가 각 단계를 오가며 적절한 상황에서 유연하게 적용할 수 있다(Hill, 2020). 예를 들어, 상담사는 내담자가 성취 단계로 나아갈 준비가 되어있다고 판단하여 행동 변화를 중심으로 초점을 맞추기 시작했다고 가정해 보자. 그러나 내담자와 협력하여 특정 개입을 실행하려 할 때, 내담자가 과제를 완수하지 못하는 경우가 발생한다. 이때 상담사는 치료 중간 단계에서 다뤄야 할 문제가 충분히 해결되지 않았음을 인식하고 통합 단계로 돌아가 작업을 이어 갈 수 있다. 각 단계의 지속 기간은 내담자의 기능 정도와 치료적 문제의 범위에 따라 달라질 수 있다. 또 다른 단계적 진행과 관련된 문제는 경험이 적은 상담사들이 치료적 관계를 구축하거나 내담자에 대한 공감적 이해를 깊게 하기 전에 행동 중심의 개입을 성급하게 시도하는 경향이 있다는 점이다(Chen & Giblin, 2018). 이러한 접근은 상담사와의 관계적 연결감이 부족하거나, 자신이 충분히 이해받고 있다는 느낌을 받지 못할 때 내담자의 저항을 초래하는 경우가 많다(Myers, 2000; Myers & White, 2010; van Kaam, 1959).

다음은 치료 단계와 관련된 사례로, 실습 중인 학교 상담사가 학생과의 관계를 충분히 형성하기 전에 행동 변화를 성급히 시도하는 상황을 보여 준다. 9학년 학생인 길포드(Guilford)는 학기의 1분기가 끝나 갈 시점에서 이미 대부분의 과목에서 낙제할 만한 수준의 점수를 받고 있었다.

상담사: 오늘 아침에 내가 너를 왜 부른 건지 아마 궁금해할 거 같은데, 그렇지?

길포드: 아마도 성적 때문이겠죠.

상담사: 그래, 네 학업 성적이 좋지 않네.

길포드: 이 학교가 정말 싫어요.

상담사: 왜?

길포드: 모르겠어요. 그냥 다 별로예요.

상담사: 네 부모님은 너의 학교 공부에 대해 뭐라고 하시니?

길포드: 아빠는 오래전에 떠났고, 엄마는 항상 일을 해야 해요.

상담사: 정말 힘들겠구나.

길포드: 제가 여기 얼마나 더 있어야 하죠?

상담사: 조금만 더 있으면 돼. 혹시 숙제가 어렵니?

실천적 구상

위협과 공감에 대한 대응

전략적인 기법 활용을 통해 상담사는 내담자의 방어기제와 보호 경향에서 나타나는 부적응적 패턴을 식별하고 수정할 수 있는 위치에 있게 된다. 이는 개인의 역기능적이고 자기보호적인 과정을 인식함으로써 상담사나 치료사로 하여금 내담자를 관계적 맥락에서 공감적으로 이해할 수 있게 한다. 객관적 공감의 관점에서 방어적이고 회피적인 기능의 운영 방식에 대한 지식을 통해 상담사는 일상생활과 치료 상황에서 내담자가 위협에 반응하는 뿌리 깊은 방식을 변화로 이끌어 낼 수 있다(Alder, 1936; Clark, 1998, 2000; Freud, 1936, 1966). 이와 관련하여 점진적 단계 모델(progressive stage model)은 자기보호적 대응을 효과적으로 처리하기 위한 치료적 틀을 제공한다. 내담자의 역기능적 반응들은 관계 형성 단계에서 신뢰와 라포(rapport)의 공감적 분위기가 발전하는 가운데 이를 인식하는 것이 가능하다. 반대로, 상담사가 내담자의 방어적이거나 회피적인 행동에 대해 너무 조기에 도전하려는 시도는 일반적으로 내담자에게 위협감을 유발하고, 치료 동맹의 균열을 초래하게 된다(Gelso, 2019). 통합 단계에서는 내담자의 부적응적 패턴을 공감적으로 명확히 하고, 스키마 변화를 통해 더욱 목적성 있는 관점을 개발하는 데 초점을 맞춘다. 특히 이 단계에서 내담자의 습관적 반응에 대해 도전하지 않을 경우, 이는 암묵적으로 내담자의 왜곡과 회피를 지지하게 되어 정신건강 측면에서 치료 성과를 가로막는 셈이 된다. 성취 단계에서는 내담자가 위협에 대한 패턴을 줄이기 위해 행동 중심의 과업에 참여하게 된다. 이 단계에서는 반복적인 행동에 대해 변화를 유지하려는 내담자의 노력과 어려움을 공감적으로 이해하는 것이 긍정적인 결과를 증진시키는 데 매우 중요하다.

다음은 **방어기제**와 관련된 치료 사례로, 15세의 스콧(Scott)이 법원에서 지정한 심리학자와 첫 상담을 받는 장면이다. 몇 주 전, 스콧은 친구와 함께 자동차를 훔친 혐의로 체포되었는데, 그는 절도에 대해 이야기할 때, 방어기제인 부인과 합리화를 사용했다.

심리학자: 차 안에 아무도 없고 열쇠가 꽂혀 있는 걸 보면서 그때 차를 훔치기로 결심했군요.

스콧: 네. 지미(Jimmy)랑 같이 걷다가 열쇠가 꽂혀 있는 것을 봤어요. 열쇠를 그렇게 꽂아 두고 갈 정도로 멍청한 사람은 차를 잃어버려도 싸죠.

심리학자: 어떤 면에서는 차 주인에게 잘못이 있다고 생각하는 거군요.

스콧: 네. 열쇠를 꽂아 두지 않았다면 우리가 차를 몰고 갈 수 없었겠죠. 그리고 제 나이 또래 애들이라면 누구라도 한 번쯤 드라이브를 하고 싶어 할 거예요. 그런 의미에서 별일이 아닌 거죠.

심리학자: 그러니까 스콧 씨 생각에는 스콧 씨의 행동이 다른 아이들이 하는 행동과 크게 다르지 않다고 보는 거군요.

스콧: 맞아요. 그리고 만약 우리가 가져가지 않았다면 아마 다른 누군가가 가져갔을 거예요. 거기가 좀 위험한 동네라 귀중한 물건이면 그렇게 놔두면 안 되죠.

다음은 보호 경향과 관련된 심리치료 사례로, 어느 학교 상담사가 학업 성취도가 일관되지 않은 경향을 보이는 8학년 학생 한나(Hannah)와 상담을 진행하는 장면이다. 한나는 두 과목에서 낙제 위기에 처해 있으며, 과제를 대하는 태도에 있어 자주 우회적인 태도를 보인다.

한나: 정말 어떻게 해야 할지 모르겠어요. 저는 정말 열심히 하는데, 영어랑 사회 과목이 계속 어려워요.

상담사: 최선을 다하고 있는 것 같은데도 좀 더 잘하기 위해서 어떻게 해야 할지 모르겠는 거군요.

한나: 맞아요. 지난 밤에도 저는 숙제를 하는 데 두 시간을 썼는데, 아주 조금밖에 끝내지 못했어요. 너무 화가 나더라고요.

상담사: 시간을 많이 쏟았는데도 숙제가 진전이 없어서 속상한 기분이 들었군요.

한나: 그래서 종종 울기도 해요.

상담사: 지금 이런 상황에 대해서 꽤나 복잡하게 느끼는 것 같네요. 지난 밤에 했던 숙제에 대해서 예시를 들어 설명해 줄 수 있나요?

한나: 음, 영어에서는 책을 하나 고르고, 그 책을 선택한 이유를 두 페이지로 쓰는 거였어요.

상담사: 충분히 이해하고 할 수 있었을 만한 과제였던 것 같은데, 그렇게 잘 되지 않았나 보네요.

한나: 맞아요. 온라인에서 여러 책의 요약을 좀 읽어 봤는데 고르기가 너무 어렵더라고요. 콜린스(Colins) 선생님은 결국 책에 대한 보고서를 쓰기 원하시는 건데, 그래서 저는 저에게 딱 맞는 책을 고르고 싶었던 거죠. 그치만 결국 결정할 수가 없었어요.

상담사: 그렇게 고민하던 순간에도 시간은 지나갔고, 아직도 많이 못 했다는 생각이 들었던 거군요.

한나: 저에게는 항상 그런 일이 일어나요. 그러다가 제 책상을 치우기 시작했죠. 항상 너무 지저분했거든요.

상담사: 한나는 뭔가 정리하고 끝낸다는 느낌을 받고 싶었던 것 같네요, 비록 책을 여전히 선택하지는 못했지만.

역전이와 공감

상담사 또는 치료사의 역전이 반응은 치료 관계를 악화시키거나 강화할 수 있으며, 내담자를 공감적으로 이해하는 능력에도 영향을 미칠 수 있다. 치료 상황에서 해결되지 않은 갈등과 개인적인 문제가 상담사의 상호작용에 영향을 미칠 수 있고, 이는 내담자에 대한 왜곡된 인식을 초래하여 강한 긍정적 혹은 부정적 감정으로 나타나게 된다(Corey, 2019). 역전이는 상담사가 자기중심적인 반응을 보이게 하여 공감 능력을 저해할 수 있고, 내담자와의 관계에서 과도한 개입이나 회피 및 소극적인 상호작용을 유발할 수 있다(Gelso & Hayes, 2007). 상호작용을 하는 맥락 속에서 상담사가 내담자에게 공감할 수 있는 능력이 저하된다면, 이는 역전이가 작용하고 있을 가능성이 있음을 시사한다.

연구 결과에 따르면, 역전이 감정을 경험하고 있음에도 불구하고 높은 공감 능력을 유지할 수 있는 상담사와 치료사는 부정적인 감정 반응을 유발할 가능성이 훨씬 적다고 보고되었다(Gelso & Hayes, 2007; Willer, 2009). 다중 관점의 모델에서는 객관적 공감을 활용하는 능력을 통해, 상담사가 일정한 거리감을 유지하면서 자신의 해결되지 않은 개인적 문제에서 비롯된 취약점을 인식할 수 있도록 돕는다. 이러한 개념적 관점에서 상담사는 역전이의 작용을 인식하고, 타인 중심적인 내담자에 대해 감정을 조절하며, 공감적으로 반응해야 할 필요성을 보다 더 잘 인식할 수 있는 유리한 위치에 있다. 나아가 객관적 공감의 관점에서 역전이 관리 지침에 익숙해지는 것은 상호공감적 자세로 반응을 보일 수 있도록 준비성을 높여 준다(Gelso & Hayes, 2007; Willer 2009).

다음은 역전이와 관련된 사례로, 상담사가 약물 남용 문제를 가진 30대 중반의 용접공인 말콤(Malcolm)과 초기 면담을 하고 있는 장면이다. 이 상담사는 타인의 비판에 민감한 자신의 성향에 대한 인식이 부족하며, 객관적 공감의 관점에서 역전이와 관련된 지침에도 익숙하지 않은 상태이다.

말콤: 경험이 좀 부족해 보이시네요. 약물을 해 본 적이 있나요?

상담사: 약물 문제를 겪어 본 적이 있느냐고 물으신 거라면, 없어요. 하지만 이 분야에서 많은 교육을 받아 왔고, 계속 많이 배우고 있습니다.

말콤: 뭐, 그것도 괜찮긴 한데, 현실적인 경험이 진짜 더 중요한 거죠.

상담사: 최선을 다하겠습니다(불안감이 고조됨).

말콤: 긴장한 것처럼 보이네요. 혹시 떨고 있나요?

상담사: 그런 것 같진 않아요. 아니에요.

말콤: 좋으신 분 같기는 한데, 저는 약물 경험이 있는 상담사와 좀 더 깊이 있게 이야기할 수 있을 것 같아요.

상담사: 무슨 말씀을 하시는 건지 좀 혼란스럽네요(내담자로부터 무시당하고 평가절하된 느낌을 받음).

말콤: 그게 다예요. 좀 더 저랑 잘 맞는 사람에게 배정받고 싶었는데 실망스럽네요. 어떻게 당신과 같은 사람에게 제 문제를 의논하라는 건지 모르겠네요.

상담사: 어쩌면 다른 분과 상담하시는 게 나을지도 모르겠네요. 제가 추천해 드리죠.

다음 사례는 역전이를 다룬 다른 사례로, 약물 남용 문제를 가진 30대 중반의 용접공인 말콤이 다른 상담사와 초기 세션을 진행하는 상황이다. 이번 경우, 상담사는 타인의 비판에 대해 극도로 예민한 자신의 개인적인 문제를 인식하고 있으며, 객관적 공감의 관점에서 역전이 관리 지침에 익숙하다.

말콤: 경험이 좀 부족해 보이시네요. 약물을 해 본 적이 있나요?

상담사: 없습니다. 그래서 저와 함께 일하는 것의 가치를 의심하게 되실 수 있을 것 같네요.

말콤: 그렇죠, 현실적인 경험이 더 중요하니까요.

상담사: 제가 말콤 씨가 중요하게 생각하시는 부분에 대해 부족해 보인다는 점을 인정합니다. 그러나 동시에 저는 말콤 씨의 삶에서 직면하고 있는 여러 어려움에 대해 열린 마음으로 듣고 싶은 마음이 있습니다.

말콤: 그럴 수도 있겠네요. 그래도 제가 볼 땐 저에게 더 나은 상담사를 배정했어야 한다고 생각해요. 어떻게 당신처럼 경험이 부족한 사람과 제 문제를 해결하길 기대할 수 있겠어요?

상담사: 말콤 씨가 보기에 제가 애초에 최소한의 효과적인 치료를 제공할 준비조차 안 되어 있다고 보시는 거군요. 마치 우리가 함께 실패하도록 설정된 것처럼 느껴지는 거죠.

말콤: 알겠어요, 좋아요. 우리 좀 진정하고 이야기해 보죠. 지금 보니 당신과 해도 그렇게 나쁠 거 같지는 않네요.

치료 동맹의 균열과 공감

치료 동맹의 균열이란 내담자와 상담사 사이의 정서적 유대에서 발생하는 오해와 갈등을 의미한다(Eubanks-Carter, Muran, & Safran, 2010). 동맹의 질이 약화되거나 악화되면, 상호적인 과업과 목표를 추구하는 과정에서 치료 진전이 정체될 수 있다. 이러한 치료 관계에 도전이 되는 상황에서, 상담사는 균열이 발생하는 것과 이로 인한 관계적 영향을 탐구하는 데에 대한 기본적인 책임이 있다(Gelso, 2019). 동맹의 균열은 대개 내담자가 치료사에게 부정적인 감정을 직간접적으로 표현하거나, 비판적 반응 혹은 정서적 회피의 형태로 드러난다(Tickle-Degnen & Gavett, 2003). 치료적인 차원에서 비판적이고 성찰적으로 사고하는 자세는 상담사가 내담자와 자신의 관점에서 균열을 공감적으로 파악하고 평가할 수 있도록 돕는다(Deal, 2003). 균열을 적극적으로 탐색하는 것은 내담자와 상담사 간의 사소한 긴장이나 심각한 단절을 무시하거나 회피하는 대신, 치료 동맹을 유지시키는 데 핵심적이다(Eubanks-Carter et al., 2010). 내담자의 분노, 좌절, 불안 및 기타 고통스러운 감정을 솔직히 인정하고 공감하며, 균열이 발생한 것에 대해 적어도 일부 책임을 수용하는 것은 치료 동맹의 질(quality)을 회복하는 데 기여할 수 있다.

다음은 치료 동맹의 균열에 대한 사례로, 마를렌(Marlene)은 70대 초반의 은퇴한 교장이며, 우울감 및 이전에 즐겼던 활동들에 대한 흥미의 상실(쾌락 감소)을 이유로 상담사와 만나고 있다. 그녀는 40년 동안 살아온 집에서 혼자 지내고 있다.

마를렌: 이번 주는 아주 힘들었어요. 집 밖에서 얼음에 미끄러져서 무릎 보조기를 착용하게 됐는데, 걸을 때마다 너무 고통스러워요.

상담사: 너무 힘드셨겠어요. 스스로 몸을 돌보기 위해서는 움직이는 게 중요할 텐데요.

마를렌: (잠시 침묵) 요즘 모든 것이 저를 정말 힘들게 하는 것 같네요.

상담사: 지난주에는 집 청소를 하는 게 점점 힘들어진다고 하셨었죠.

마를렌: 맞아요. 이럴 땐 남편이 정말 많이 그리워요. 남편은 집안일에 큰 도움을 줬었거든요. 물론 다른 이유들로도 남편이 그립지만요.

상담사: 혼자 사는 게 여러모로 힘드신 것 같아요. 아마 다른 생활방식을 고민해 보는 것도 생각해 볼 만한 것 같아요. 따님인 클레어(Claire) 씨도 이와 관련해서 이야기한 적이 있는 걸로 알고 있어요.

마를렌: (바닥을 내려다보며 점점 더 괴로워한다.)

상담사: 많이 속상해 보이시네요. 제가 방금 한 말 때문에 그러시나요?

마를렌: (잠시 침묵) 당신은 그런 말을 할 자격이 없어요. 당신과 클레어가 한통속인 것 같군요.

상담사: (잠시 침묵) 마를렌 씨 말이 맞습니다. 제가 마를렌 씨 입장을 먼저 듣지 않고 이렇게 큰 변화에 대해 제안한 것은 제 잘못이었습니다. 게다가 클레어 씨 이야기를 꺼낸 것도 지나쳤던 것 같네요.

마를렌: 덕분에 조금 마음이 나아지는군요. 제가 바보도 아니고 이미 그런 생각은 해 봤어요. 그치만 혼자 살았던 날들을 너무 그리워하게 될 것 같아요. 저와 남편은 이 집에서 클레어와 클레어 딸 둘을 키웠어요. 정말 좋은 시간이었죠.

상담사: 그 집이 마를렌 씨에게 얼마나 소중한지 알 것 같아요. 스스로를 돌보고 싶어 하시는 마음도 이해가 됩니다.

꿈 작업과 공감

상담 및 심리치료에서 내담자의 꿈을 활용하는 데는 그에 따른 제약이 있지만, 꿈 작업은 개인의 삶에서 직면하는 고민과 도전을 명확히 하는 잠재력을 가지고 있다(Eudell-Simmons & Hilsenroth, 2007). 주관적 공감의 관점에서는 내담자의 여러 감정을 일으키는 꿈에 대해 들을 때 상담사의 내적 능력이 반응하게 된다. 통합 모델에서는 내담자의 꿈을 이해하고 활용하기 위해 사용되는 이론과 실제적인 방법론이 상담사가 객관적으로 공감할 수 있도록 돕는 도구 역할을 한다. 상호관계적 접근 방식의 경우, 상담사나 치료사는 내담자와 협력하여 꿈이 개인의 삶에서 가지는 의미와 목적을 이해하려 노력한다(Hill & Knox, 2010). 꿈 이야기는 종종 내담자와 관련된 중요한 문제와 연결되며, 내담자를 더 깊이 공감하고 이해하는 데 있어 부담을 주지 않고 덜 위협적인 방식으로 접근할 수 있는 기회를 제공한다(Eudell-Simmons & Hilsenroth, 2007). 이론적으로, 현대의 꿈 모델과 관련하여 상담사는 내담자가 깨어 있는 삶에서 직면한 문제와 이슈의 맥락에서 꿈에 대한 감정 반응에 초점을 맞추는 방식을 선택할 수 있다(Adler, 1936; Pesant & Zadra, 2004). 이러한 과정에서 꿈은 문제 해결 활동의 촉매제로 작용할 수 있는 분위기나 감정을 생성하기도 한다(Bird, 2005; Fall, Holden, & Marquis, 2017).

다음은 이전 마를렌의 사례에 이어 후속 상담 세션에서 그녀가 꿈에 대한 이야기를 하는 장면이다.

마를렌: 소피(Sophie)와 매주 점심을 같이 먹던 날들이 참 그리워요. 그녀와 나눈 대화는 항상 저에게 큰 즐거움을 주었어요.

상담사: 소피가 정말 소중한 친구였고, 그녀와 함께한 시간이 참 특별했군요.

마를렌: (잠시 침묵) 다른 이야기를 좀 하고 싶어요. 몇 주 전에 저한테 밤에 꿈을 꾸냐고 물어보셨었죠. 그때 당시에는 제가 보통 꿈을 잘 기억하지 못한다고 답했었는데, 이번 주에 꾼 꿈은 너무 생

생하고 계속 제 마음에 남아 있어요.

상담사: 한번 이야기해 주실 수 있나요?

마를렌: 제가 초등학교 교장으로 있는 상황이었고, 학기 초에 담임 선생님들과 다음 해를 시작하기에 앞서 이야기를 나누고 있었어요. 우리 모두는 다음 날 아이들을 처음 만날 생각에 들떠 있었고, 아주 신나는 분위기였어요.

상담사: 말씀하시면서 기분이 많이 좋아 보이시네요.

마를렌: 네. 활기도 차고 안도감도 느껴지네요.

상담사: 지금 현재의 삶을 생각해 보면, 이 꿈이 어떤 의미를 가지나요?

마를렌: (잠시 침묵) 무언가를 기대하고 있는 것 같아요.

상담사: 희망이 있는 것 같은 느낌이네요.

마를렌: 제가 오랫동안 잊고 지냈던 모습이에요. 그리고 제 삶에서 그리워하던 모든 것에서 벗어난 느낌도 좋았어요. 아마도 이제는 좀 더 미래에 대해 이야기할 필요가 있을 것 같네요. 제 꿈처럼 불확실한 부분이 있더라도 말이죠.

비언어적 의사소통과 공감

치료 현장에서 내담자가 하는 언어적 표현 외에도 비언어적 표현은 개인의 공감적 이해와 치료 관계를 증진시키는 의사소통의 매개체로 작용할 수 있다(Tickle-Degnen & Gavett, 2003). 내담자의 비언어적 반응에 대한 민감성은 상담사로 하여금 감정과 의미를 전달하는 단서를 파악할 수 있도록 한다. 특히 특정 신체 부위는 어떤 비언어적 행동이 중요하고 관심을 가져야 할 부분인지를 결정하는 틀을 제공하기도 한다(Wiener, Budney, Wood, &

Russell, 1989). 이와 관련하여 비언어적 행동은 주로 내담자의 얼굴, 눈, 손, 팔 등 신체의 특정 부위에 초점을 두고 있다. 몸의 다양한 부분이 이에 기여하겠지만, 특히 감정과 관련된 구성 요소로서 내담자의 얼굴 표정은 공감적으로 내담자를 이해하는 데 있어서 매우 유익한 정보를 제공한다. 예를 들어, 응시(gaze)하는 것이나 찡그림(grimace)과 같은 얼굴 반응에 대한 해석은 해당 단서의 맥락과 내담자의 문화적 배경에 따라 달라질 수 있다(Hutchison & Gerstein, 2012). 이와 더불어, 준언어적(paralinguistic) 의사소통은 내담자의 목소리 특성인 억양, 강도, 음조, 크기, 그리고 유창성에 초점을 맞춘 청각적 단서들뿐만 아니라 행동적 표현도 포함된다(Hall, Harrigan, & Rosenthal, 1995; Stickle & Arnd-Caddigan, 2019).

내담자의 비언어적 의사소통의 의미를 공감적으로 추론하는 것은 일종의 전략적인 기법으로 여겨지는 반면, 상담사나 치료사의 비언어적 행동에 대한 표현은 치료에 대한 문헌에서 많은 주목을 받아 왔다(Hutchison & Gerstein, 2012; Wiener et al., 1989). 친화적인 행동(affiliating or attending behavior), 예를 들어 고개를 끄덕이고 비교적 지속적으로 눈 맞춤을 유지하며 몸을 앞으로 기울이기 등의 행동은 상호적인 관심과 공감 수준을 유지하는 데 효과적이라고 밝혀진 바 있다(Hall et al., 1995; Ivey, Ivey, & Zalaquett, 2018). 이러한 친화적인 행동을 개발하는 것은 훈련 과정이나 학생 및 실무 상담사가 보는 주요 교재에서 자주 다루어지는 핵심 주제이다(Egan & Reese, 2019; Ivey et al., 2018; Sommers-Flanagan & Sommers-Flanagan, 2017). 친화적인 행동과 관련된 상담사의 비언어적인 행동의 중요성은 잘 확립되어 있지만, 다양한 치료 맥락에서 내담자의 비언어적 표현을 인식하고 평가하는 정신건강 전문가의 기술을 향상시키는 데 더 많은 노력이 필요하다(Hutchison & Gerstein, 2012; Wiener et al., 1989).

마를렌의 예로 마무리하자면, 비언어적 표현은 치료 과정에서 다양한 상호작용에 대한 그녀의 반응을 포함한다. 예를 들어, 초기 세션에서 마를렌의 말투는 느리고 목소리가 작았으며 잦은 침묵이 있었다. 마를렌의 얼굴 근육은 긴장되어 있었고, 자세는 다소 경직되어 있었다. 그녀는 상담사와 드물게 눈을 맞췄고, 종종 바닥을 응시하는 모습을 보였다. 그러나 상담사가 마를렌에게 대안적인 주거 환경에 대해 고려해 볼 것을 제안했을 때, 그녀는 즉시 얼굴을 찌푸리며 손을 들어 올리고 허리를 곧게 펴는 모습을 보였다. 마를렌은 말을 하기 시작하면서는 상담사를 직접 응시하며 경멸의 감정을 드러냈다. 이후 상담사가 치료 관계에 손상을 입힌 것에 대해 공감하며 책임을 인정하자, 마를렌의 표정은 점차 부드러워지고 의자에 몸을 기댄 채 안정된 모습을 보였다. 이어진 후속 세션에서 마를렌은 꿈에 대해 이야기하기 시작했고, 그녀의 얼굴은 점점 더 편안해졌으며, 손짓을 하거나 의자 끝으로 몸을 기울이는 등 자세에 생동감이 더해졌다. 마를렌과의 만남 동안 상담사는 몸을 앞으로 기울이고 가끔 고개를 끄덕이며 비교적 꾸준한 눈 맞춤을 유지함으로써 공감과 관심을 보였다.

상담사의 고통, 외상, 그리고 공감

특정 치료 맥락에서 상담사나 치료사는 내담자에게 공감할 때 역설적인 상황이 발생하는 것을 경험할 수 있다. 공감이 치료 진전을 이루기 위한 핵심 요소이긴 하지만, 외상이나 다른 심각한 정서적인 어려움에 지속적으로 노출되게 되면 상담사 또한 개인적으로나 직업적으로 고통을 경험할 가능성이 있다(Ogińska-Bulik, Juczyński, & Michalska, 2020). 이러한 고통은 트라우마 생존자를 정기적으로 치료하는 과정에서 상담사가 감정적 소진, 유능감 및 성취감의 감소, 높은 불안감, 그리고 회피 행동 등 심리적 · 생리적 증상을 겪는 형태로 나타날 수 있다(Wilson & Thomas, 2004). 임상 문헌에서는 상담사에게 미치는 이러한 부정적인 영향을 설명하기 위해 연민 피로(compassion fatigue), 이차 외상성 스트레스(secondary traumatic distress), 대리 외상(vicarious traumatization)과 같은 다양한 개념이 등장했다(McCann & Pearlman, 1990; Newell & MacNeil, 2010). 상담사가 지속적으로 공감적 자세를 유지함으로써 정서적으로 소진될 수 있는가 하면, 이로 인해 기능이 손상되는 것을 완화할 수 있는 보호적인 실천법 또한 존재한다(Brockhouse, Msetfi, Cohen, & Joseph, 2011; Knight, 2013; Rothschild, 2006; Scovholt & Trotter-Mathison, 2016).

치료 상황에서 상담사나 치료사는 감정적 반응을 조절하고 개인적 경계를 존중하기 위해 공감하는 방식을 조정할 수 있는 위치에 있다(Hermansson, 1997). 상담사는 감정적으로 소모되고 고갈되는 자기 초점(self-focus)으로 빠지는 것이 아닌, 내담자의 경험에 공감적으로 연결되는 것을 유지하고자 노력해야 한다(Harrison & Westwood, 2009; van der Kolk, 2014). 상담사는 자기 점검 과정을 통해 내담자의 취약성과 고통에 공감하면서도, 자신과 타인을 구분하고 치료적 관점을 유지할 수 있어야 한다(Ekman & Halpern, 2015). 내담자의 어린 시절 성적 학대 경험, 신체적 폭행, 강간, 가정폭력 등 정서적으로 고통스러운 기억에 공감하는 것은 상담사의 역량을 최대한으로 요구하는 것이지만, 내담자가 외상 후 성장(posttraumatic growth)을 이루는 모습을 관찰하는 것은 상담사에게 있어서 개인적으로나 직업적으로 영감을 주고 동기를 부여한다. 상담사 및 치료사는 가장 가혹하고 잔인한 사건에 직면한 개인들이 보여 주는 인간 정신의 강인함과 회복탄력성을 목격하면서 삶을 긍정하는 경험을 한다고 보고한다(Arnold, Calhoun, Tedeschi, & Cann, 2005; Laverdière, Ogrodniczuk, & Kealy, 2019).

치료 사례에서 로잘리(Rosalie)는 30대 초반으로, 아동 및 가족 서비스 관련 대형 기관에서 7년간 임상 사회복지사로 일한 경험을 가지고 있다. 로잘리가 담당한 사례 중 약 3분의 1은 아동 학대 및 방임 경험이 있는 내담자들로 이루어져 있으며, 그녀는 정기적인 슈퍼비전을 통해 이러한 정서적으로 어려운 사례들을 처리할 수 있도록 지원받고 있다. 또한 로잘리가 소속된 정신건강 기관은 외상 치료와 심리적 부담을 유발할 수 있는 문제들을 다루기 위해, 집중 치료를 포함한 현대적 접근법 등 다양한 임상 주제에 대한 교육을 지원하고 있다. 치료 맥락에서 로잘리는 트라우마를 포함한 어려운 사례들을 관리하기 위한 노력의 일환으로 관점 전환, 일관된 경계 유지, 정서 조절과 같은 특정 전략들을 활용한다. 업무 외 시간에 그녀는 재충전과 회복을 위한 필수적인 자기돌봄 습관을 따르려 애쓴다. 이로 인해 로잘리는 많은 어려운 사례를 다루어야 하는 상황에서도, 치료 진전과 내담자의 회복탄력성을 관찰하며 의미와 보람을 느낄 수 있었다.

다음 사례는 로잘리가 아동 보호 서비스를 통해 연계된 10세 여자아이 메이블(Mable)과 두 번째 상담 세션을 진행하고 있는 상황이다. 메이블은 최근 4개월 동안 의붓아버지에게 성적 학대를 당한 경험이 있다.

메이블: 저는 그 사람이 기침을 하면서 계단을 올라오는 소리를 들을 수 있었어요. 방문이 조금 열려 있었는데, 들어오면서 문을 닫더라고요. 처음에는 저에게 말을 걸고 제 머리를 쓰다듬었어요. 그렇게 며칠 동안 하더니, 어느 날 침대에 와서 제 다리 사이로 손을 넣었어요. 저는 정말 어떻게 해야 할지 몰랐어요. (메이블이 흐느끼기 시작하며 의자에 털썩 주저앉는다.) 너무 무서웠어요.

상담사: (주관적 공감의 관점에서, 가해자가 그의 손을 메이블의 성기에 손을 얹는 것을 상상한다.) 정말 너무 무서웠겠구나. 아무것도 못하고 그냥 얼어 버렸을 것 같아.

메이블: 그 사람은 자기가 한 일을 누구한테라도 말하면 큰 어려움에 처하게 될 거라고 말했어요. 그러고선 거의 매일 밤 그 일이 일어나기 시작했어요. 저는 항상 이 생각만 했고 가능하다면 사라지거나 심지어 죽고 싶다고 생각했어요.

상담사: (메이블이 "심지어 죽고 싶다고 생각했어요."라고 말했을 때, 배를 한 대 맞은 것 같은 충격이 느껴진다.) 이건 정말로 메이블에게 너무나 고통스러운 일이었고, 그 상황에서 그 사람을 멈출 방법이 전혀 없었구나.

메이블: (긴 침묵과 흐느낌) 저는 제가 너무 더럽게 느껴지고 마음이 너무 슬퍼요.

상담사: (안아 주고 싶지만, 객관적 공감의 관점에서 경계가 무너질 수 있음을 인식한다.) 몹시 깊은 수치심과 슬픔을 느끼고 있구나. 너는 네가 믿을 수 있다고 여겼던 누군가에게 최악의 방식으로 상처 입은 어린 소녀일 뿐이란다. (세션은 계속되었고, 끝을 향해 가고 있다.)

메이블: (거의 속삭이는 듯한 목소리로) 제가 상담 선생님을 다시 볼 수 있을까요?

상담사: (집에 데려다주고 싶었지만, 다시 한번 경계를 넘어서는 것에 대해 인식한다.) 그럼, 물론이지. 우리는 곧 다시 만나게 될 거야. 계속 함께할 거란다.

개인 평가와 공감

공감의 초기 모델에서 내담자 평가(client assessment)는 주관적, 객관적, 그리고 상호관계적 접근 방식이 결합된 과정을 강조한다. 상호관계적 측면에서 상담사 혹은 치료사는 내담자의 독특성과 개성에 초점을 맞추어 관계적 맥락에서 이해하며, 공감적 이해를 촉진할 수 있는 위치에 있다. 특히 부모나 배우자와 같은 중요한 타인은 내담자의 삶의 경험에 맥락적 깊이를 더해 주는 **개인적 관찰**(personal observations)을 제공할 수 있다. 평가적 접근 방식으로서의 **투사 기법**(projective techniques)은 내담자가 참여하여 협력적인 과제를 완수하는 과정을 관찰할 기회를 제공한다. 객관적 공감에서 얻은 데이터와 함께 투사적 검사를 통한 발견은 내담자의 기능에 대한 전반적인 이해를 심화시킬 수 있다. 치료적 교환(therapeutic exchanges)과 평가 상호작용(assessment interactions)을 통해 공감적 이해가 발전함에 따라, 점차 더 세련되고 확장된 **개인 모델**이 형성된다. 결과적으로, 이러한 틀은 상호관계적 공감을 활용한 효과적인 치료 개입을 촉진하게 된다.

개인적 관찰 상담사는 종종 부모, 교사, 배우자, 또는 내담자를 오랜 기간 관찰할 수 있는 다른 중요한 타인들로부터 내담자의 행동에 대한 설명을 듣고 이를 공감적으로 경청한다. 이러한 중요한 타인들은 내담자의 기능적인 측면에 대한 부수적인 정보를 제공할 뿐만 아니라, 내담자가 일상생활에서 맺는 관계들의 특징과 질에 대한 단서도 제공한다. 한편, 이러한 사람들의 견해에는 편견과 왜곡의 가능성이 존재하기 때문에, 이를 확보하고 해석하는 과정에서 신중함이 요구된다(Welfel & Patterson, 2005). 그러나 개인의 주관적인 관찰은 내담자가 지속적인 관계 속에서 마주하는 상황을 종종 반영하고 구체화한다. 이러한 점에서 상담사나 치료사는 내담자와 공감하는 것을 넘어, 내담자의 삶 속에서 그가 관계를 맺고 있는 다른 사람들과도 공감하게 된다(Greenson, 1960). 상담사는 내담자의 개별성에 초점을 맞추어, 다양한 단서가 제공하는 정보를 종합적으로 평가하고 통합하려 한다.

투사 기법 투사 기법은 심리치료 분야에서 오랜 역사를 가지고 있지만, 현대적인 인지적 접근법과 경험적 측정 방식의 부상으로 인해 다소 구식이고 시대에 뒤떨어진 방법으로 여겨지는 경우가 많다(Lilienfeld, Wood, & Garb, 2000; Masling, 1997). 이 기법의 기본 가정은 내담자가 비교적 비구조적이고 모호한 작업에 대한 간단한 지시에 반응하면서 성격의 기능적 측면을 '투영'한다는 것이다(Rabin, 1981). 한 세기 넘게 다양한 투사 기법이 개발되었지만, 대부분은 더 이상 널리 사용되지 않거나 임상 현장에서 자주 활용되지 않는다(Klopfer, 1973; Korner, 1965). 특히 이 기법은 타당도와 신뢰도 측면에서 적절한 심리측정적 특질이 부족하다는 비판을 받아 왔다. 그럼에도 불구하고, 로르샤흐 잉크 반점 검사

(Rorschach Inkblot Test)는 투사적 평가에서 가장 널리 알려진 도구로 자리 잡았으며, 주제 통각 검사(Thematic Apperception Test: TAT) 역시 널리 사용되었다(Choca, 2013). 그러나 이들 기법은 치료 효과를 내기 위해 광범위한 훈련이 필요하며, 상담사가 이를 시행하고 해석하는 과정이 시간 소모적이고 복잡하다는 한계가 있다. 현대적 치료 환경에서는 효율성과 시간 절약이 강조되면서, 최근 몇 십 년간 로르샤흐 검사와 TAT의 임상적 사용이 감소하는 추세를 보이고 있다(Searls, 2017).

그러나 투사 기법이 성격 측정의 주요 도구로는 종종 기각되더라도, 여러 연구자는 이 기법의 치료적 가치를 여전히 인정하고 있다. 투사적 자극은 객관적 검사에 비해 속일 가능성이 적고, 일부 중요한 행동을 예측하는 데 더 정확하며, 치료 관계를 촉진시키는 등 치료 과정에서 중요한 역할을 한다(Blatt, 1975; Masling, 1997). 또한 많은 투사 기법은 관리와 해석이 비교적 간단하고, 내담자를 흥미로운 작업에 참여시킴으로써 관계적 교류 안에서 내담자를 관찰할 기회를 제공한다. 그러나 공감 중심의 개인 평가 목적에 부합하는 투사 기법을 선택하는 데에는 제약이 따를 수 있다(Clark, 1995, 2007). 인물화 그리기(human figure drawings), 문장완성검사(sentence completion tasks), 초기 기억 회상(early recollections)과 같은 기법들은 치료 과정에 통합될 수 있는 대표적인 투사 기법들이다. 이들 기법은 수십 년간 연구적 관심과 학술적 출판물의 주제로 다루어져 왔다.

인물화 그리기 상담사나 치료사가 내담자에게 사람을 그려 달라고 요청하는 과정은 간단하다. 종이 한 장, 연필 한 자루, 지우개 하나를 내담자에게 건네며 “사람 한 명을 그려 주세요.”라고 말하는 것으로 시작된다. 대부분의 내담자, 특히 아이들이나 청소년은 이 간단하고 비언어적인 과제를 자연스럽게 받아들이는데, 그 대표적인 예가 인물화 검사(Draw-A-Person: DAP)이다(Chandler & Johnson, 1991; Piotrowski, 2016). 그림 그리기 작업은 라포 형성에 기여할 가능성이 있으며, 상호작용 속에서 방어기제를 완화하고 창의적 표현의 기회를 제공한다(Hammer, 1958). 그러나 작업물의 내용이 다양한 방식으로 해석될 수 있다는 점은 논란의 대상이 되어 왔으며, 강한 비판을 받아 왔다(Lilienfeld et al., 2000; Motta, Little, & Tobin, 1993). 연구자들은 인물화 그리기에서 도출된 여러 단서나 지표를 신뢰하지 않았으며, 이는 벨트 버클, 옷의 단추, 꽉 다문 입처럼 모호한 연관성과 관련된 수많은 성격 추론에 대한 것이었다(Farylo & Paludi, 1985; Machover, 1949).

인물화 그림의 해석을 뒷받침하는 경험적 근거는 미흡하지만, 공감적인 관점에서 그 절차에 접근해 볼 수 있다. 상담사는 인물화 작업을 통해 내담자의 입장이 되어 보는 경험을 할 수 있으며(Handler, 1996; Leibowitz, 1999), 이를 통해 내담자의 자아와 그림에 대한 독특한 접근 방식을 더 깊이 이해할 수 있다. 이 과정에서 상담사는 인물의 크기, 선의 굵기, 지우개 사용 흔적, 그림의 위치 등 다양한 단서를 관찰한다(Kissen, 1986; Oster & Gould, 1987). 예를 들어, 어른이 사람을 막대기처럼 그린다면 어떤 의미일까? 사람을 매우 작게 그리는 청소년은 어떤 상태일까? 디테일에 지나치게 집착해 그림을 완성하는 데 오랜 시간이 걸리는 내담자는 어떻게 해석할 수 있을까? 등이다.

학교에서 과격한 행동을 보이는 12세 학생 로이드(Lloyd)를 대상으로 한 상담 사례를 살펴보자. 상담사는 로이드에게 인물화 그리기, 문장완성검사, 초기 기억 회상을 포함한 투사 기법을 활용해 평가를 진행했다. 그 시작으로 상담사는 로이드에게 사람 그림을 하나 그려 보도록 요청했다. 로이드는 약 30초 만에 그림 그리기를 끝내고 종이와 연필을 책상 위로 밀어 넣었다. 그의 그림 속 인물은 크기가 매우 컸고, 세부 사항이 거의 없었으며, 선은 굵은 편이었다. 상담사는 공감적인 입장에서 로이드가 그림 그리는 과정과 태도를 관찰하며, 그의 긴장감과 무관심함을 경험적으로 함께 느꼈다. 로이드와의 만남 이후, 상담사는 그림의 구조적 측면을 객관적 공감의 관점에서 검토했다. 인물의 크기, 선의 굵기, 그림 완성 속도 등의 요소를 종합적으로 고려하여 로이드의 자아 특성을 분석했다. 그 결과, 로이드는 잠정적으로 절제와 조심성이 부족하고 공격적이며 충동적인 성향이 있을 가능성이 있다고 판단되었다.

문장완성검사 개인 평가에 사용되는 문헌에는 문장의 일부를 제시하고, 나머지를 서면이나 구두로 완성하게 하는 다양한 방법이 소개되어 있다(Goldberg, 1965). 이러한 접근 방식에는 "다음 문장을 당신의 말로 완성하세요."와 같은 요청이 포함될 수 있으며, 다양한 변형이 존재한다(Holaday, Smith, & Sherry, 2000). 문장의 '줄기(stem)'는 그 수와 내용 면에서 매우 다양하며, 어떤 방식은 100개 이상의 문장 줄기로 구성되기도 한다(Holaday, Smith, & Sherry, 2000). 이 중 가장 널리 알려진 방법은 로터의 문장완성검사(The Rotter Incomplete Sentences Blank: ISB)로, 40개의 문장 줄기로 구성되어 있다(Rotter, Lah, & Rafferty, 1992). ISB는 고등학생,

대학생, 성인 각각에 맞춘 별도의 양식을 제공하며, 각 문장 줄기에 대한 갈등 관련 반응들이 명시된 공개 채점 매뉴얼을 갖추고 있다. 문장완성검사의 표준화된 채점 방식을 고안하려는 여러 시도가 있었으나, 대부분의 상담사는 자신의 임상 기법에 의존해 내담자의 반응을 해석한다(Holaday et al., 2000).

비록 공식적인 문장완성검사의 채점 체계는 거의 사용되지 않지만, 상담사가 실무와 관련된 항목들을 식별하여 효과적인 평가를 하는 데 방향을 제시할 수 있다. 이 과정에서 상담사가 오랜 기간 동일한 평가 도구를 활용하면, 내담자의 응답을 평가하기 위한 개인적인 해석의 기준이 형성될 수 있다(Holaday et al., 2000). 〈표 4-1〉은 청소년을 위한 문장완성검사 양식으로, 약간의 수정을 거치면 아동과 성인에게도 적용할 수 있다.

문장완성 항목은 주로 1인칭으로 작성되며, 이를 통해 상담사나 치료사는 내담자의 반응을 자기, 타인, 사건과 관련된 스키마 구조로 묶어 해석할 수 있다. 이 과정에서 공감적 해석은 개인이 자신의 삶을 어떻게 인식하는지를 탐색하는 데 중점을 둔다. 예를 들어, 척박한 삶을 살고 있다고 인식하는 내담자는 "나는 …… 항상 슬프다." "다른 사람들은 …… 무시하거나 거부한다." "나는 …… 태어나지 않았더라면 좋았을 것이다."와 같은 반응을 보일 수 있다. 이러한 응답을 통해 내담자가 인식하는 자신의 삶은 어떤 모습일까?

다시 로이드 예시로 돌아가서, 인물화 그리기를 마친 후에 상담사는 로이드에게 24개의 문장을 그의 언어로 완성하도록 지시한다. 로이드는 5분 안에 문장을 작성한 뒤, 종이를 상담사에게 건넨다. 상담사는 로이드의 답변을 자기, 타인, 사건과 관련된 삶의 스키마 구조로 정리한다. **자기** 개념이 반영된 문장은 "나는 …… 긴장감을 느낀다." "나는 …… 후회하지 않는다." "나는 …… 잡히면 괴롭다." "나는 …… 신나는 일이 필요하다."로 나타났다. **타인** 개념이 드러난 문장으로는 "나는 …… 나의 멍청한 선생님들 때문에 망했다." "다른 애들은 …… 겁쟁이 같다." "나는 …… 교장이 내 뒤를 봐주면 좋겠다." "엄마는 …… 내가 속일 수 있다." 등이 있다. 마지막으로, **사건**과 관련된 문장으로는 "가장 행복한 순간은 …… 내가 일을 해낼 때다." "학교는 …… 지루하다." "집에서는 …… 아무것도 할 게 없다." 등이 두드러졌다.

〈표 4-1〉 문장완성검사

이름 ________________ 날짜 __________

1. 나는 ______________________을 느낀다.
2. 나는 ______________________을 후회한다.
3. 다른 사람들은 ______________________.
4. 나는 ______________________할 때 가장 나답다.
5. 나를 괴롭히는 것은 ______________________이다.
6. 가장 행복한 순간은 ______________________이다.
7. 나는 ______________________이 두렵다.
8. 아버지는 ______________________.
9. 나는 ______________________하는 것을 싫어한다.
10. 나는 ______________________에 실패했다.
11. 집에서는 ______________________.
12. 어머니는 ______________________.

13. 나는 ________________로 고통받는다.
14. 미래는 ________________.
15. 다른 아이들은 ________________.
16. 내 신경은 ________________.
17. 내가 가장 걱정하는 것은 ________________이다.
18. 학교는 ________________.
19. 나는 ________________이 필요하다.
20. 나를 아프게 하는 것은 ________________이다.
21. 나는 ________________을 싫어한다.
22. 나는 ________________을(를) 바란다.
23. 우리 가족은 ________________.
24. 나는 ________________하는 것을 좋아한다.

초기 기억 회상 초기 기억을 탐색하는 과정은 상담사가 내담자에게 "아주 오래전, 기억할 수 있는 가장 어렸을 때를 떠올려 보고 그중 가장 먼저 떠오른 기억을 하나 회상해 보세요."라고 요청하는 것으로 시작된다(Clark, 2002, 2013, 2018). 내담자가 기억을 묘사하면, 후속 질문을 통해 추가적인 세부 사항, 기억의 핵심 부분, 생생한 측면에 대한 느낌을 탐색한다. 알프레드 아들러(Alfred Adler, 1937)는 내담자 치료 과정에서 '삶에 대한 첫 번째 기억'의 개념을 소개하며, 다음과 같이 진술했다. "초기 기억은 특별한 의미가 있다. 이는 내담자가 가진 생활방식의 기원을 가장 단순하게 보여 준다"(p.74). 아들러(1914b, 1927)는 초기 기억을 다룰 때 예술적이면서도 공감적인 접근 방식을 사용했으며, 그의 초기 작업 이후로 초기 유년기 기억의 모호한 의미를 해석하려는 체계적인 시도가 여러 차례 이루어졌다(Clark, 2002; Mosak & Di Pietro, 2006; Olson, 1979).

대부분 초기 기억 회상 방법은 실행이 복잡하고 해석이 어려운 것으로 밝혀졌지만, 그 과정에서 일관되게 발견된 것은 내담자의 각 기억마다 핵심 주제가 포함된다는 점이다. 생애 초기 기억과 관련된 풍부하고 광범위한 문헌에 근거하여, 해당 연구자는 초기 기억의 의미를 공감적으로 평가하기 위한 **초기 기억 접근법**을 공식화했다(Clark, 2013, 2018). 핵심 주제에 초점을 맞추는 것 외에도, 공감 기반의 절차는 내담자의 성격 차원과 지각 양식(perceptual modalities)도 고려한다. 투사 기법은 초기 기억 자료를 자기, 타인, 사건을 바탕으로 한 삶의 스키마 구조로 체계화하고, 이를 치료 과정에 적용한다.

투사 기법에 초점을 맞춘 평가 예시로 마무리하자면, 상담사는 로이드에게 두 가지 초기 기억을 연관시켜 보라고 요청한다. 로이드는 다음과 같이 회상했다.

> 예전에 살던 집 근처 들판에서 친구들과 군대 놀이를 하고 있었어요. 소총으로 친구 중 한 명의 머리를 맞췄고, 그 친구가 아기처럼 울며 자기 집으로 달려갔어요. 그 친구의 엄마가 빗자루를 들고 나와서 저를 쫓아왔어요.

상담사가 세부 사항을 묻자, 로이드는 "저는 빗자루를 들고 쫓아오는 아줌마를 보며 비웃었어요."라고 말했다. 기억에서 가장 인상 깊은 부분에 대해 로이드는 "소총으로 친구를 맞췄던 것과 그 친구가 우는 걸 보는 것"이라고 답했다. 로이드는 그 당시의 기분을 "정말 흥미진진했어요. 진짜 전쟁처럼요."라고 표현했다.

주관적 공감의 입장에서 상담사는 로이드가 친구를 때리고 상처를 주는 행동에 흥분하고 빗자루를 든 여성에게 쫓기는 모습을 상상한다. 로이드가 충동적으로 친구를 때리는 모습을 설명할 때 상담사는 신체적으로 긴장이 고조되는 것을 경험한다. 상담사는 상호관계적 자세로 로이드가 기억에 대해 신나서 이야기하는 것을 듣고, 로이드의 활기찬 얼굴과 팔을 흔들어 가며 드러나는 기쁨과 강렬한 감정들을 관찰한다.

상담사는 로이드의 초기 기억에 대해 이야기를 나눈 후, 로이드에게 또 다른 초기 기억을 떠올려 보라고 요청한다. 로이드는 다음과 같이 이야기했다.

> 저는 집 지하에 있었고, 톱을 찾아서 나무 조각 몇 개와 다른 것들을 잘랐어요. 그러다가 갑자기 엄마가 나타났고 저를 붙잡았어요. 엄마는 저를 흔들면서 소리쳤는데, 전혀 아프지가 않았어요.

추가적인 세부 사항으로 그는 "톱날이 미친 듯이 회전하는 걸 보는 것"에 대해 이야기했고, 기억에서 가장 중요한 부분은 "톱질하는 소리를 듣는 것"이었다고 답했다. 로이드는 그때의 감정을 "정말 흥미로웠어요."라고 했다.

상담사는 로이드의 기억을 생생하게 그려 보며, 큰 톱질 소리와 함께 그 장면을 상상해 볼 수 있었다. 상담 시간을 마친 후, 상담사는 로이드의 두 가지 초기 기억에 대해 해석을 시작했다. 주제 분석을 통해 잠정적인 구조를 형성하며 로이드의 삶의 스키마를 식별하는 과정을 거쳤다. 첫 번째 기억에 대한 해석은 다음과 같다. 로이드는 **자기**를 반항적이며 충동적인 존재로 인식하고, **타인**들은 취약하고 무력한 존재로 인식했다. 그는 **사건**들을 흔란스럽거나 지루한 것으로 받아들이며, 자신이 원하는 것들을 할 수 있을 때 **삶**이 흥미롭다고 느끼는 경향이 있었다. 이후 상담사는 성격 차원과 활동 수준에 대한 구조적 분석을 진행했다. 그 결과, 로이드는 활동성이 높고, 사회적 관심과 성실성(conscientiousness)은 낮은 것으로 평가되었다. 또한 지각 양식과 관련해 로이드는 시각 및 청각 감각이 두드러지게 나타났으며, 이는 일상생활에서 주요한 기능으로 작용할 가능성이 높았다. 특히 그는 손으로 만진 물건에 대한 기억이 좋았으며, 이러한 촉각 경험이 그의 흥미를 유발하는 요소로 작용할 수 있었다.

상담사는 인물화 그리기, 문장완성검사, 초기 기억 회상에서 얻은 자료를 종합하여 해석을 마무리한다. 인물화 그리기에서는 로이드가 일상적인 과제를 직면했을 때 긴장과 무관심을 나타내며, 과제를 수행하는 과정에서 주의와 절제가 부족함을 보여 준다. 문장완성검사에서도 반복적이거나 일상적인 업무에 대한 무관심이 드러나며, 다른 사람들에 대한 무감각함과 사회적 관심의 결여가 관찰되었다. 흥미를 추구하는 행위 자체가 로이드에게 만족감을 제공하며, 이로 인해 그는 반복적인 일상과 의무에 따른 심리적 억압에서 벗어나 안도감을 경험하기도 한다.

개인 모델 개인 모델은 치료 과정에서 다양한 지식 출처로부터 형성되며, 내담자를 공감적으로 이해하기 위한 일관되고 실행 가능한 구조로 발전한다. 이와 관련하여, 투사 기법을 통해 도출된 추론은 공감적 접근을 유지하면서 다른 평가 결과들과 병합

되며, 내담자 기능의 중요한 패턴은 풍부한 정신건강 정보의 분류 과정을 통해 식별될 수 있다(Wilkinson, Saltis, & Dewell, 2020). 이러한 인지적으로 복합적인 기능은 분산된 통찰의 집합이 아니라, 내담자에 대한 통합적 관점을 개발하기 위한 자료의 통합을 촉진한다(Greenson, 1967; Wilkinson & Dewell, 2019).

자기, 타인, 사건을 아우르는 삶의 스키마는 개인의 생활방식을 인식하고 조직하기 위한 개념 구조를 제공한다. 치료 과정이 진행됨에 따라 개인 모델은 더욱 정교하고 복잡해지며, 필요에 따라 개념이 수정되고 개선될 수 있다(Goldberg, 1983). 그러나 부족한 데이터와 피상적인 관계에 기반해 경직되고 단편적인 공식을 성급히 채택하면 잘못된 치료 결과를 초래할 수 있다(Greenson, 1967; Schafer, 1959). 따라서 보다 높은 수준의 공감적 이해가 있어야만 내담자가 다양한 치료적 상호작용과 개입에 어떻게 반응할지를 예측할 가능성이 커지는 것이다(Schafer, 1959). 치료 기법의 단계적 개념화(stage-base conceptualization)를 고려할 때, 개인 모델은 내담자를 공감적으로 이해하고 치료적 관행을 개선하는 데 중요한 역할을 한다.

상담 및 심리치료의 단계적 기술

대부분의 치료 단계에는 상담사나 치료사의 특정 상호작용과 관련된 목적 및 과제가 포함된다(De Rivara, 1992). 순차적인 3단계 모델에서는 공감 요소와 함께 특정 단계적 기술을 식별하고 구현할 수 있다(Clark, 2007). 첫 번째 단계인 **관계 형성** 단계는 내담자에 대한 공감적 이해와 치료사와의 관계 발전을 돕는 일곱 가지 관계 기술을 포함한다. 중간 단계인 **통합** 단계에서는 네 가지의 통합 기술을 통해 역기능적인 관점을 가진 내담자에 대해 공감적이면서도 도전을 주는 역할을 하며, 보다 목적 있는 존재 방식을 함양하는 데 도움이 된다. 마지막 단계인 **성취** 단계에는 세 가지 달성할 만한 기술을 통해 공감적인 맥락에서 행동 변화를 촉진한다. 이러한 열네 가지 기술에 대한 설명과 적용은 현대 상담 및 심리치료 분야의 교과서에서 흔히 발견되는 부분이다(Cormier, Nurius, & Osborn, 2017; Egan & Reese, 2019; Hill, 2020; Hutchinson, 2015; Ivey et al., 2018; Sommers-Flanagan & Sommers-Flanagan, 2017; Young, 2021). 그러나 동시에, 이러한 출판물들은 공감과 반응 기술을 연결하는 다양한 관점을 제시하는 반면, 어떠한 책도 치료 단계 내에서의 각 개입의 구성 요소로서 공감을 체계적으로 논의하고 있지 않다. 이와 관련하여 상담 기술과 관련된 교과서에 나와 있는 포괄적인 참고문헌들 외에도, 상당수의 문헌에는 치료 맥락에서 단계적 기술을 공감 및 공감적 이해와 연결하는 관점이 제시되고 있다.

관계 형성 단계 및 관계 기술

감정 반영

관계 기술로서의 **감정 반영**(reflection of feelings)은 내담자의 감정을 공감적으로 이해하고 이를 내담자에게 전달하는 것을 의미한다(Chen & Giblin, 2018; Kim & Kim, 2013; Rogers, 1986). 주관적 공감의 입장에서 상담사는 내담자의 감정을 떠올리고, 그 감정에 몰입하여 몸과 마음으로 직접 체험하는 방식으로 공감한다. 이 과정에서 상담사는 내담자의 감정과 심리적으로 동일시하며, 상상과 직관을 활용하고, 때로는 신체적 감각으로 그 감정을 체험하기도 한다(Clark, 2007, 2010a; Clark & Butler, 2020). 객관적 공감의 입장에서는 상담사가 내담자의 정서적 표현을 인식하고, 이에 대한 즉각적인 반응을 통해 상호작용을 조정한다(Ivey et al., 2018; Hill, 2020; Hutchinson, 2015). 감정을 반영하는 효과적인 방법으로는 다양한 어휘의 활용, 현재 시제로 문장 표현하기, 내담자의 발달 수준에 적합한 언어 사용하기 등이 있다. 궁극적으로, 상담사가 상호관계적 공감의 입장으로 전환하면 내담자의 감정에 대한 공감적 이해를 보다 정확하고 명료하게 전달할 수 있다(Hill, 2020; Ivey et al., 2018).

다음은 감정 반영에 대한 사례로, 상담사가 39세의 전문 요리사인 호(Ho)와 초기 세션을 진행하는 장면이다. 호는 오랫동안 교제해 온 여자 친구와 레스토랑 고용주의 강한 권유로 마지못해 상담을 시작했다. 그는 한국에서 태어나 10세 때 부모님과 함께 미국으로 이민을 왔다. 상담 초기에는 호의 삶에 대한 불만족스러운 부분에 초점을 맞췄으며, 이후 세션에서는 인물화 그리기, 문장완성검사, 초기 기억 회상과 같은 개인 평가 과제를 수행했다. 호는 상담이 시작되자마자 급한 어조로 말을 시작했다.

호: 제 여자 친구 매기(Maggie)가 제가 만약 상담을 받지 않으면 끝이라고 하더군요.

상담사: 그 내용을 말씀하시는 모습에서 많이 화가 나 보이시네요.

호: 네. 저는 일도 하고, 매기에게 대체로 잘하는 편이에요. 종종 그녀를 위한 저녁을 만들기도 하구요.

상담사: 호 씨가 보기에는 매기가 당신의 노력에 대해서 충분히 고마워하지 않는 것처럼 보여서 그 부분이 이해가 안 되시는 거 같군요.

호: 맞아요. 매기는 제가 항상 불평만 늘어놓아서 같이 있고 싶지 않다고 해요. 그리고 매기는 제가 맥주 몇 잔을 마시면서 스트레스를 푸는 걸 좋아하지 않아요. 특히 최근 들어 더 그러는 거 같아요. 삶이 요즘 여러 사람 때문에 피곤하고 손에 잡히는 게 없어요. 쉽지 않네요.

상담사: 호 씨가 겪어야 하는 모든 어려움을 고려할 때, 매기 씨가 좀 더 호 씨를 이해해 주고 고마워하는 마음이 있었으면 좋겠다고 느끼시는군요.

호: 레스토랑 사장님도 저에게 잔소리를 해요. 제가 몇 번 늦은 적이 있는데, 사장님이 그걸 크게 문제 삼았죠. 제가 요리 실력이 뛰어나도 사장님은 그걸 전혀 알아주지 않는 것 같아요.

상담사: 사장님에게도 화가 나고 충분히 인정받지 못한다고 느끼시는군요.

의미 반영

의미 반영(reflection of meaning)은 내담자가 설명하는 사건이나 경험이 개인에게 미친 영향 또는 중요성에 대해 공감적으로 이해하는 것을 의미한다(Magnuson & Norem, 2015; Young, 2021). 내담자가 의미하는 바는 보통 강렬한 감정(evocative feelings)과 연결되며, 명시적이거나 암묵적인 소통을 통해 표현된다. 의미는 내담자의 특정한 가정 및 인지적 사고의 내용과 관련이 있다(Chen & Giblin, 2018). 주관적 공감의 관점에서 상담사는 치료 과정 전반에 걸쳐 내담자의 의미에 더 잘 공감할 수 있는 위치에 있게 된다. 객관적 공감의 관점에서는 상담사가 의미에 대한 반영을 처리하는 방법에 대해 명확한 지침을 알고 있는 것이 단계적 기술을 효과적으로 적용하는 데 유용하다. 특히 상담사는 내담자가 삶의 중요한 경험에 부여하는 의미와 감정을 섬세하게 공감하며 이해하려고 시도한다(Young, 2021). 상담사는 의미에 대한 다양한 관점을 고려하면서 상호관계적 공감의 자세로 내담자에 대한 공감적 이해를 전달한다.

다음은 호의 사례를 이어서 다음 치료 세션에서 상담사는 의미 반영을 표현한다.

호: 저는 정말 불안해요. 매기를 잃고 싶지 않아요. 저는 아내가 두 명이 있었고 모두 저를 떠났어요.

상담사: 매기 씨에게 화날 때도 있지만, 매기 씨는 당신에게 너무 소중한 사람이고, 그녀와 헤어진다고 생각하는 것만으로도 당신에게 큰 고통을 주는군요.

호: 제가 아는 대부분의 여성은 정말 상대하기가 힘들지만, 매기는 달라요. 매기는 제가 어떤 사람인지 이해해요. 저는 그 부분이 정말 좋아요. 그녀가 저에게 바꿔라고 요구한 건 정말 최근에 시작됐어요.

상담사: 매기 씨가 당신을 깊이 알고, 당신을 정말 이해해 주는 것 같군요.

호: 네. 매기는 저를 있는 그대로 사랑해 줘요.

상담사: 그치만 매기 씨가 당신이 바뀌기를 바란다고도 말씀하셨죠.

호: 그렇죠. 제가 불평을 하긴 하지만, 그렇게 큰 문제는 아니에요. 매기는 제가 술을 줄이지 않으면 직장에서 해고될까 봐 걱정하는 것 같아요.

상담사: 호 씨의 생각에 매기 씨의 걱정이 진심으로 당신을 위한 것이라고 느끼시는 것 같네요. 심지어 그 걱정이 매기 씨에게도 영향을 미치고 있는 것 같아요. 제가 제대로 이해한 걸까요?

격려

격려(encouragement)는 도전적인 상황에 대처하거나 잠재력을 실현하는 과정에서, 내담자의 역량, 노력, 성취를 공감적으로 긍정하여 그에게 희망과 믿음을 심어 준다(Main & Boughner, 2011; Wong, 2015). 알프레드 아들러는 격려가 개인의 치료적 이득을 촉진하는 데 중요하다는 점을 인식한 최초의 이론가였다(Sweeney, 2019; Wong, 2015). 주관적 공감의 입장에서 상담사 또는 치료사는 내담자의 이야기를 들으면서 내담자가 낙담하게 된 상황이나 경험에 감정적으로 공감한다. 반면 객관적 공감의 입장에서 상담사는 내담자가 어려움이나 노력이 필요한 과제를 추진할 때 격려가 중요한 지원 도구가 된다는 점을 인식한다. 내담자는 자신이 공감적으로 이해받고 있다는 느낌을 받을 때, 상담사의 도전적이면서도 잠재력에 집중한 반응에 더욱 수용적으로 반응하는 경향이 있다(Wong, 2015). 상담사가 상호관계적 자세로 전환할 때, 내담자의 의심과 불확실성을 공감적으로 이해하는 동시에, 내담자의 능력과 자원을 인식하게 된다(Sweeney, 2019; Watts & Pietrzak, 2000).

계속되는 호의 네 번째 상담 세션에서, 상담사는 격려의 방법을 적용한다.

호: 제 상사인 레스터(Lester)가 주방에 들어와서 메뉴에 중국 음식을 추가할 거라고 공지하더라고요. 저는 그게 전혀 마음에 들지 않았고 그에게 말을 했죠. 그러니까 그는 제가 그렇게 느낀다면 직장을 그만둬도 좋다고 말하더군요.

상담사: 상사의 공지내용에도 놀랐겠지만, 당신이 의견을 표현했을 때 그의 반응이 훨씬 더 당황스럽고 충격적이었겠어요.

호: 네, 저는 레스토랑에서 제가 중요한 직원이라고 생각했는데, 지금은 제가 그들에게 아무것도 아닌 사람처럼 느껴져요.

상담사: 당신은 셰프로서의 일과 요리 실력에 자부심을 가지고 있는 사람인데, 그런 중요한 부분이 인정받지 못할 때 상처가 클 수 있겠어요.

호: 맞아요. 저는 실력 있는 셰프라고 생각해요. 할 줄 아는 것도 많고요. 그런데 레스터가 제가 중국인이라서 중국 요리를 배우는 게 쉬울 거라고 말한 것이 정말 화가 나요.

상담사: 그럴 수밖에 없죠. 그 말이 정말 불공평하게 느껴졌을 것 같아요. 당신은 한국에서 태어나서 어렸을 때 미국에 와서 새로운 환경에 적응하느라 어려움도 많았을 텐데, 거기서 멈추지 않고 숙련된 셰프가 되기까지 많은 노력을 해 왔잖아요.

호: 네, 맞아요. 제가 모든 아시아 음식을 다 잘 만들어야 하는 건 아니잖아요. 한국 요리도 정식으로 배운 거고, 다양한 음식을 오랜 시간에 걸쳐 하나하나 익혀 온 건데 말이죠.

상담사: 이렇게 생각해 보는 건 어떨까요. 아직 마음은 없더라도, 다시

한번 당신의 재능을 발휘해서 최고의 아시아 음식을 만드는 것에 도전해 보는 건 어떤가요?

즉시성

즉시성(immediacy)은 현재의 상황이나 전반적인 관계 패턴과 연관하여 내담자와 상담사 간의 상호작용을 공감적으로 다루는 것을 의미한다(Cormier et al., 2017; Hill, 2020). 주관적 공감의 관점에서 상담사나 치료사는 치료 관계를 증진시키거나 방해할 수 있는 감정들에 대한 통찰을 얻게 된다. 한편, 객관적 공감의 관점으로 전환하면, 상담사는 보다 초연하고 합리적인 입장에서 감정의 두드러짐을 평가할 수 있다. 상담사가 상호관계적 공감의 자세를 취할 때는, 관계적 상호작용에 구두로 초점을 맞추고, 내담자가 이러한 관찰에 직접적으로 반응할 수 있도록 돕는다(Cormier et al., 2017; Hill, 2020). 특히 다양한 배경을 가진 내담자와 즉시성을 다룰 때, 상담사는 객관적 공감에 근거한 치료 지침을 참고할 수 있다(Hill, 2020; Shafran, Kivlighan, Gelso, Bhatia, & Hill, 2017; Turock, 1980; Wheeler & D'Andrea, 2004). 예를 들어, 내담자가 관찰 가능한 '지금-여기'의 순간에 주의를 기울이도록 유도하고, 공감적으로 참여시키는 방법을 통해, 상호관계적 관점에서의 즉시성의 전달 효과를 높일 수 있다.

다음은 호와의 네 번째 상담 세션에서 상담사가 즉시성 개념을 사용한 예시이다.

호: 저는 사람들이 저를 실망시키는 게 이제 너무 싫어요. 아무도 믿을

수가 없어요.

상담사: 그 말씀을 하실 때 되게 지치고 고립되어 보이시네요. 아무도 믿을 수 없다는 것에 저도 포함되나요?

호: 글쎄요, 어느 정도는요. 우리가 만난 지 몇 주밖에 되지 않았고, 저는 제 개인적인 이야기를 꽤 말씀드렸죠. 전에도 이렇게 했을 때 한 번 데인 적이 있었어요.

상담사: 호 씨의 경험상 마음을 열고 누군가를 신뢰해서 이야기를 하면, 취약해지거나 노출된 기분이 들고 상처받을 수 있다는 말씀이시군요.

호: 네. 그래서 제가 사람들과 거리를 두고는 하는 거죠. 제가 그 사람들을 정말 제대로 알게 될 때까지는 말이에요.

상담사: 지금 이 이야기를 하는 동안 기분은 어떤가요?

호: 기분이 좀 나아졌어요.

질문

질문(questions)의 형성과 표현 과정에서 다양한 공감의 관점이 포함될 수 있다. 비록 하나의 질문은 단순한 질문–응답의 상호작용처럼 보일 수 있지만, 치료 맥락에서는 이를 효과적으로 사용하는 데 복잡함이 존재한다(Sklare, Portes, & Splete, 1985; Tomm, 1988). 주관적 공감의 입장에서 상담사나 치료사는 질문에 대한 내담자의 감정적 반응에 즉각 공감하며 이를 인지한다. 내담자는 질문에 의해 좌절, 안도, 호기심, 불쾌감, 놀람, 경이로움 등 다양한 감정을 느낄 수 있다. 그러나 질문의 인지적 특성으로 인해 상담사가 질문 과정에서 수행하는 주관적 기능이 종종 제한되거나 간과되기도 한다. 상호관계적 공감의 관점에서 상담사는 내담자의 언어적·비언어적 반응에 민감하게 대응할 수 있는 위치에 있게 되는데, 이는 질문에 대한 내담자의 반응에 맞춰 즉각적인 상호작용이 이루어지도록 돕는다. 객관적 공감의 관점에서는, 상담사가 질문 관련 지침에 대한 지식을 바탕으로 다양한 치료 상황에서 적절한 질문 기술을 적용할 수 있다. 또한 목적이 있는 질문을 할 때에는 몇 가지 사항을 고려해야 한다. 예를 들어, 명확한 목적을 가지고 질문을 하기, 질문의 빈도를 최소화하기, 한꺼번에 너무 많은 질문을 하지 않기 등이 있다(Brodksy & Lichtenstein, 1999; Cormier et al., 2017; Ivey et al., 2018; Sommers-Flanagan & Sommers-Flanagan, 2017). 때로는 내담자의 질문에 대한 정서 반응을 반영하는 것이 공감적 이해를 촉진하는 데 효과적이다(Sommers-Flanagan & Sommers-Flanagan, 2017).

계속되는 호의 사례에서 상담사가 공감적으로 질문하는 장면이다.

호: 제 상사인 레스터는 이번 주에도 항상 그래 왔듯 큰 골칫거리였지만, 매기는 다시 상냥한 성격으로 돌아왔고, 함께 지내기도 수월해졌어요.

상담사: 호 씨가 대부분 함께 지내는 사람과 관련해서 느끼는 복합적인 상황으로 보이네요. 호 씨, 질문 하나를 드리고 싶은데요. 당신이 하는 어떤 행동이 매기 씨나 상사의 행동에 영향을 미치거나 차이를 만드나요?

호: (잠시 침묵) 아무래도 선생님은 양쪽 모두가 영향을 준다는 걸 말씀하고 싶으신 것 같네요.

상담사: 방금 말씀하실 때 좀 당혹스럽거나 불확실해 보이셨어요.

호: 맞아요. 저는 보통 사람들이 저에게 어떻게 하는지만 생각했거든요. 그들이 얼마나 골칫거리가 될 수 있는지만 말이에요.

침묵

침묵(silence)은 내담자나 상담사가 대화 중 잠시 말을 멈추는 눈에 띄는 정지 상태를 의미한다(Ladany, Hill, Thompson, & O'Brien, 2004). 치료 맥락에서의 침묵의 의미는 이야기 도중 침묵을 이끄는 사람이 누구인가에 따라 다르게 나타난다(Hill, Kline, O'Connor, Morales, Li, Kivlighan, & Hillman, 2019). 상담사나 치료사의 침묵은 관계적 상호작용의 맥락에서 공감적일 수도, 공감적이지 않을 수도 있는 잠재력을 가진다(Cook, 1964; Daniel, Folke, Lunn, Gondan, & Poulsen, 2018; Hill, 2020). 상담사는 대화를 멈춤으로써 내담자가 자신의 생각이나 감정을 숙고할 시간을 제공하며, 이를 통해 공감적 이해를 전달할 수 있다(Greenson, 1967). 내담자의 침묵은 다음에 무슨 말을 할지, 어떻게 반응할지를 결정하는 시간일 수 있으며, 이때 상담사는 내담자가 충분히 사고할 수 있도록 말로 방해하지 않고 공감적으로 그 시간을 제공해야 한다(Hill, 2020). 침묵하는 동안 내담자는 새로운 생각을 떠올리거나 답을 찾고 있을 수 있으며, 이러한 상황에서는 내담자가 스스로 문제를 평가할 수 있도록 여유를 주는 것이 공감적이고 지혜로운 접근이다(Hill et al., 2019). 상담사는 잠시 멈추고 내담자에게 대화 주제를 선택하거나 방향을 조절할 수 있는 시간을 제공함으로써 공감적 침묵을 실천할 수 있다.

공감적이고 생산적인 침묵과 달리, 공감적이지 않은 침묵은 내담자가 치료 동맹에서 이탈하는 상황과 연관된다(Daniel et al., 2018). 내담자와 상담사 간의 대화 과정에서 부정적인 침묵은 신뢰와 협력 관계의 균열을 의미할 수 있다. 특히 상담사나 치료사가 과도하게 긴 시간 동안 침묵을 유지하거나 빈번히 침묵을 허용하면, 내담자는 이를 모욕적이거나 소통을 회피하는 태도로 인식할 수 있다. 이는 내담자에게 비판받고 있거나 버림받고 있다는 두려움을 유발해 스트레스를 초래할 수 있다(Daniel et al., 2018; Ladany et al., 2004). 한편, 내담자의 침묵은 자기방어적 패턴에 따른 회피 반응일 수 있다. 방어적이거나 회피적인 침묵은 치료적 동맹을 방해하는 저항의 형태로 작용할 수 있다(Daniel et al., 2018).

의사소통 속에서 긍정적이거나 부정적인 멈춤을 통해 상담사나 치료사는 전략적 기술의 내용과 과정에 대해 고려함으로써 침묵의 치료적 질을 공감적으로 평가할 수 있다. 생산적인 멈춤은 대개 침묵 직전에 의도적인 내용과 감정적으로 참여하는 과정 수준에 대한 논의를 포함한다. 반면 비생산적 멈춤은 일반적으로 괴로운 논의 주제가 발생하고 내담자가 침묵 직전에 참여하지 않는 것을 반영한다. 객관적 공감의 관점에서 상담사는 치료 관련 문헌에서 침묵의 효과적인 사용에 대한 지침에 접근할 수 있는 위치에 있다(Daniel et al., 2018; Hill et al., 2019; Hill, 2020; Ladany et al., 2004; Sommers-Flanagan & Sommers-Flanagan, 2017; Sue & Zane, 2009).

다음은 네 번째 회기가 끝나 갈 무렵, 호와 상담사 사이에 침묵이 발생하는 장면이다.

호: (약 15초간의 침묵이 흐른 뒤, 상담사가 대화를 다시 시작한다.)

상담사: 이 문제에 대해 깊이 생각하고 있는 것 같네요.

호: 저는 대부분의 경우 제 판단이 옳다고 생각했기 때문에 지금 좀 혼란스럽네요.

상담사: 평소의 생각하던 방식과 비교하면 큰 변화이죠.

호: 네, 맞아요.

상담사: (약 20초간 침묵을 유지한 뒤, 대화를 다시 시작한다.)

자기 개방

자기 개방(self-disclosure)은 치료 관계를 강화하고, 내담자의 문제를 정상화(normalizing)하며, 새로운 관점을 제공하기 위해 상담사가 자신의 개인적인 정보를 전달하는 것을 포함한다(Audet & Everall, 1993; Cormier et al., 2017; Henretty & Levitt, 2010). 상담 및 심리치료에서 자기 개방은 특정 이론적 접근에 따라 임상적 유용성과 치료적 가치 측면에서 논란이 있다. 주관적 공감의 관점에서 상담사는 내담자와 동일시하며, 특정 맥락에서 내담자가 상담사의 개방을 받아들일 준비가 되었는지 직관적으로 파악할 수 있다. 반면 객관적 공감의 관점에서는 자기 개방의 사용 및 오용에 관한 지침에 익숙해지는 것이 중요하며, 이를 통해 다양한 내담자에게 기술을 신중하게 적용할 수 있다(Henretty & Levitt, 2010). 효과적인 자기 개방은 내담자의 요구에 초점을 맞추고, 명확한 목적을 바탕으로 이루어진다(Henretty & Levitt, 2010). 반면 내담자의 경험과 동떨어진 이야기나, 길이 및 빈도 면에서 과도한 개방은 효과적이지 않을 수 있다(Cormier et al., 2017; Hendrick, 1988; Ivey et al., 2018). 상호관계적 접근 방식으로 전환할 때, 상담사는 간결하고 집중적인 개방을 통해 내담자에게 공감적으로 반응할 수 있다.

다음은 호와의 다섯 번째 상담 세션에서 상담사가 자기 개방을 하는 장면이다.

호: 레스터가 며칠 전 주방에 와서 아시아 음식이 가선이 필요하다며 맛이 없다고 했어요. 저는 바로 그에게 맞받아치면서 그가 무슨 말을 하고 있는 건지 모르겠다고 했죠. 그러자 레스터가 저에게 소리를 치면서 주방에서 나갔어요.

상담사: 호 씨는 레스터 씨의 말에 놀라서 바로 받아쳤고, 상황이 금세 걷잡을 수 없이 되었군요.

호: 상황이 안 좋았어요. 내일 밤 레스터를 봐야 하는데 화도 나고 마음이 복잡해요.

상담사: 레스터 씨에게 소리 질렀던 게 상황을 더 악화시킨 것 같다고 느끼시는 것 같군요.

호: 아마도요. 좀 더 이야기를 들어 볼 걸 그랬나 봐요.

상담사: 저도 제 인생에서 그런 생각을 했던 적이 있어요. 몇 년 전, 제가 고등학교에서 학교 상담사로 일할 때의 일이에요. 어느 날 아침, 학교 건물에 도착했을 때 다른 직원이 저에게 교장 선생님께서 제 사무실을 교사 휴게실로 사용할 계획이라고 말해 주더군요. 그 말을 듣고 정말 화가 났어요. 제 사무실은 5년 넘게 제가 사용하던 공간이었고, 교장 선생님은 이런 중요한 변화에 대해 직접 제게 이야기할 용기도 없었던 거죠. 교장 선생님

을 기다리면서 그의 집무실에 들어가 따질까 하는 생각도 했어요. 그러던 중에 우연히 지나가던 한 선생님과 이야기를 나누게 되었고, 저는 무슨 일이 있었는지 그분께 말씀드렸어요. 그러자 그 선생님은 제 사무실이 너무 작아서 선생님들도 라운지로 쓰는 걸 원하지 않을 거라고 하시더군요. 그 말을 듣고 저는 조금씩 진정이 되기 시작했어요. 결국 교장 선생님을 뵈러 갔을 때, 저는 그분께 선생님들이 사용할 수 있는 휴게실로 제 사무실을 쓰는 것도 좋은 생각이라고 말씀드렸어요. 하지만 사람들이 그 작은 방을 라운지로 쓰는 걸 좋아하지 않을 거고, 오히려 그분께 화를 낼 것 같다고도 덧붙였죠. 결국 제 사무실은 그대로 유지됐습니다.

호: 그래서 하시고 싶은 말씀은, 누군가를 바로 비난하기보다는 먼저 대화를 나눠 보는 것이 더 낫다는 것 같네요.

통합 단계 및 통합 기술

직면

직면(confrontation)은 통합 기술로서, 내담자의 모순되거나 불일치하는 행동 패턴을 공감적으로 설명하고, 이러한 관찰에 대한 내담자의 반응을 다루는 과정을 포함한다(Leaman, 1978; Welfel & Patterson, 2005; Young, 2021). 적절한 시점에 직면하기를 주저하거나 실패한 상담사는 내담자가 자기파괴적이고 부적응적인 행동 방식을 고수하도록 만들며, 의도치 않게 역기능적인 행동 패턴을 강화할 수 있다(Tamminen & Smaby, 1981). 동시에, 상담사는 직면의 과정에서 공감적 태도를 유지하면서도 민감한 방식으로 내담자에게 도전해야 한다(Slattery & Park, 2020). 상호관계적 공감의 관점에서 직면할 때, 상담사는 내담자로 하여금 언어적 및 비언어적 메시지, 현재와 과거의 진술, 언어화된 표현 및 행동, 그리고 기타 패턴들 간의 불일치를 스스로 인식하도록 돕는다(Ivey et al., 2018; Welfel & Patterson, 2005). 상담사 혹은 치료사는 개인 모델을 발전시키는 과정에서 내담자의 불일치한 행동 패턴에 대한 인식이 점차 생겨난다. 주관적 공감의 입장에서 상담사는 내담자가 상반된 인식과 입장을 가지고 살아갈 때 느끼는 감정을 공감한다. 반면 객관적 공감의 자세로 전환하면, 상담사는 치료 맥락에서 직면을 효과적으로 다루는 방법에 대한 지침을 활용한다. 내담자는 관계적으로 충분히 연결된 상태에서 직면이 설명적이고 비판적이지 않은 방식으로 적절하게 적용될 경우, 이를 더 수용적으로 받아들일 가능성이 높다(Cormier et al., 2017; Leaman, 1978; Young, 2021; Ziv-Beiman, 2013). 상호관계적 공감의 접근 방식으로 전환할 때, 상담사는 갈등 행동에 대한 내담자의 반응을 공감적으로 수용하고 이에 적절히 대응한다.

다음 상담 세션은 호의 사례에서 상담사가 직면 기법을 실행하는 모습이다.

호: 직장에서 레스터와는 괜찮았어요. 제가 미안하다고 했고, 아시아 음식의 레시피를 개선했다고 했어요. 그는 고개를 끄덕이고 재빨리 주방을 나갔어요.

상담사: 안도감이 드셨겠네요. 이 상황을 어떻게 대응할지 고민했었잖아요.

호: 네, 맞아요. 출근 전에 맥주 두 잔 정도 마셔서 긴장을 풀고 갔죠.

상담사: 해야 할 일을 처리할 수 있도록 편안함을 느끼고 싶었던 거군요.

호: 레스터가 제가 술을 마신 걸 눈치채지 못해서 다행이었어요.

상담사: 호, 스트레스와 긴장을 풀기 위해 술을 마시는 것이 대인관계나 삶에 영향을 줄 수 있다는 점에 대해 어떻게 생각하나요?

호: 저는 잘 조절하고 있다고 생각해요. 너무 많이 마시지는 않아요.

상담사: 제가 이 문제를 심각하게 보는 것처럼 느껴져서 좀 불편하신가요?

호: 제가 알코올 중독자도 아니잖아요?

상담사: 스트레스를 해소하는 방법은 여러 가지가 있겠지만, 술을 마시는 것이 지금 당신에게는 효과가 있다고 느끼시는군요.

관점 변환

관점 변환(reframing)은 문제나 상황의 의미를 공감적으로 재구성하여, 내담자의 부적응적이고 역기능적인 인식에 대해 건설적이고 목적 지향적인 대안을 제공하는 기법이다(Watzlawick et al., 1974; Young, 2021). 상담사가 내담자에 대한 개인 모델을 발전시켜 나감에 따라, 내담자의 기능에서 다양한 패턴이 드러나며 특정 맥락에서 어려움이 나타날 수 있다. 내담자를 더 깊이 이해함으로써, 상담사나 치료사는 내담자가 직면한 상황을 보다 긍정적이고 실행가능한 방식으로 인식하도록 제안할 수 있는 위치에 서게 된다(Bagewell-Reese & Brack, 1997). 주관적 공감의 관점에서 상담사는 내담자의 경험에 공감하며, 내담자가 일상적인 사건을 다루는 과정에서 나타나는 역기능적 접근 방식을 인식한다. 반면 객관적 공감의 관점에서는 상담사가 내담자의 문제를 보다 넓은 관점에서 관찰하는 입장을 의도적으로 취한다(LaClave & Brack, 1989). 이러한 합리적인 관점은 상담사로 하여금 내담자의 부적응적 관점에 대한 다양한 대안을 고려할 수 있게 한다. 또한 객관적 관점에서는 상담사가 내담자와의 관점 변환 과정을 효과적으로 처리하기 위해 활용할 수 있는 지침에 접근할 수 있다(LaClave & Brack, 1989; Young, 2021). 특히 효과적인 관점 변환은 초대하는 듯한 탐색적인 어조로 표현하기, 연관성 있고 설득력 있는 용어로 관찰 내용 전달하기, 그리고 새로운 관점을 충분히 숙고할 시간 제공하기 등의 요소를 포함한다. 상호관계적 공감의 자세로 전환할 때, 상담사는 내담자에게 도전적인 상황이나 경험의 의미를 새롭게 인식하고 보다 목적 지향적이고 대안적인 관점을 고려하도록 초대할 수 있다. 이러한 상호작용을 통해 내담자는 상담사가 제안한 재구조화에 반응하고, 새로운 준거 틀의 개인적 의미를 탐색하게 된다.

호와 계속되는 상담 사례에서 상담사는 관점 변환 기법을 적용한다.

호: 저는 십 대 때부터 몇 잔 마시는 게 제가 감당해야 할 모든 일을 처리하는 데 도움이 됐어요.

상담사: 오랜 시간 동안 어려운 상황을 견디기 위해 술에 의존해 오셨군요. 그런데 이 상황을 조금 다른 관점에서 바라보면 어떨까요? 지금까지는 맥주 몇 잔이 당신이 직면한 어려움을 이겨 내는 가장 효과적인 방법이었다고 느끼셨겠지만, 이제는 스트레스를

줄이면서도 술의 부정적인 영향을 피할 수 있는 다른 방법들을 생각해 보는 건 어떨까요?

호: (잠시 침묵) 잘 모르겠어요. 볼링 치는 건 좋아하긴 했지만, 한동안 하지 않았네요.

상담사: 제 말이 잘 전달된 것 같아요. 스트레스를 해소할 수 있는 방법은 다양하니까요.

인지적 재구성

인지적 재구성(cognitive restructuring)은 역기능적이고 부적응적인 내담자의 스키마를 보다 목적적이고 건설적인 사고 패턴으로 공감적으로 수정하는 것을 강조한다(Leahy & Rego, 2012; Meichenbaum, 1977). 이 과정은 부정적이거나 불우한 어린 시절 경험에서 형성되고, 삶 전반에 걸쳐 강화된 스키마를 식별, 평가, 수정하는 것을 포함한다(Beck, 2011; Clark, 2014). 상담사나 치료사는 내담자에 대한 모델을 발전시키며 이러한 스키마를 인식하고, 왜곡되거나 자기패배적인 스키마를 식별하는 데 도움을 줄 수 있다. 객관적 공감의 관점에서 자기와 타인, 사건에 대한 스키마는 내담자의 삶을 조직화하는 개념 구조로 작용한다. 상호관계적 공감의 입장으로 전환하면, 상담사는 내담자와 협력하여 역기능적 스키마 패턴을 치료적으로 수정하고자 한다. 이러한 상호작용은 상담사의 접근 방식이나 내담자의 스키마 및 맥락적 상황에 따라 다양한 형태로 나타난다(Cormier et al., 2017). 일반적으로 상담 과정에서 내담자와 상담사는 왜곡된 사고가 내담자의 삶에 미치는 영향을 탐구하고 논의한다. 스키마의 변화는 대처 전략을 포함한 문제 해결 방식을 설정하고, 핵심 신념과 관련된 자기 진술이나 대안적 사고를 연습하는 과정을 통해 지속된다(Beck, 2011; Meichenbaum, 1977). 또한 객관적 공감의 입장에서 내담자가 스키마 변화를 받아들이고 내면화할 수 있는 충분한 시간을 제공하는 것은 이러한 복잡한 통합 기술을 효과적으로 활용하는 데 기여한다(Clark, 2007; Cormier et al., 2017; Leahy & Rego, 2012).

호와의 이어지는 상담에서, 상담사는 어려운 문제의 맥락에서 인지적 재구성에 대한 개념을 소개한다.

호: 직장 사람들이 제가 항상 모든 것에 대해서 불평한다고 계속 말하는 게 너무 싫어요.

상담사: 그게 호 씨를 힘들게 하고 스트레스를 주는군요. 그런데 직장에 대해 이야기할 때 보통 사람들의 부정적인 면을 많이 말씀하시는 것 같아요.

호: 글쎄요, 레스터를 포함해서 다 멍청이들이에요.

상담사: 매우 강하게 그렇게 느끼시는 것 같군요. 동시에, 그 사람들의 불쾌한 측면에 집중하시는 것 같네요.

호: 제가 지금 비관주의자라고 말하는 겁니까?

상담사: 그 단어가 당신에게 상처를 주는 것 같네요.

호: 네, 맞아요. 전 항상 그렇게 불렸어요. 근데 전 그렇게 불리는 걸 좋아하지 않아요.

상담사: 당신이 신랄하고 부정적인 사람처럼 보일 수도 있겠지만, 사실 상황이나 사람들 때문에 자주 실망하고 짜증이 나시죠.

호: 어쩔 수 없어요. 그냥 그게 저인 걸요.

상담사: 당신은 지금 자신의 모습을 어쩔 수 없다고 말씀하시네요. 삶의 대부분을 이런 방식으로 살아왔다면, 이를 바꾸는 것에 대해 생각하기조차 어려울 수 있어요. 동시에, 너무 자주 짜증이 나지 않도록 조금 다른 방식으로 상황을 바라볼 가능성에 대해 생각해 보는 건 어떨까요?

호: 도움이 될 수 있을 것 같아요. 우리가 이 부분에 대해 더 이야기해 봐야 할 것 같아요. 제가 한꺼번에 다 받아들이기는 어려울 것 같아요.

상담사: 그렇죠. 그러면 자신에 대해 긍정적인 한 가지를 이야기해 보고 그걸 반복해 보는 건 어떠세요?

호: 무슨 말씀을 하시는지 잘 모르겠네요.

상담사: 호 씨는 스스로에게 부정적인 생각을 주는 경향이 있는 것 같아요. 하지만 긍정적인 생각도 줄 수 있어요. 마치 레시피를 따라 요리를 하는 것처럼요. 넣는 재료에 따라 좋은 결과물을 만들 수 있듯이, 마음에도 긍정적인 생각을 넣거나, 더 나아가 스스로에게 말할 수도 있어요. 관심이 좀 가시나요?

호: 네. 좋은 생각이라는 게 뭐가 될 수 있을까요?

상담사: '카운터(counter)'라고 부를 수 있어요. 부정적인 생각과 반대 방향으로 나아가는 생각이죠. 요리에 빗대어 말한다면, 어떤 표현이 어울릴까요?

호: (잠시 침묵) 저는 좀 더 잘 구울 수 있어요.

상담사: 당신이 요리사라는 점에서 어떻게 그런 표현이 나왔는지 이해할 수 있을 것 같아요. 그게 당신에게 어떤 의미인가요?

호: 저는 스스로 좀 더 낙관적인 사람이 되도록 저를 구울 수 있어요.

상담사: 좋아요. 방금 말씀하신 거에 조금만 더 추가해 볼까요?

호: 좋은 재료로 저 자신을 좀 더 낙관주의자로 만들 수 있어요.

상담사: 좋은 재료요.

호: 제 머릿속에 비관적인 생각들을 몰아내고 좀 더 긍정적인 생각들을 두려고 시도하는 것 같아요.

상담사: 그러면 그 카운터를 사용해 봅시다. 주중에 스스로에게 반복해서 말하는 연습을 해 보세요.

호: 직장에서 시간이 좀 있는데, 가스레인지 위에 써 놓을 수 있을 것 같아요.

해석

해석(interpretation)은 내담자의 역기능적인 행동의 의미나 원인에 대해 새롭거나 대안적인 준거 틀을 공감적으로 형성하는 것을 포함한다(Clark, 2007; Gazzola & Stalikas, 2004). 이러한 과정에서 상담사와 내담자는 협력적이고 탐색적인 교류를 통해 내담자 기능의 덜 알려진 측면을 다룬다(Weiner, 1998). 이 과정에서 상담사는 개인 모델을 개발하여, 내담자의 감정적 어려움과 고통을 유발하는 존재의 패턴을 인식하고 그 연결점을 탐구할 수 있다. 상호관계적 입장에서 상담사 또는 치료사는 특정 이론적 전통에 기반하여 내담자의 존재 방식과 관련된 인과 관계를 탐색한다. 이처럼 상호작용 과정을 통해 상담사와 내담자는 공감적으로 새로운 통찰을 통합하고, 이를 바탕으로 내담자가 보다 적응적이고 목적지향적인 스키마와 관점을 개발하도록 돕는다. 또한 객관적 공감의 입장에서 상담사의 해석 기술에 대한 숙련도는 이러한 과정을 효과적으로 지원한다. 이와 관련하여 해석은 간결하고 잠정적이며 지지적인 방식으로 표현될 때 더 효과적이며, 내담자가 새로운 관점의 의미와 함의를 이해하는 데 적극적으로 참여할 수 있도록 할 때 더욱 효과적이다(Clark, 2007; Gazzola & Stalikas, 2004; Hill, 2020).

호와의 일곱 번째 상담 세션에서 상담사는 해석을 제공한다.

호: 저는 계속해서 '카운터'를 연습하고 있어요. '나는 좋은 재료로 나 자신을 좀 더 낙관주의자로 구울 수 있다.'라고 직장에서 매일요. 도움이 좀 되는 것 같아요.

상담사: 뭔가 마음에 다른 생각도 있으신 것 같은데요.

호: 글쎄요, 저도 왜 그렇게 오랫동안 비관적으로 살아왔는지 생각해 봤어요. 이해가 안 되네요.

상담사: "내가 왜 부정적으로 세상을 보기 시작하고 괴짜가 되기 시작했을까?"라고 말씀하시는 것 같네요.

호: (잠시 침묵) 맞아요. 제가 이해하지 못하는 부분에 대해서 변화하기가 더 어렵네요.

상담사: 어쩌면 오래전에 일이 잘 안 될 거라고 기대하면서 무언가 얻었던 적이 있지 않을까요? 그런 식이라면 결국 실망도 덜 하게 될 테니까요.

호: 제게 그게 어느 정도 말이 되는 것 같아요. 최악을 예상한다면 실제로 그렇게 되더라도 망가지지 않을 것 같아요. 이 부분에 대해서 더 이야기하고 싶네요.

성취 단계 및 성취 가능한 기술

세분화하기

성취 가능한 기술로서 **세분화하기**(breaking it down)는 일을 여러 부분으로 나누어 개인이 직면한 과제를 구체적이고 관리 가능하며 달성 가능한 행동으로 나누는 것을 강조한다(Clark, 1998, 2007, 2010a). 내담자가 문제나 목표를 다룰 때, 그 규모와 복합성 때문에 종종 압도감을 느낄 수 있다. 일반적으로 이러한 노력은 개인의 능력이나 자원을 초과하는 것처럼 보인다. 이에 따라 내담자는 문제를 해결하기 위해 진지하게 노력하는 것을 주저하거나 꺼리는 경향이 있다. 세분화하기는 더 큰 목표를 달성하는 데 있어서 작은 단계로 밟아 나가는 것을 촉진한다. 이 과정은 명확하게 정의된 행동을 통해 시작하고 실행하는 데 초점을 맞춘다. 내담자의 즉각적이거나 장기적인 경험은 이러한 세분화 과정을 조정하는 데 중요한 역할을 한다. 예를 들어, 내담자가 몇 달 동안의 구직 활동 끝에 다시 시도하는 데 어려움을 겪는 경우가 있을 수 있다. 또 다른 사례로는 중학생이 첫 독후감 작성이라는 과제 앞에서 위축감을 느끼는 상황을 들 수 있다.

보다 광범위하고 장기적인 맥락에서 많은 내담자는 행동 변화를 마주할 때 당혹감을 느끼곤 하며, 세분화 과정은 이들을 공감적으로 동기부여하는 데 기여한다. 예를 들어, 알코올이나 약물 남용으로 진단을 받은 내담자, 혹은 만성적으로 사고의 되새김(rumination)에 시달리는 내담자는 변화를 시작할 때 한 번에 한 걸음씩 나아가는 방식을 통해 더욱 긍정적으로 반응하는 경향이 있다. 사회복지적 관점에서, 세분화는 문제를 체계적으로 한 번에 한 가지씩 다루어 나가는 분화(partialization)와 연결된다 (Hepworth, Rooney, Rooney, & Strom-Gottfried, 2017). 그러나 개념적으로 볼 때 분화는 세분화와 달리 즉각적인 주의를 요하는 상황 또는 문제를 파악하거나 가장 긴급한 사안을 우선적으로 다루는 데 중점을 둔다는 차이가 있다.

호와 함께하는 아홉 번째 상담 세션에서 상담사는 세분화 단계 기술을 소개한다. 호는 성취 단계의 시작에서 자신이 변화할 수 있는 능력에 대해 의심을 보인다.

호: 저는 '카운터'를 계속 연습해 왔어요. 하지만 여전히 불평하거나 짜증을 낼 때가 있어요. 때로는 이 모든 게 저한테 너무 버겁게 느껴져요.

상담사: 변화를 좀 더 빨리 보고 싶으셨고, 때로는 포기하고 싶다는 생각이 드셨나 보군요.

호: 네, 그런 것 같아요.

상담사: 가끔은 변화가 너무 큰 도전처럼 느껴지고, 그냥 예전 방식으로 돌아가는 게 더 쉬울 거라고 생각하실 때도 있는 것 같네요.

호: 맞아요. 그런데 매기와의 관계가 좋아진 것도 그렇고, 직장에서 상황이 조금 개선된 것도 생각하면 그게 참 좋아요. 그래서 좀 혼란스러워요.

상담사: 한 가지 도움이 될 만한 제안을 드리고 싶어요. 변화를 생각할 때, 일단 시작하는 것과 작은 단계에 집중해 보는 겁니다. 이렇게 하면 한꺼번에 모든 것을 바꾸려 하기보다 세분화해서 접근하기 더 쉬워지고 할 만하다고 느끼실 거예요.

호: 그거 좋은 것 같아요. 저는 정말 포기하고 싶지 않아요. 방금 말씀하신 거 다시 말해 주실 수 있나요?

자기에 대해 알아차리기

자기에 대해 알아차리기(catching oneself)는 삶의 맥락에서 발생하는 자기파괴적인 인식이나 행동에 개입하는 것을 포함한다(Dinkmeyer & Sperry, 2000; Oberst & Stuart, 2003). 내담자는 바람직하지 않은 반응을 하기 직전의 중요한 순간에 이를 제어하는 행동을 통해 그 행동을 억제할 수 있다. 또한 부정적인 행동 패턴을 유발하는 내적 반응을 인식하려면 그러한 신호를 알아차리는 것이 도움이 된다(Clark, 1998, 2007). 익숙함과 연습을 통해 내담자는 원치 않는 행동을 유발하거나 촉진하는 상황들을 예측할 수 있는 능력을 개발하게 된다. 예를 들어, 약물 남용, 섭식 장애, 반추, 괴롭힘, 싸움 걸기, 또는 교실에서의 부주의와 같은 다양한 충동 조절 문제는 인식 가능한 자극에 의해 즉각적으로 강화될 수 있다. 이와 관련하여 펄 벅(Pearl Buck, 1942)은 "모든 큰 실수에는 그것을 회상하거나 바로잡을 수 있는 순간이 잠시나마 존재한다."(p. 117)라고 했다.

계속되는 호의 사례에서, 상담사는 자기를 알아차리는 것에 대해 소개한다.

상담사: '자기에 대해 알아차리기'라는 또 다른 접근법이 있어요. 이 방법은 세분화를 하는 데 아주 적합합니다. 이 부분에 대해 들어보고 싶으신가요?

호: 저는 뭐든 시도해 보고 싶어요.

상담사: 좋아요. 불평을 시작하거나 기분이 나빠지기 전에 그게 다가오는 느낌이 드시나요?

호: 네. 쌓이기 시작하면 금세 터져 나오죠.

상담사: 그렇죠. 여기 중요한 점이 있어요. 짜증이 올라오는 걸 느끼면, 그게 더 심해지기 전에 스스로 멈추려고 해 보세요.

호: 무슨 말인지는 알겠어요. 그런데 좀 어려울 것 같아요. 저는 보통 바로 무언가를 터뜨려 버리거든요.

상담사: 맞아요. 이건 연습이 좀 필요합니다. 그리고 또 한 가지, 다음 단계로 넘어가 보면, 부정적인 감정이 쌓이는 걸 멈추는 신호로 사용할 수 있는 무언가를 생각해 볼 수 있을까요? 예를 들어, 불평하거나 짜증 나는 걸 멈추라고 상기시켜 줄 무언가를 가지고 다니는 거예요.

호: 글쎄요……. 매기의 사진을 제 셔츠 주머니에 넣어 볼 수 있을 것 같아요. 짜증이나 성가심이 올라올 때 그 사진을 잠깐 보거나 만지면서 스스로에게 멈추라고 말할 수 있겠네요.

상담사: 꽤 흥미를 느끼시는 것 같네요.

호: 괜찮은 방법인 것 같아요. 한번 해 볼게요.

마치 그런 것처럼 행동하기

마치 그런 것처럼 행동하기(acting as if)는 공감적인 접근법으로, 내담자가 건설적이고 바람직한 행동을 보여 주는 사람을 떠올리고 그 사람처럼 행동해 보도록 격려하는 것을 포함한다(Mosak & Maniacci, 1988; Watts, Peluso, & Lewis, 2005). 상담사와의 협력적인 논의를 거친 후, 상담 세션 사이에 내담자는 그러한 행동이 이미 자신의 행동 레퍼토리 일부인 것처럼 의도적으로 실천해 나간다. 처음에는 마치 그런 것처럼 행동하는 것이 부자연스럽고 진정성이 없는 것처럼 느껴질 수 있지만, 연습을 통해 내담자는 자신감을 얻게 되고, 연기와 실제 행동 사이의 간격이 점차 좁혀지는 것을 경험할 수 있다(Mosak & Maniacci, 1988). 개인 모델에 대한 공감적인 이해는 상담사나 치료사가 내담자가 덜 익숙하지만 실현 가능한 새로운 방식으로 존재하려는 시도를 민감하게 인식할 수 있도록 돕는다. 내담자와 상호작용하는 주변 사람들은 종종 내담자의 긍정적인 행동 변화를 인지하고 호의적으로 반응하게 되며, 이는 내담자의 변화를 더욱 강화하는 데 기여할 수 있다. 더 나아가, 내담자의 감정 상태는 적응 기능의 향상으로 개선될 수 있으며, 이는 행동 지향적 패턴을 통합하는 데 도움을 준다. 마치 그런 것처럼 행동하기의 또 다른 변형은 내담자와 상담사가 긍정적인 치료 목표와 일치하는 특정 행동을 공동으로 설계하고, 그러한 존재 방식을 추구하기 위한 창의적이고 체계적인 계획을 수립함으로써 **마치 그런 것처럼 반영하기**를 포함한다(Watts et al., 2005).

호의 열 번째 상담 세션에서는 상담사가 마치 그런 것처럼 행동하기에 대해 소개한다.

호: 저는 자기에 대해 알아차리기를 계속 연습하고 있어요. 도움이 좀 되는 것 같아요.

상담사: 좀 더 편안하게 느껴지려면 시간이 조금 걸릴 거예요.

호: 그런데도 저는 여전히 불평을 하고 싶은 마음이 들어요

상담사: 맞아요. 그래도 불평을 줄이려고 계속 노력하고 계시잖아요. 그

렇다면 이번에는 조금 더 낙관적으로 행동해 보는 건 어떨까요? 약간 다르게 들릴 수 있지만, 당신의 삶에서 낙관적인 특성을 가지고 있고, 당신이 본받고 싶은 사람이 있나요?

호: (잠시 침묵) 레스토랑에 항상 기분이 좋아 보이는 아르니(Arnie) 셰프가 있어요. 정말 일이 잘 안 풀릴 때에도, 예를 들어 주문이 엇갈리는 일이 생겨도, 그는 그런 상황을 잘 흘려보내는 것 같아요.

상담사: 그렇다면 직장에서 아르니 씨처럼 행동해 보는 건 어떨까요? 그리고 다음 주에 다시 만날 때 어땠는지 이야기 나눠 보죠.

호: 저는 아르니가 아니잖아요. 그게 저한테 잘 맞을지 모르겠어요.

상담사: 맞아요. 당신은 아르니 씨가 아니죠. 처음에는 자연스럽게 느껴지지 않을 수도 있어요. 하지만 시도해 보고 시간이 지나면 조금씩 더 편안해질 거예요.

호: 아르니를 관찰해 보고 그가 하는 행동을 따라 해 볼게요. 예를 들어, 그는 항상 다른 요리사나 서빙 직원을 볼 때마다 인사를 하더라고요. 저는 거의 하지 않는 일이지만, 한번 시도해 볼 수 있을 것 같아요.

상담 및 심리치료에서 상호관계적 공감에 대한 추가 고찰

열네 가지 단계 기술의 식별은 폭넓은 주요 상호관계적 개입을 나타내지만, 이를 상담 및 심리치료에서 선택적으로 확장할 가능성도 존재한다. 동시에, 추가적인 단계 기술을 인식하는 데 있어 공감이 갖는 필수적인 역할을 고려하는 것은 의미 있는 연구 방향이 된다. 공감은 또한 다양한 치료 맥락에서 상담사와 치료사가 활용할 수 있는 열네 가지 전략적 기술에 필수적인 요소로 자리 잡고 있다. 현대의 연구와 훈련 현장에서 공감과 공감적 이해는 주로 내담자와 상담사 간의 상호작용 영역에 초점을 맞추고 있다. 더 폭넓고 포괄적인 관점에서 볼 때, 상호관계적 공감을 주관적 공감 및 객관적 공감 양식과 통합하는 것은 촉진적 관계 환경에서 내담자를 더 깊이 이해할 가능성을 높인다. 상호관계적 공감이 여전히 중요한 위치를 차지하고 있는 반면, 상담사나 치료사가 스스로를 공감적으로 활용하는 방식은 내담자와의 치료적 상호작용에서 다양한 이해의 관점을 융합하고 적용하는 데 기여한다.

제5장

상담 및 심리치료에서 공감의 통합 모델: 사례 연구

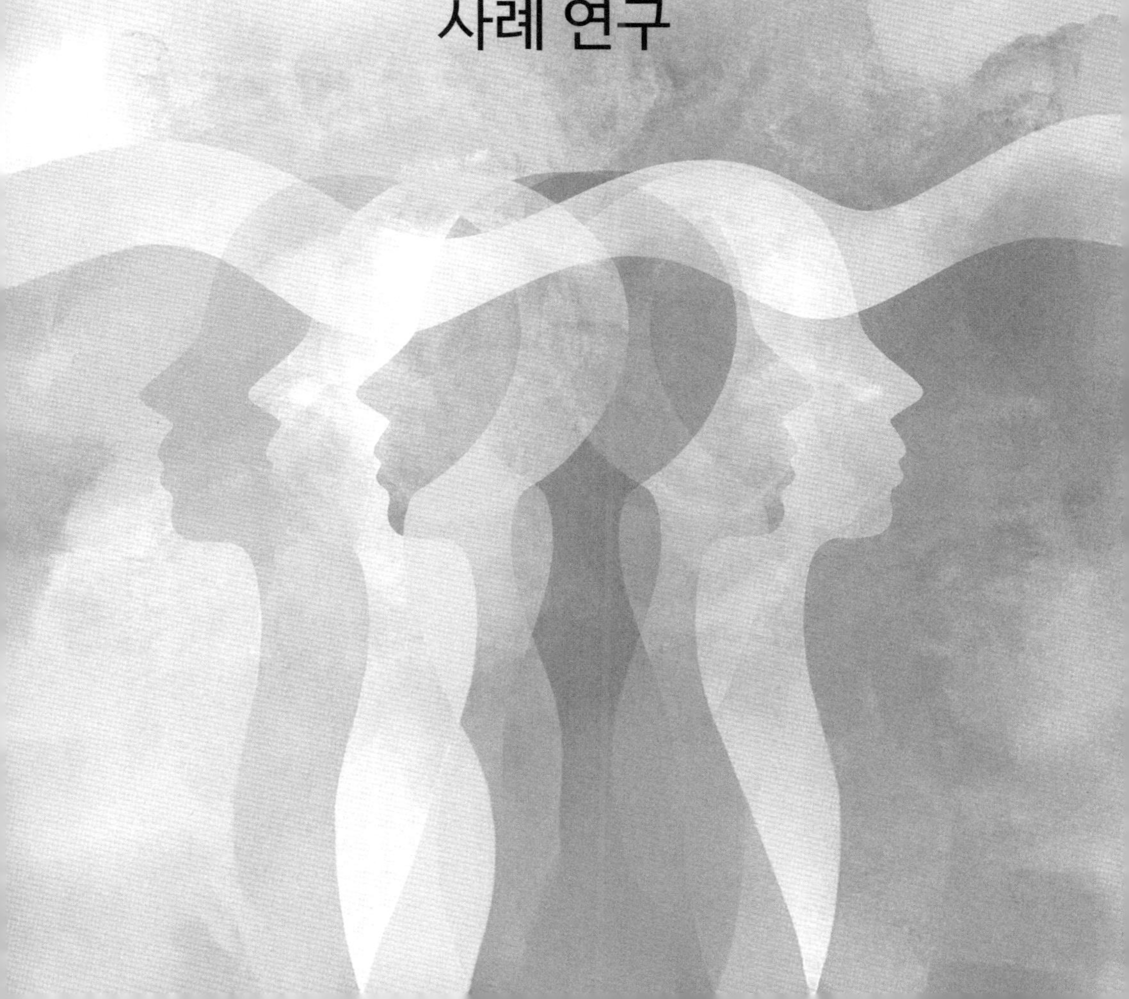

심리학자이자 상담사로서, 여러 동료와 함께 일하며 처음으로 안나 에르난데스(Anna Hernandez)에 대해 들은 것은 시립 병원의 직원으로부터 걸려 온 전화 한 통을 통해서였다. 안나는 최근 병원 정신건강의학과 병동에 3일간 입원 치료를 받았다고 한다. 그녀는 직장에서 '정신증적 에피소드(psychotic episode)'를 겪은 듯했으며, 구급차로 병원에 이송되어 입원하게 되었다. 병원 직원들은 안나를 '모범 환자'로 묘사했고, 그녀는 사회불안장애(social anxiety disorder) 진단을 받았다. 3일간의 치료를 마친 후 안나는 항불안제를 처방 받았고, 외래 치료를 권유받았다.

관계 형성 단계

처음으로 안나가 내 사무실에 들어오는 것을 보았을 때, 그녀는 세심하게 손질된 외모와 깔끔한 옷차림을 하고 있었다. 안나는 의자 가장자리에 앉아 곧게 자세를 잡았고, 우리는 곧 대화를 시작했다.

상담사: 안나 씨, 괜찮으시다면 당신에 대해 조금 더 알고 싶어요. 최근 병원 입원에 대한 보고서를 받았는데, 안나 씨의 이야기를 직접 듣고 싶네요.

안나: 네. 저는 스물여덟 살이고, 대형 금융 회사에서 회계사로 일하고 있어요. 부모님은 제가 태어나기 전에 멕시코에서 이민을 오셨고, 저는 부모님, 여동생과 함께 이 근처 아파트에 살고 있어요. 남자 친구가 있긴 하지만 그에 대해서는 말하고 싶지 않아요.

상담사: 삶의 중요한 부분들에 대해 언급해 주셨네요. 재미있게 즐기는 일이 있다면 무엇인가요?

안나: 음, 영화를 보러 가거나 박물관에 가는 걸 좋아하고, 친구 한두 명과 저녁을 먹으러 나가는 것도 좋아해요. 그리고 오래 키운 고양이가 한 마리 있는데, 이름은 미튼스(Mittens)예요.

상담사: 바쁘게 지내는 것을 좋아하시고, 미튼스는 안나 씨에게 특별한 존재로군요. 괜찮으시다면 이제 정신건강의학과 병동에 입원했던 일에 대해 이야기 나눠 보고 싶어요.

안나: 별로 할 말은 없어요. 직장에서 문제가 생긴 후 친구가 그렇게 하는 게 좋겠다고 해서 간 것뿐이에요. 병원에서의 3일은 별일 없이 지나갔어요. 검사 결과도 크게 뭐가 나오지 않을 거라는 걸 알고 있었어요.

상담사: 입원의 필요성이나 이유에 대해 의문을 느끼셨군요.

안나: 그건 단순한 오해에서 시작됐어요. 연례 보고를 위해 상사와의 회의에 갔다가 화가 났어요.

상담사: 이 이야기를 하는 게 쉽지 않으시군요.

안나: 괜찮아요. 그냥 끝내 버리고 싶어요. 선생님께서 물어보실 거라는 것도 알고 있었어요. 병원에서도 계속 같은 걸 물었어요. 저는 회

사에서 회의 도중에 갑자기 나가서 화장실로 서둘러 갔어요. 일이 좀 꼬였을 뿐이에요. 누구에게나 일어날 수 있는 일이에요.

상담사: 이번 일을 두고 너무 많은 이야기가 오가는 것 같다고 느끼시는군요.

안나: 맞아요. 어쨌든 회사에서 일하고 있고, 의견 충돌은 흔한 일이잖아요.

상담사: 이 이야기는 잠시 접어 두고 싶으신 것 같네요. 일단 이 이야기는 여기까지 하죠. 부모님이 멕시코 출신이고 안나 씨는 미국에서 태어나셨다고 하셨는데, 어린 시절은 어떠셨나요?

안나: 집에서는 주로 스페인어를 썼어요. 학교에서는 영어를 잘 못하고 발음이 어색하다고 많이 놀림을 받았어요. 저는 주목받지 않으려고 말을 잘 안 하게 됐어요.

상담사: 그렇게 하면서 상황을 조금이라도 나아지게 하려고 노력하셨겠군요.

안나: 조금 나아지긴 했지만, 그 대신 누구도 저랑 놀고 싶어 하지 않았어요. 지금도 오래된 친구 몇 명만 있어요.

상담사: 어린 시절에 상처를 많이 받으셨군요. 그리고 그 경험이 나중에 사회생활에도 영향을 미쳤을 가능성이 있어 보이네요.

안나와 함께하는 시간 동안 우리는 문화적 배경에 초점을 맞춰 이야기를 나누었다. 대화를 통해 안나가 직장에서 있었던 일을 되돌아보면서 이 사건과 정신건강의학과에 입원했던 경험을 얼마나 축소하려고 하는지에 대해 놀라기도 했다. 동시에 주관적인 관점에서는 개인적으로 부끄럽거나 고통스러운 사건을 축소하는 태도에 대해 쉽게 공감할 수 있었다. 객관적 공감의 입장에서는 위협에 대한 반응으로서 부인(denial)이라는 방어기제가 작동하고 있을 가능성을 인식했다. 이러한 역동성을 고려하여, 안나의 직장과 병원에서의 경험으로 인한 반응에 대한 논의는 치료 동맹 관계에 진전이 이루어진 이후로 미루기로 결정했다. 상호관계적 관점으로 전환했을 때에는 안나의 말투에서 공식적인 느낌을 받았고, 그녀의 태도에서 의도적이고 신중한 특징이 드러나는 것을 관찰했다.

두 번째 상담 세션에서는 안나의 지난 한 주에 대해 간단히 논의한 후, 성격 검사(personality assessment)를 실시했다. 초기 치료 단계에서는 대부분의 내담자에게 세 가지 검사 정도를 실시하는 것이 선호되는데, 인물화 그리기, 문장완성검사, 그리고 초기 기억 회상이 포함된다.

상담사: 이제 대화를 조금 바꿔서, 간단한 검사 몇 가지를 해 보려고 합니다. 사람 그리기, 문장 완성하기, 어린 시절 기억을 한두 개 정도 공유해 보기 등이에요.

안나: 저는 병원에서 이미 긴 검사를 여러 번 받았어요.

상담사: 그 자료를 검토해 보았는데, 정말 시간이 많이 걸리더군요. 하지만 이번 활동은 제가 함께하며 진행할 거예요.

안나: 알겠습니다.

상담사: 먼저, 사람 그림을 하나 그려 주시면 됩니다.

안나: 저는 그림을 잘 못 그려요.

상담사: 괜찮습니다. 그냥 사람 그림 하나를 그려 주시면 됩니다.

안나는 여러 번 지우며 약 10분 만에 그림을 완성했다.

상담사: 이제, 이 종이에 있는 문장을 안나 씨의 말로 완성해 주세요.

안나는 약 10분 동안 신중히 24개의 문장을 완성했고, 필체는 매우 정돈된 느낌이었다. 안나에게 어린 시절의 기억을 이야기해 달라고 요청하기 전에, 나는 그녀의 이야기에 온전히 집중하고 주의를 기울이기 위해 천천히 숨을 고르며 마음을 가다듬었다.

상담사: 어렸을 때로 돌아가서, 가장 오래된 기억 중 하나를 떠올려 보세요. 기억할 수 있는 첫 번째 일을 말씀해 주시면 됩니다.

안나: 부모님과 여동생과 함께 지역 축제(county fair)에 갔던 기억이 나요. 차에서 내리자마자 너무 신이 났어요. 멀리서 관람차가 보였고, 꼭 타 보고 싶다고 생각했어요. 동물을 몇 마리 쓰다듬고 나서 여기저기 구경하며 걷기 시작했죠. 그러다 제가 길을 잃었어요. 정말 무서웠어요. 부모님을 찾을 수 없었고, 주변은 낯선 사람들뿐이었어요. 어쩔 줄 몰라서 결국 차로 돌아가 차 옆에 서 있었어요. 꽤 시간이 지난 후 부모님이 오셨고, 그들을 보자 안도감이 들었어요. 그런데 부모님께서 차로 돌아갔던 제게 소리를 지르시며 혼내셨어요.

안나가 기억을 모두 이야기한 후, 그녀의 시선은 마치 오래전 지역 축제에 있는 것처럼 방 한구석을 응시했다. 잠시 침묵한 뒤, 나는 세 가지 추가 질문을 던졌다.

상담사: 기억 속에서 다른 무엇이 떠오르나요?

안나: 차가 초록색이었던 게 생각나요.

상담사: 그 기억 중에서 가장 강하게 남은 부분은 무엇인가요?

안나: 부모님이 화난 얼굴로 저에게 소리치던 모습이에요.

상담사: 그 순간 기분이 어땠나요?

안나: 제가 옳다고 생각한 대로 행동했지만, 두렵고 창피했어요.

안나가 투사 기법을 마친 뒤, 우리는 더 이상 이에 대해 논의하지 않았다. 활동 결과물을 내담자와 즉시 검토하는 것은 치료 과정에서 시기적으로 이르며, 자칫 위협적이거나 불안감을 줄 수 있다. 또한 개인에 대한 공감적 이해를 깊게 하고 치료 관계를 구축하기 위해 검사 결과를 면밀히 검토할 시간이 더 필요하다.

상담사: 이제 요청드린 활동을 마쳤으니, 안나 씨가 마음에 두고 있는 이야기를 나눌 기회를 꼭 드리고 싶어요.

안나: 음, 사실 정말 신경 쓰이는 일이 하나 있어요. 며칠 전에 직장에서 전화가 왔는데, 8주간의 유급 휴가를 받게 되었다고 하더군요. 정말 마음에 들지 않아요. 다른 사람들처럼 제가 직장을 비울 때는 제 휴가를 쓰고 싶어요.

상담사: 대부분의 사람은 회사에서 제공하는 유급 휴가를 사용하는 걸 좋아할 텐데요. 조금 의외네요.

안나: 마치 제 어머니가 하시는 말씀 같네요. 전혀 제 기분을 이해 못하시는군요.

상담사: (잠시 침묵) 제 실수예요. 제가 안나 씨의 입장에서 이 문제를 충

분히 듣지 못했던 것 같아요.

안나: 맞아요. (잠시 침묵) 사람들 모두 이번 일을 너무 과장해서 생각하는 것 같아요. 만약 제가 시간이 필요하다면, 그건 제가 제 휴가를 써야 할 일이에요.

상담사: 안나 씨는 직장을 비우는 것을 스스로 평범한 일로 보이도록 하려는 것 같네요. 제가 한 말이 이해가 되셨나요?

안나: 네, 이해됐어요.

상담 세션이 끝나 갈 무렵, 우리는 직장 휴가 문제에 대해 더 깊이 논의하지 않았다. 주관적 공감의 관점에서, 나는 우리가 직장에서의 괴로운 에피소드와 그것을 둘러싼 의미에 대해 더 진솔하게 이야기할 수 있는 단계에 가까워지고 있다는 것을 직감적으로 느꼈다. 하지만 그 논의를 통해 표면화되었을 가능성이 있는 것들을 처리할 충분한 시간은 분명히 없었다. 또한 대화 말미에 치료적 동맹이 단절될 뻔한 상황에 빠졌고, 나는 이를 신속히 회복하려고 노력했다. 당시 나는 상담사로서 공감적으로 경청하지 못했고, 즉각적으로 일반화하고 민감하지 못한 반응을 보였다. 마지막에 한 발언은 다소 위험 부담이 있었지만, 상호관계적 공감의 관점에서 진솔하고, 잠재적으로 치료 효과가 있을 수 있다고 느꼈다.

상담 세션 이후 한 주 동안, 나는 투사 기법 활동에서 나온 자료를 검토했다. 인물화 그리기를 객관적 공감의 관점에서 분석했을 때, 여러 지표에서 내담자의 불안 수준이 높고 자존감이 낮음을 보여 주고 있었다. 안나는 평균 성인보다 두 배 정도의 시간인 약 10분에 걸쳐 그림을 완성했다. 그녀는 그림의 일부를 여러 번 지웠고, 선의 질감은 희미했으며, 그림의 크기는 평균적인 5~7인치의 절반 정도였다. 주관적 공감의 관점에서, 나는 안나가 이 작업을 부지런히 마무리하는 동안 근본적인 긴장감과 완벽함을 추구하는 듯한 태도를 가지고 있음을 직관적으로 느꼈다.

문장완성검사와 관련해서는, 객관적 공감의 관점에서 자기, 타인, 사건이라는 틀을 사용하여 안나의 삶에 대한 중요한 점들을 짚어 보았다. **자기**와 관련된 응답에는 "나는 …… 너무 부끄러워." "나는 …… 실수를 하는 것이 두려워." "나의 가장 큰 걱정은 …… 부끄러워하는 것이다." "나는 …… 일어난 일을 바꿀 수 있었으면 좋겠다." 등의 내용들이 포함된다. **타인**과 관련된 응답에는 "다른 사람들은 …… 가끔씩 나를 다치게 할 수 있다." "가장 행복한 시간은 …… 가족과 함께하는 것이다." "나를 괴롭히는 것은 …… 누군가가 시끄럽고 떠들썩할 때이다." 등이 포함된다. **사건**과 관련된 응답에는 "나를 괴롭히는 것은 …… 사무실에서 일어난 일이다." "나는 비판을 받을 때 …… 고통스럽다." "일은 …… 좋을 때도 있었다." 등이 포함된다.

최근 몇 년 동안, 나는 초기 기억을 투사 기법으로 평가하기 위해 **새벽 기억 접근법**(dawn of memories approach; Clark, 2013)을 개발했으며, 안나의 기억에 대한 더 광범위한 분석은 별도의 출판물에서 다룬 바 있다(Clark, 2018). 초기 기억을 듣고 그 의미를 평가할 때마다, 나는 공감적 자기 사용(empathic use of self)의 중요성을 인식하게 된다. 첫 번째 기억을 듣는 데 걸린 1분가량의 시간 동안, 본질적인 초점은 잠시나마 다른 사람의 입장이 되어 그 사람의 경험을 느껴 보는 데 있다. 안나가 첫 번째 기억을 이야기할 때, 주관적 공감의 관점에서 나는 관람차와 안나가 동물을 쓰다듬는 모습, 그리고 그녀가 가족과 함께 편안하게 걸어다니는 시각적 이미지를 통해 감정적으로 공감할 수 있었고, 안나가 가족과 함께 하는 자유롭고 행복한 하루를 보내는 즐거운 모습 또한 어렵지 않게 공감할 수 있었다. 하지만 사건이 전환점을 맞아 안나가 길을 잃었을 때, 나는 직관적으로 불길함과 불확실함을 느꼈다. 부모님께 꾸중을 들었을 때는 나의 몸에도 긴장이 점점 고조되는 것을 경험했다.

상호관계적 자세로 볼 때, 안나의 표정은 '지역 축제' 기억의 중간쯤에서 고양된 감정에서 혼란과 공황이 드러나는 표정으로 바뀌었으며, 동시에 그녀의 목소리는 긴장되고 불안한 기색을 띠었다. 세션이 끝난 후, 안나가 내 사무실을 떠난 후 나는 객관적 공감의 입장에서 그녀의 초기 기억을 평가하기 시작했다. 안나의 첫 번째 기억을 주제 수준(thematic level)에서 초점화하며, 자기, 타인, 사건과 같은 삶의 틀과 관련된 가설적인 분석을 도출할 수 있었다. **자기**는 자원은 풍부하지만 비난받을 만하다. **타인**은 예측 불가능하며 비판적이다. **사건**은 희망적이지만 곧 그렇지 않게 된다. **삶**은 즐거우나 불안과 두려움이 도사리고 있다. 성격 차원과 관련하여 안나의 초기 기억은 높은 활동 수준, 사회적 관심, 그리고 성실성을 시사한다. 지각 양식과 관련해서 안나의 기억에서 두드러지는 것은 시각적 및 청각적 감각 표현으로 보이며, 이러한 감각 채널은 그녀의 일상적인 기능에서 중요한 방향성을 나타낼 것으로 보인다. 안나는 기억 속에서 색상에 대해 언급하며, 다양한 색상을 삶에서 '웰빙'의 원천으로 끌어내는 모습을 보였다.

지역 축제에 대한 초기 기억을 이야기한 후, 나는 안나에게 또 다른 초기 기억을 이야기해 달라고 요청했다. 두 번째 기억은 주제 수준에서 첫 번째 기억과 유사했으며, 장소와 위치만 약간 달랐다. 그 내용은 다음과 같다.

> **안나**: 저는 1학년이었고, 제 담임 선생님이었던 카일리(Kiley) 선생님은 그녀의 허락 없이는 자리에서 일어날 수 없다고 경고하셨어요. 그런데 마침 제 맞은편에 앉은 친구가 보라색 크레용이 있는지 저에게 물었어요. 저는 그걸 일어나서 가져다줄 수가 없었기 때문에 크레용을 바닥에 미끄러뜨렸어요. 카일리 선생님은 제가 그렇게 하는 것을 보시고, 제 이름을 칠판에 쓰라고 하셨죠. 제가 칠판으로 가서 제 이름을 쓰기 시작했을 때, 저는 제 이름의 철자를 다 기억할 수 없었어요. 그때 저는 긴 스페인어 이름을 가지고 있었거든요. 몇몇 아이가 웃는 소리가 들렸고, 그제서야 선생님은 저에게 책상으로 돌아가라고 하셨어요.

안나는 자신의 이름을 쓰려고 할 때 손이 떨렸었다고 덧붙였다. 이 기억에서 가장 중요한 부분은 아이들이 웃는 소리를 들었을 때였고, 그때 그녀는 혼란스러움과 부끄러움을 느꼈다고 했다.

투사 기법의 자료를 통합한 후, 나는 안나의 정신병원 입원에 대한 보고서와 자료를 다시 한번 검토했다. 해당 자료들은 안나에 대한 개인 모델을 구상하는 데 참고가 되었다.

다음 세션에서 안나를 만났을 때, 그녀는 괴로운 듯 보였고 재빨리 말하기 시작했다. 그녀는 가능한 한 의자 가장자리에 더 똑바로 허리를 곧게 펴고 앉으려는 듯했다.

> **안나**: 너무 화가 나요. 제가 어머니에게 직장에서 일어난 일이나 병원에 있는 동안의 일에 대해 남자 친구에게 말하지 말라고 부탁했거든

요. 그런데, 도미닉(Dominic)이 저희 집에 잠시 인사차 들렀을 때, 어머니가 그에게 있었던 일을 다 말하는 거예요. 저는 너무 부끄러웠고, 그가 지금 무슨 생각을 하고 있을지 전혀 모르겠어요.

상담사: 안나 씨는 자신의 삶에서 일어난 최근 일에 대해 주의를 기울이지 않으려고 애쓰고 있고, 특히 남자 친구에게 이런 식으로 알려지는 걸 원치 않았던 거군요.

안나: 도미닉은 5개월 전에 교회를 통해 만났고, 그래서 말하지 않았어요. 이제 그가 저를 안 좋게 생각하거나 심지어 저를 만나고 싶어 하지 않을까 봐 너무 두려워요.

상담사: 안나 씨는 남자 친구가 안나 씨를 이제 부정적으로 판단할 거라고 생각하기도 하지만, 그것도 확실하진 않은 거군요.

안나: 도미닉은 정말 좋은 사람이에요. 그는 사회 교사이고, 저에게 정말 잘해 줘요. 우리는 오랫동안 산책도 하고 항상 이야기를 나눴죠. (울음) 너무 마음이 아프네요.

상담사: 남자 친구는 안나 씨 인생에서 정말 중요한 사람이고, 지금은 그가 어떻게 생각하는지 잘 모르겠지만 최악의 상황을 두려워하고 계시네요.

안나: 네, 맞아요. 저는 그저 우리가 예전처럼 함께 지낼 수 있기를 바랄 뿐이에요. 직장에서 제가 저를 통제할 수 있었으면 좋았을 텐데. 전혀 저답지 않았어요. 그때 부사장인 데블린(Devlin) 씨와 연례 평가를 하는 자리에 함께 있었어요. 그녀가 저를 보자마자 했던 말이 우리 부서의 수석 회계사가 은퇴하는 상황이라 제가 승진할 가능성이 있다고 말해 줬어요. 그러고 나서 그녀는 저에게 그 자리를 대신할 의향이 있냐고 물었죠. (눈물을 흘리며 울음) 저는 상황을 바꾸고 싶지 않았고, 사무실 상황에 만족했기 때문에 재빨리 아니라고 말했어요. 그러자 데블린 씨는 제가 회사를 실망시키고

있으며 제 결정이 제 경력에 큰 타격을 줄 수 있다고 말했어요.

상담사: 이 모든 일이 너무 빨리 다가왔고, 안나 씨는 압도당하는 것처럼 느끼셨군요. 그래서 처음 반응이 그 제안을 거절하는 것이었고, 데블린 씨가 그런 말을 할 줄은 전혀 몰랐던 거죠.

안나: 네. 생각할 시간도 없었어요. 너무 혼란스러웠어요. (허리를 굽히고 배를 움켜쥐고 흐느끼며) 그러고 나서 재빨리 의자에서 일어나 여자 화장실로 달려갔어요. 사무실 밖에 있는 모든 사람이 저를 쳐다보는 게 보였어요. 끔찍했어요. 너무 부끄러워요.

상담사: (잠시 멈춤) 데블린 씨의 비난은 참을 수 없을 정도였군요. 특히 회사를 실망시킨다고 말했을 때가 그랬을 것 같아요.

안나: 네, 저는 항상 옳은 일을 하려고 노력하는 사람이에요. (분노한 표정) 여자 화장실에 있을 때 울고 또 울었어요. 밖에 있는 사람들이 제 소리를 들을 수 있을 거라고 생각했지만, 멈출 수가 없었어요. 친구인 마리(Marie)가 들어와서 저에게 이야기를 시도했는데, 저는 화장실에서 도저히 나올 수 없다고 대답했어요. 거의 숨도 쉴 수가 없었어요. 그냥 나올 수가 없었어요.

상담사: 고통과 상처가 너무 깊어서 그게 터져 나왔던 거군요. 모든 게 너무 혼란스럽고 무너져 내리는 기분이었겠어요.

안나: 네. (숨을 헐떡이며) 얼마 후에 마리가 정신병원 사람들과 함께 왔고, 저도 같이 가기로 동의했어요. 제가 그 정신병원에서 온 사람들에 의해 양팔이 들려서 직장 사람들 앞을 지나가야 했던 건 정말 굴욕적이었어요. 오, 세상에! 너무 아프네요. 왜 이런 일이 일어나야 했을까요? (앞을 똑바로 응시하며, 괴로운 표정을 짓는다.)

상담사: 당신은 항상 옳은 일을 하려고 애쓰는데 이런 일이 일어난 게 정말 이해가 가지 않았을 것 같아요.

안나는 자신에게 닥친 예측할 수 없는 사건의 영향을 더 이상 막을 수 없다는 것을 깨닫고 절망에 빠졌다. 그녀는 직장에서의 굴욕을 피하려 했지만, 고통과 괴로움에 압도되어 통제력을 잃었다. 안나의 이야기를 들으며 나는 완전히 공감적으로 그녀에게 집중했다. 주관적 공감의 입장에서, 나는 안나가 무서운 현실에 직면하며 느꼈던 고조된 긴장감과 경계심에 깊이 공감했다. 그녀가 회의 중 갑작스럽게 화장실로 달려가 변기 앞에서 경험한 숨막히는 순간과 회사 밖으로 끌려 나갔던 경험을 묘사했을 때, 그 생생한 장면들이 머릿속에 떠오르며 그녀가 느꼈을 고통과 굴욕감이 절실히 와닿았다. 객관적인 입장으로 전환했을 때, 나는 안나가 위협에 대한 반응으로 상황을 부정하고 외상 사건에 대한 취약성과 노출감을 느끼고 있음을 인지할 수 있었다. 상호관계적 관점에서는 안나의 고통에 깊이 공감하며, 그녀가 감정 반응을 충분히 멈추고 처리할 시간을 주기 위해 언어적 개입을 삼가려고 노력했다. 비언어적 관찰로는 안나의 괴로운 표정과 팔을 흔드는 모습을 볼 수 있었다. 그 모습은 마치 그녀가 깊은 굴욕감과 수치심을 어떻게든 털어 내려는 듯했다. 우리는 오랜 시간 이야기를 이어 갔고, 안나는 그날의 감정적으로 강렬했던 시간을 마무리하며 스스로 안전하다고 느낀 후에야 평정심을 되찾았다.

네 번째 세션을 위해 다시 만났을 때, 안나는 차분하면서도 침울해 보였다. 나는 지난 세션 후 그녀의 반응이 어떨지 궁금했다.

안나: 주중에 저에게 전화하라고 말씀해 주셔서 감사합니다.

상담사: 저도 감사합니다. 지난번에 만났을 때, 안나 씨가 쌓여 있던 감정을 솔직히 털어놓으셨잖아요.

안나: 네, 그랬죠. 한꺼번에 너무 많은 걸 쏟아 낸 것 같아서 부끄럽네요.

상담사: 그런 감정을 꺼내는 게 쉬운 일은 아닌데, 정말 깊고 힘든 문제를 이야기해 주셨거든요.

안나: 이번 주에 그 문제에 대해 많이 생각했어요. 직장을 그만둘까 하는 고민도 했고요. 7년 동안 일했는데, 어쩌면 이제 변화가 필요할 때일지도 모르겠어요.

상담사: 그 변화가 안나 씨에게 어떤 의미일지 고민하고 계시는군요.

안나: 네, 그게 더 나을 거 같기도 하고요. 저도 다시는 사무실로 돌아가지 않아도 되니까요.

상담사: 안나 씨는 지금 상황에서 가장 옳은 선택을 하고 싶으신 거고, 직장에 복귀하는 건 생각만 해도 너무 힘드시겠어요. 지금이 적절한 타이밍인지는 모르겠지만, 저도 대학 시절에 겪었던 일을 하나 말씀드리고 싶어요. 괜찮으신가요?

안나: 네, 괜찮아요.

상담사: 그날 아침에 큰 강의실로 들어갔는데요. 빈자리를 찾으려고 꽤 높은 계단까지 올라갔어요. 앉았는데 갑자기 속이 불편해지더라고요. 그냥 지나가겠지 싶었는데 점점 더 심해져서 결국 자리에서 일어나 화장실로 가야겠다고 생각했어요. 그런데 강의를 듣다가 움직이니까 이미 속이 너무 안 좋아서 토할 것 같은 거예요. 처음에는 간신히 참았는데, 계단을 뛰어 내려가다가 결국 참지 못하고 강의실 문을 나서는 순간 토를 하고 말았죠.

안나: 정말 창피하셨겠어요. 그다음엔 어떻게 됐나요?

상담사: 청소해 주시는 분이 와서 정리를 해 주셨고, 저는 바로 집으로 갔어요. 그날 밤 교수님이 전화를 주셔서 제가 수업을 수강하는 것을 그만둘까 한다고 말씀드렸죠. 그 대화 내용은 잘 기억나지

않지만, 한 가지 기억에 남는 말이 있어요. 교수님이 "다음 수업에 들어오면, 내가 매 순간 함께할게."라고 말씀해 주셨죠.

안나: 그래서 결국 수업을 그만두셨나요?

상담사: 아니요.

안나: 직장을 그만두지 말라고 말씀하시는 것처럼 들리네요.

상담사: 제가 겪은 대학 시절의 일은 단지 수업 하나에 관한 거였지만, 안나 씨가 겪고 계신 건 훨씬 더 큰 문제죠.

안나: 인정하기 어려운 일이지만, 직장에서 있었던 일이 너무 부끄럽고 통제력을 잃은 제 모습이…… 저는 절대 그런 사람이 아니거든요. 사무실로 다시 가야 한다는 생각만 해도 너무 무서워요.

상담사: 아마도 책상으로 걸어갈 때, 모든 사람이 안나 씨를 쳐다보는 장면이 떠오르실 것 같아요.

안나: 네. 몇 주 전에 겪었던 그 상황과 같을 것 같고, 또다시 그런 굴욕을 당할까 봐 너무 무서워요.

지난 만남에서 우리는 안나가 직장 복귀를 앞두고 비판적으로 판단을 받을까 봐 두려워하는 감정에 초점을 맞추었다. 객관적 공감의 입장에서, 나는 안나가 불안을 느끼는 상황에서 부정적 영향을 줄일 방법에 대해 몇 가지 아이디어가 떠올랐다. 예를 들어, 다른 직원들보다 일찍 출근하거나 저녁 시간에 사무실에 가 보는 것이 노출 기법으로 도움이 될 것 같았다. 그러나 그러한 행동 중심의 접근법은 성급하고, 안나의 문제를 더 깊이 이해하지 못한 상태에서 제안하기에는 부적절하다고 판단해 재빨리 배제했다. 그보다 먼저 안나의 부적응적인 인지적 스키마와 관련된 이차 변화를 다루는 것이 행동을 수정하기 전에 필요하다고 보였다.

상담 세션에서 안나가 직장을 그만둘 가능성을 언급할 것이라고는 전혀 예상하지 못했기에, 그 이야기는 나를 조금 당황하게 만들었다. 수업 시간에 당혹스러웠던 나의 개인적인 경험을 공유하면서 그것이 안나에게 직장을 그만두지 말라는 지나치게 명백한 메시지로 받아들여질 수도 있다고 생각되기 시작했다. 하지만 이야기를 하면서 주관적 공감의 자세로 전환되었고, 그 경험을 공유하는 것이 옳다는 직감이 들었다. 안나는 내가 그녀에게 무엇을 해야 할지 말하려 한다고 지적했지만, 내 이야기가 진솔하고 현실적이었기에 우리 관계에서 꽤 효과적이었다고 느꼈다.

안나와의 다섯 번째 상담 세션 전, 나는 긴 회의를 마치고 서둘러 사무실로 돌아왔다. 남은 몇 분 동안 나는 천천히 마음챙김 호흡을 몇 번 하며 마음을 가라앉혔다. 이렇게 하면 내담자와 공감적으로 조율하기 위해 스스로를 차분히 가라앉히는 데 도움이 된다고 느꼈다. 곧 안나가 문을 열고 들어왔고, 그녀는 내가 이전에 본 적 없는 더 차분하고 여유로운 모습이었다.

안나: 이번 주에 좋은 소식이 있었어요. 부사장 데블린 씨로부터 공식적인 메시지를 받았는데, 제가 직장에 복귀하는 것을 고대하며, 저와 대화를 나눌 기회를 기대한다고 적혀 있었어요.

상담사: 그 메시지가 안나 씨에게 큰 위안이 되었겠네요.

안나: 네. 직장에서 일어난 일 이후로 제 입장이 어떤지 확신할 수 없었거든요. 또 다른 생각도 말씀드리고 싶은데요, 몇 주 전에 밤에 꿈을 꾸냐고 물으셨죠? 글쎄요. 메시지가 도착한 그날 밤, 저는 직장에 대한 꿈을 꿨었어요. 제 책상에 앉아 몇 가지 업무를 검토하고 있었고, 도미닉과 미튼스 사진이 보였어요. 그리고 제 친구 마

리가 제 맞은편에 앉아 있었어요.

상담사: 익숙한 곳으로 돌아온 것이 안심이 되고 즐거우셨겠어요.

안나: 네, 꿈이 그때까지는 정말 좋았는데, 갑자기 상황이 바뀌었어요. 사무실 밖에서 온 사람들이 들어와 저를 쳐다보기 시작했거든요. 너무 무서웠어요.

상담사: 안나 씨의 꿈이 즐거운 감정과 불쾌한 감정을 모두 불러일으켰네요. 그럼, 즐거운 감정은 안나 씨에게 무엇을 말하고 있다고 생각하세요?

안나: (잠시 멈춤) 직장으로 돌아가 예전에 누리던 것을 다시 누리고 싶어 하는 것 같아요.

상담사: 불쾌한 감정은 어떤가요?

안나: 사람들을 다시 만나는 것이 두렵고 부끄럽다는 느낌이 들어요.

안나와 나는 그녀가 사무실로 돌아가는 것을 고려하며 느끼는 감정과 관련해서 꿈에 대해 더 깊이 논의했다. 세션이 끝날 무렵, 안나는 다른 사람들의 비판을 피하기 위해 항상 최선을 다해 왔음을 이야기하기 시작했다. 이 주제는 내용과 과정 면에서 치료적으로 중요한 의미를 지니는 동시에, 이차 변화를 암시하는 단서를 제공했다. 나는 또한 이 시점에서, 다음 만남에서 더 도전적인 접근을 시도하며 치료의 중간 단계로 나아갈 수 있는 기회를 발견할 수 있었다. 동시에 안나의 삶에 대한 인식과 관련된 스키마를 심화해 다루면서도 그녀의 현재 기능에도 꾸준히 초점을 맞춰야 한다고 느꼈다.

통합 단계

여섯 번째 상담 세션을 시작했을 때, 안나는 괴로워하는 듯 보였다. 그녀는 곧바로 갈등하는 모습을 드러냈고, 나는 이를 통해 대화를 직접적으로 이끌 수밖에 없었다.

안나: 직장 복귀에 대해 다시 생각해 보고 있어요. 새로운 것을 시도하는 게 더 나을지도 모르겠어요.

상담사: 지난주에는 직장이 예전처럼 되기를 바란다고 하셨는데, 이제는 그 자리를 떠나는 것에 대해 말씀하시니 약간 혼란스럽네요.

안나: 글쎄요, 무슨 일이 있었거든요. 직장 동료 마리가 우리의 상사 코니(Connie) 씨가 은퇴할 때까지 잠시 더 머물 것이라고 했어요. 그리고 아직도 직장에서 제가 코니 씨를 대신할 후보로 생각하고 있다는 얘기도 했어요. 그 말을 들으니 몇 주 전으로 돌아간 기분이 들더라고요. 다시 승진 제안을 받을 가능성을 고민하게 된 거죠.

상담사: 받아들이기 힘든 상황이네요. 직장에 복귀한다는 것이 더 큰 스트레스를 주고 있고, 가장 먼저 드는 생각은 모든 것에서 벗어나고 싶다는 생각일 수 있겠어요.

안나: 정말 혼란스러워요. 마리는 제가 더 많은 돈을 벌고 더 많은 존경을 받을 기회를 포기하고 있다고 말했지만, 저는 그런 것에 별로 관심이 없어요.

상담사: (잠시 멈춤) 아직 공식적으로 그 직책을 제안받은 것은 아니지만, 상사 역할을 맡게 된다면 어떤 기분일지 생각해 보신 적 있나요?

안나: 네, 생각해 봤어요. 다섯 명의 다른 회계사를 책임지게 될 텐데, 모든 일을 제대로 하려면 완벽하게 해야 한다고 생각해요. 그런

생각이 저를 정말 불안하게 만들어요.

우리는 안나가 '완벽하게' 일을 해야 한다고 느끼는 이유와 그 의미를 더 깊이 탐구했다. 이는 다른 사람의 비판을 피하기 위해 항상 높은 수준의 성과를 내려고 애써 온 그녀의 뿌리 깊은 패턴에 대해 길고 깊은 논의로 이어졌다. 이 과정에서 나는 안나의 개인 모델에서 영감을 얻어 그녀의 이야기에 공감적으로 조율하는 것이 중요하다고 느꼈다. 그러나 대화 중 어느 순간, 내가 안나와 감정적으로 다소 거리감이 생겼다는 느낌이 들었다. 이에 대응하여, 나는 그녀가 전에 언급했던 지역 축제에 대한 기억을 떠올리며 잠시 그 기억 속 감정에 공감하려 노력했다. 이 초기의 주요 기억은 안나의 삶에 대한 시각을 잘 드러내며, 그녀와의 공감적 연결을 다시 활성화하는 데 도움을 주었다.

다음 세션에서는 안나가 자신의 역량과 효과성에 의문을 제기받는 상황에서 비난받지 않으려고 노력하는 태도에 계속 초점을 맞추었다. 이야기가 진전되면서 나는 관점 변환(reframing)이라는 단계적 기술을 활용할 가능성 또한 염두에 두었다.

상담사: 지난 시간에 우리는 안나 씨가 비판을 피하는 한 가지 방법으로 일을 모범적으로 처리한다는 것에 대해 이야기했었죠.

안나: 항상 그런 건 아니에요. 보통 상황을 보고 필요하다고 느끼면 정말 최선을 다하거나, 때로는 완벽에 가깝게 하려고 해요.

상담사: 그게 안나 씨에게 효과가 있기도 하지만, 동시에 스트레스를 많이 쌓이게 하는 것 같네요.

안나: 그렇긴 해요. 그런데 그렇게 하지 않으면 더 긴장하게 돼요.

상담사: 지금 안나 씨의 삶에서 이런 패턴이 어떻게 작용하고 있는지 한 번 이야기해 볼까요? 상사가 될 생각을 하면 정말 불안하다고 말씀하셨죠. 그리고 거의 완벽해야 한다고 느끼신다고 했어요. 그런데 제가 지금부터 드릴 말씀은, 안나 씨가 이 문제를 바라보던 방식과는 조금 다른 방향일 수 있어요. 수석 회계사의 역할을 팀워크 관점에서 본다면 어떨까요? 혼자가 아니라, 당신이 좋아하는 방식으로 소규모 팀과 함께 일하게 되는 방식으로 말이죠.

안나: 글쎄요. 저는 회계팀의 사람들을 모두 잘 알고 있어요. (잠시 멈춤) 선생님이 말해 주신 내용을 생각해 보니, 잘해야 한다는 압박감이 모두 제 몫은 아닐 수도 있겠네요.

상담사: 맞아요. '모든 일을 완벽히 해야 한다'는 생각과는 다른 접근이 될 수 있죠.

안나: 그리고 다른 사람들은 저처럼 일에 대해 그렇게까지 걱정하지 않아요.

상담사: 항상 자신을 압박하지 않는 사람들과 함께 일하는 것이 오히려 안도감을 줄 수도 있을 것 같아요.

안나: 지금 이 이야기를 나누다 보니 조금 편안해지는 기분이 들어요.

우리는 감정적으로 깊이 연결된 상태에서 상사가 된다는 것과 관련하여 여러 측면을 계속 논의하며 관점 전환을 했다. 동시에 나는 안나의 삶에 자리 잡고 있는 스키마를 더 넓은 맥락에서 다룰 필요성을 점점 더 느낄 수 있었다.

여덟 번째 상담 세션에서는 인지적 재구성이라는 통합 기술을 활용하여 안나의 뿌리 깊은 스키마 패턴을 공감적으로 탐구하기 시작했다. 또한 안나가 승진 제안을 받아들이는 문제에 계속해서 망설이는 것을 논의할 때, 나는 역전이 반응을 경험했다는 점을 짚고 넘어가고 싶다. 나는 기회가 오면 반드시 잡아야 한다고 믿는 성향이 있는데, 동시에 '기회'라고 생각되는 것들이 때로는 나를 짓누른다고 느끼는 경우도 있다. 이러한 갈등적인 문제를 감정적으로 인식하면서, 나는 객관적 공감 방식으로 전환하여 스스로에게 승진을 받아들일지 말지는 전적으로 그녀의 선택이며, 나의 선택이 아니라는 점을 확고히 상기시켰다.

상담사: 지난주에 함께 보낸 시간 이후로 어떻게 지내고 계신지 궁금하네요.

안나: 일을 팀워크로 보는 게 도움이 된다고 생각해요. 하지만 앞으로 우리가 어떤 이야기를 나누게 될지도 궁금해요.

상담사: 우리는 안나 씨가 오랫동안 가지고 있던 생각들을 평가하고 있는데, 이는 다소 불편하거나 심지어 불안을 유발할 수도 있어요.

안나: 괜찮아요. 감당할 수 있을 것 같아요.

상담사: 요약하자면, 안나 씨는 비판을 받을 가능성을 줄이기 위해 실수를 피하려고 정말 많이 노력하는 것 같아요. 이게 당신에게 해당되는 이야기 같나요?

안나: 인정하기 어렵지만, 저는 제가 완벽주의자라는 생각이 들어요.

상담사: 특히 사람들과 함께 있을 때 그런 경향이 나타나는 것 같네요.

안나: 네. 저는 다른 사람들이 저에 대해 어떻게 생각할지 너무 신경 쓰다 보니 모든 일을 완벽히 하려고 노력해요.

상담사: 모든 사람의 생각을 다 신경 쓰시나요, 아니면 특정 유형의 사

람들만 신경 쓰시나요?

안나: 친구들이나 대부분의 가족에 대해서는 그렇지 않아요. 주로 학교 선생님이나, 가끔은 저를 상담을 해 주시는 선생님 같은 분들에게도 그런 경향이 있는 것 같아요. 저는 학교에서 항상 좋은 성적을 받으려고 열심히 했어요.

상담사: 가끔 제가 안나 씨를 평가한다고 느끼는군요.

안나: 네. 처음 만났을 때 병원에서 있었던 일을 많이 물으셨잖아요. 그 때는 선생님이 저를 좋게 보지 않는 것 같았어요.

나머지 세션에서 안나와 나는 그녀를 비판적으로 평가할 수 있는 위치에 있는 사람들과 관련하여 그녀 자신에 대한 인식을 깊이 탐구했다. 이후 만남에서는 안나의 핵심 신념에 대해 인지적 재구성 과정을 지속했다.

안나: 이제는 더 이해가 돼요. 저는 중요한 사람이 저를 비판할 때 실수하지 않고 모든 것을 제대로 하기 위해 정말 열심히 노력해요.

상담사: 이런 부분은 스스로 받아들이기 어려운 점일 수 있을 것 같아요. 하지만 이것이 안나 씨를 실제로 정확히 반영하는 것 같나요?

안나: 그런 것 같아요. 하지만 이건 좋은 건 아닌 것 같아요. 저 스스로를 너무 압박해요.

상담사: 그렇다면 상황에 접근하는 다른 방법을 생각해 보는 게 좋겠네요. 스스로에게 어떤 말을 해 볼 수 있을까요? "나는 항상 모든 일을 제대로 하려고 노력한다."라고 말하는 대신, 반대되는 말을 한다면 뭐라고 할 수 있을까요?

안나: "나는 그저 최선을 다할 수 있을 뿐이다."는 어떨까요?

상담사: 이 점은 안나 씨에게 큰 변화가 될 거예요. 조금 더 추가해서 말해 볼 수 있을까요?

안나: (잠시 멈춤) "나는 최선을 다할 수 있을 뿐이다. 그리고 그것이 충분하지 않다면……" 그다음에 무슨 말을 해야 할지 잘 모르겠어요.

상담사: 방금 하신 말씀을 적어 봅시다. 시간을 충분히 가지고, 안나 씨에게 맞는 방식으로 문장을 완성해 보세요.

안나: (잠시 멈춤) "나는 최선을 다할 수 있을 뿐이다. 그리고 그것이 충분하지 않다면, 그냥 놓아야 한다."

상담사: 이 말은 안나 씨에게 와닿는 말이 되는 것 같네요. 그런데 이 결론이 당신을 비판할지도 모르는 사람들과도 더 연관될 수 있을까요?

안나: "나는 최선을 다할 수 있을 뿐이다. 그리고 그것이 어떤 사람들에게 충분하지 않다면, 그냥 놓아야 한다."라고 하면 어떨까요?

상담사: 방금 하신 말씀에 흥미를 느끼는 것처럼 보이네요.

안나: 맞아요. 그 말을 하니까 약간 편안한 느낌이 들어요. 이번 주 동안 연습해 볼게요. 문장을 휴대폰에 적어 두고 가끔씩 스스로 말해 볼 거예요.

안나와 나는 단순히 문장을 말로 표현하는 것을 넘어, 그 반대 진술(counter-statement)이 가지는 더 깊은 의미에 대해 이야기했다. 안나는 자신의 삶에서 중요한 측면을 반영하는 새로운 스키마를 개발하려고 노력하고 있었다. 객관적 공감의 입장에서, 나는 안나가 의도적으로 뿌리 깊은 믿음을 변화시키려는 과정에서 겪는 어려움을 충분히 인식하고 있었다.

우리가 좀 더 적응적인 인지적 스키마를 개발하는 데 집중하던 어느 순간, 안나는 비판에 대처하는 데 어려움을 겪는 자신을 질책하기 시작했다. 열 번째 상담 세션에서는 그녀의 과거와 현재의 기능을 연결하는 해석으로 이어졌다.

안나: 저는 카운터를 되뇌이며 사물을 보는 방식을 바꾸려고 노력하고 있다고 생각해요. 하지만 사람들이 저에 대해 어떻게 생각하는지에 너무 민감하다는 점이 저를 괴롭히네요. 저는 왜 이런 걸까요? 제가 뭔가 잘못된 사람인 것 같아요.

상담사: 지금 안나 씨는 삶에서 오래전에 있었던 어떤 일로 인해 낙담하고 있는 것 같아요. 혹시 그때 당신을 비판하던 사람들 때문에 겪었던 불공평하거나 예측하기 어려운 상황에서 자신을 보호하려고 했던 건 아닐까요?

안나: (잠시 멈춤) 선생님께서 그렇게 말씀해 주시니 그렇게 나쁘게 느껴지지는 않아요.

상담사: 그 시점에서 당신은 최선을 다했어요. 하지만 이제는 사물을 보는 방식을 바꾸기 위해 노력할 수 있는 위치에 있으며, 이것도 역시 큰 힘이 필요하죠.

안나와 나는 해석의 의미를 더 자세히 탐구했다. 하지만 이야기를 나누는 동안 나는 대화 속에서 직관적인 반응을 느꼈다. 그것은 우리가 안나의 실제 경험을 바탕으로 구체적인 행동에 더 집중해야 할 치료적 방향으로 나아가고 있다는 것이었다. 이 시점에서 안나에 대한 공감적 이해를 바탕으로 성취 단계로의 전환이 적절해 보였다.

성취 단계

열한 번째 상담에서는 행동 변화에 초점을 맞추는 동시에 이전 통합 단계에서 만들어진 안나의 스키마를 정리하는 작업도 포함시켰다. 안나의 개인 모델은 치료 과정을 통해 더욱 정교해졌으며, 이는 건설적인 행동을 추구하기 위한 특정 기술을 알려 주는 역할을 한다. 이 모델은 세션 초반, 스스로를 제어하는 단계 기술을 소개할 때 활용되었다.

안나: 저는 도미닉에게 제가 사물을 보는 방식에 대한 변화를 시도하고 있다고 이야기했어요. 그에게 말을 할지 말지 고민했지만, 그는 이해심을 가지고 매우 잘 들어 줬어요. 도미닉은 훌륭한 리더는 항상 비판을 받지만, 비판에 대처하는 방법을 찾는다고 말해 줬어요.

상담사: 남자 친구가 해 준 말이 그가 당신이 겪고 있는 일을 잘 이해하고 있으며, 당신을 응원하고 있다는 걸 보여 주네요. 당신이 소중히 여기는 사람과 자신이 하고자 하는 일을 공유하면, 계속 노력하는 게 조금 더 수월해질 수 있다는 것을 느끼셨을 것 같아요. 이건 직장에서의 팀워크와 비슷한 개념일 수 있어요.

안나: 정말 그래요. 그런데도 가끔 제가 실수를 저지르거나 일을 더 잘 할 방법에 대한 생각으로 돌아가는 것을 발견해요. 그러면 긴장이 점점 쌓이는 게 느껴져요. 이건 정말 강한 습관이에요

상담사: 그런 생각은 안나 씨가 연습해 온 생각과는 정반대인 것 같네요. 안나 씨가 말했듯이 완벽주의적인 생각은 오랜 시간 동안 안나 씨와 함께해 왔고, 그것들이 단번에 사라질 것이라고 기대

하는 건 비현실적이에요. 이와 관련해서 질문을 하나 드리고 싶은데요. 혹시 실수에 대해 생각하기 시작하거나 모든 것을 완벽히 해야 한다는 생각이 들 때, 어떤 느낌이 드는지 알고 있나요?

안나: (잠시 멈춤) 네, 제가 긴장된 상태로 들어가기 시작하는 걸 거의 매번 느낄 수 있어요.

상담사: 좋아요. 여기 한 가지 방법이 있어요. 완벽주의적인 사고에 빠지기 시작한다고 느낄 때, 스스로를 제어해 실수를 피하려 하거나 완벽하려고 하는 생각을 멈춰 보세요.

안나: 그런 일이 시작되는 걸 알아차릴 수 있을 것 같아요. 그치만 이 방법이 쉽지는 않을 것 같아요.

상담사: 더 도움이 될 수 있는 방법은 그런 생각을 멈추게 해 주는 사진을 보거나 무언가를 만져 보는 거예요.

안나: 제 휴대전화에 있는 미튼스의 사진을 보면 좋을 것 같아요. 미튼스는 아무것도 걱정하지 않는 것 같거든요.

남은 회기에서 안나와 나는 그녀의 삶을 바라보는 방식을 바꾸는 일과 그녀의 노력을 뒷받침하는 데 필요한 행동 기술에 대해 논의했다. 객관적 공감의 입장에서 나는 안나가 직장에 복귀하는 것에 대한 감정을 공감적으로 탐구해야 할 필요성을 점점 더 인식하게 되었다. 다음 회기에서 이 우려는 더욱 시급해졌다. 이에 대응하여, 성취 가능한 기술을 세분화하여 소개하는 것이 안나가 주목받는 것에 대한 두려움을 다루는 데 시의적절한 것으로 보였다.

상담사: 직장에 복귀하는 결정에 대해 많은 이야기를 나누었어요. 안나 씨에게 정말 어려운 부분은 사무실에 있는 사람들을 다시 보는

것이죠.

안나: 제가 마치 마법처럼 제 책상에 나타날 수만 있다면 좋겠어요.

상담사: 몇 주 동안 사무실을 비운 후 복귀한다는 생각이 안나 씨를 압도할 것 같아요. 사무실에 출근할 계획을 단계적으로 세우면 도움이 되지 않을까 싶은데요. 복귀하는 과정을 작은 단계로 나누어 접근할 수 있다는 겁니다.

안나: 제가 뭘 할 수 있을지 잘 모르겠어요.

상담사: 한 가지 방법은 대부분의 사람이 집에 간 후 하루가 끝나고 사무실에 가는 거예요.

안나: 도움이 될 것 같아요. 그러면 책상에 앉아서 몇 분 동안이라도 편안하게 있을 수도 있을 것 같아요.

상담사: 그것을 세분화하기 위해 다른 아이디어를 생각해 낼 수 있나요?

안나: (잠깐 멈춤) 일찍 출근해서 직장에서 마주치는 사람이 적을 수 있게 하는 건 어떨까요? 그러면 제가 출근할 때 저를 보는 사람이 많지 않을 거예요.

상담사: 그 방법도 안나 씨에게 도움이 되겠군요.

세션의 나머지 시간 동안 우리는 안나가 직장에 복귀하기 위한 행동 계획에 대해 더 자세히 집중했다. 우선, 안나에게 부정적인 경험을 단계적으로 노출하도록 했다. 또한 상담의 목적이 어느 정도 해결되는 듯했기 때문에 종결 계획에 대한 논의도 시작했다. 안나와 나는 다시 만나기까지 2주의 시간을 두는 것이 함께 보내는 시간을 마무리하는 데 도움이 될 것이라고 생각했다.

안나의 계획에 대해 이야기할 때, 주관적 공감의 입장에서 안나가 책상에 만족스럽게 앉아 있는 모습과, 직원이 몇 명만 있는 사무실에 도착하는 모습을 쉽게 상상할 수 있었다. 상호관계적 공감의 입장에서 안나와 나는 계획을 세우는 데 협력했고, 그 계획은 현실적이고 성취 가능해 보였다.

마지막이자 열세 번째 만남에서 안나는 직장 복귀에 대한 감정을 공유하고 싶어 했다. 동시에 그녀는 '마치 그런 것처럼 행동하기'라는 행동 지향적 기술을 시도해 본 경험을 공유했다.

안나: 서둘러 말씀드리고 싶어서 기다릴 수가 없었어요. 사무실 복귀는 정말 부드럽게 잘 진행됐어요. 거의 모든 사람이 떠난 후에 도착했고, 늦게까지 일하는 사람이 몇 명뿐이었어요. 사람들은 저에게 매우 친절했죠. 또한 복귀 첫날 일찍 도착했는데, 그게 많은 도움이 되었어요.

상담사: 안도감을 느끼셨고, 기분이 정말 좋으셨을 것 같아요.

안나: 맞아요. 저는 심지어 그 일이 있었던 여자 화장실을 들여다보기도 했어요. 그곳을 가 보는 게 불안했지만, 너무 흥분하기 전에 스스로를 바로잡을 수 있었어요.

상담사: 그렇게 하는 건 쉽지 않았을 텐데요. 용기가 필요했겠네요.

안나: 하지만 정말 중요한 일이 또 있었어요. 직장에 복귀한 지 며칠 후, 데블린 씨가 사무실에서 만나자고 했어요. 부사장인 데블린 씨를 기억하시죠? 그녀는 저에게 수석 회계사 자리를 제안했어요.

상담사: 깜짝 놀라셨겠지만, 그럴 수도 있다고 생각하셨죠.

안나: 네. 좋은 점은 코니가 몇 주 후에 은퇴할 때까지 일을 시작하지 않아도 된다는 거예요. 저는 이에 대해 많이 생각해 왔어요. 코니로부터 훈련을 받을 거라는 걸 알고 있고, 그게 도움이 될 거라고 생각해요.

상담사: 안나 씨가 희망적인 것 같이 보이긴 하지만, 다소 불확실해 보이기도 하네요.

안나: 저는 데블린 씨에게 그 일을 수락하겠다고 말했지만, 제 결정에 대해 불안해지기 시작했어요.

상담사: 조금 다르게 들릴 수도 있지만, 다른 아이디어를 제안하고 싶네요. 안나 씨가 할 수 있는 일은 일정 기간 동안 안나 씨가 코니 씨인 것처럼 행동하는 것입니다.

안나: 무슨 말씀이신가요?

상담사: 안나 씨가 코니 씨를 관찰하고, 그녀의 감독 역할에서 효과적인 것처럼 보이는 몇 가지 일을 알아차리고, 그것을 시도해 보는 거예요. 이 방법이 어떻게 들리시나요?

안나: 잘 모르겠지만, 제가 알아차린 한 가지는 코니가 가끔 제 책상에 들려서 제가 어떻게 지내는지 묻는다는 거예요. 우리는 항상 일에 대해 이야기하지는 않는데, 저는 그게 좋았어요.

상담사: 안나 씨는 안나 씨만의 방식으로 일을 하기도 하지만, 코니 씨가 하는 일을 지켜보고 그것이 당신에게 어떤 면에서 맞는지 볼 수도 있을 거예요.

함께하는 시간이 끝나 갈 무렵, 안나는 앞으로 일이 어떻게 돌아가는지 알려 주겠다고 했다. 마지막 세션 후 약 2개월 뒤에 그녀가 나에게 문자를 보내 왔다. 일은 잘 진행되고 있었고, 몇 주밖에 지나지 않았지만 안나는 회계팀을 책임지는 데 익숙해지고 있다고 했다. 안나는 또한 남자 친구와 약혼했다는 기쁜 소식을 전해 주었다. 안나는 내가 그녀의 고양이 미튼스가 특별하다고 말했을 때 나와 함께 이야기하는 데 조금 더 편안함을 느끼기 시작했다고 말하며 결론을 지었다.

상담 및 심리치료 사례 연구에 대한 결론

안나와 약 3개월 동안 만나면서, 그녀가 도전에 직면하고 성장을 위해 노력하는 모습을 통해 인간 정신의 강인함을 목격할 수 있는 소중한 기회를 얻었다. 함께하는 동안 나는 공감적 자기 활용을 최대한 실천하고자 노력했다. 많은 경우, 공감적 관점에서 주관적인 자세를 취할 때 안나의 실제 경험에 더 깊이 공감할 수 있었다. 또한 객관적 공감의 입장으로 전환하면 더 합리적인 사고와 정보에 기반한 인식이 가능했다. 상호관계적 입장에서는 공감적 이해를 전달함으로써 안나는 상처와 수치심으로부터 자신을 보호하기 위해 형성해 온 삶의 관점을 탐구하고 재구성할 수 있었다.

나는 수년간 상담과 심리치료에서 공감의 통합 모델을 사용해 왔지만, 매번 각 내담자가 새롭고 흥미로운 이야기를 품고 있다는 사실을 깨닫는다. 비교적 짧은 기간 동안, 나는 내담자의 실제 경험이 즉각적으로 드러나는 치료 여정에 함께 동행한다. 모든 내담자와 함께하는 방식이 저마다 독특하기는 하지만, 보편적으로 삶에서 공통되게 나타나는 관계적인 차원이 존재한다. 아마도 이러한 점이 공감을 개인적이면서도 궁극적으로 인간적인 소통의 방식으로 만드는 이유일 것이다.

제6장

공감: 연구, 훈련, 실무에서의 통합 모델

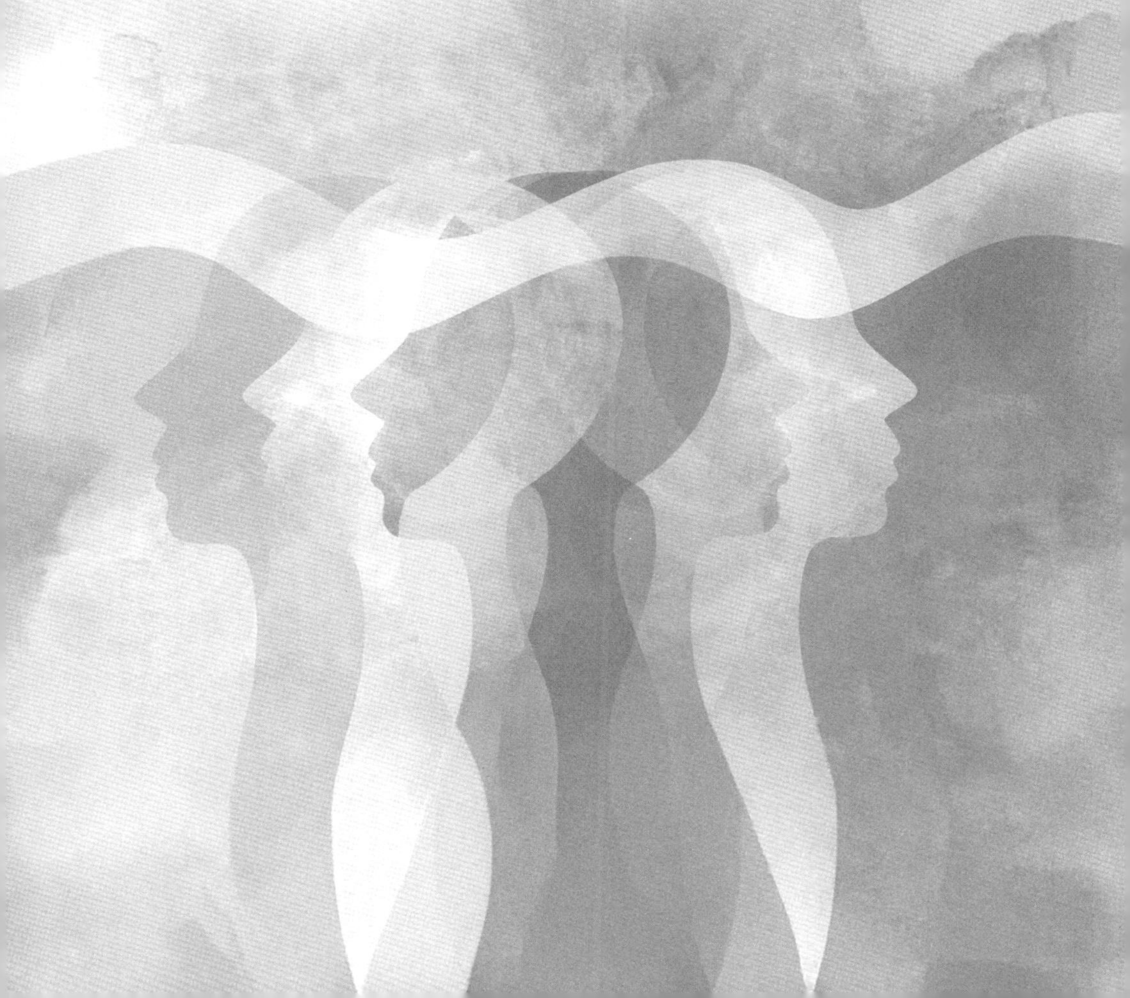

상담 및 심리치료에서 공감을 정의하고 개념화하려는 수십 년간의 노력에도 불구하고, 공감의 근본적인 속성과 기능에 대한 합의는 여전히 이루어지지 않고 있다. 정신건강 분야에 종사하는 일부 사람에게 공감은 본질적이고 고유한 요소들을 밝히려는 노력을 비웃듯 모호하거나 심지어 신비로운 특성을 보인다. 반대로, 다른 이들에게 공감 및 공감적 이해는 관찰 가능하고 다양한 치료 맥락에서 훈련 및 개발이 가능한 개념이라고 이해되고 있다. 그러나 이러한 관점은 종종 상담사나 치료사가 내담자를 이해하기 위한 노력의 일환으로 언어적 노력에만 초점이 맞춰져 공감의 정의가 좁거나 모호하다며 비판을 받기도 한다. 또한 공감의 기능은 흔히 치료적 반영 기술과 동일시되기도 한다. 결과적으로, 미묘하고도 복잡한 공감의 개념은 지나치게 단순화되거나 그저 단순한 의사소통 반응으로 축소되는 경향이 있다. 이렇듯 공감에 대한 개념적 명확성이 부족하고 본질적 속성에 대한 혼란이 존재하는 상황에서는, 관련 연구나 교육, 실무에서의 노력이 자주 제약을 받게 되고 효과성 측면에서도 평가가 어렵다(Segal, Gerdes, Lietz, Wagaman, & Geiger, 2017; Sesso, Brancati, Fantozzi, Inguaggiato, Milone, & Masi, 2021).

역사적인 관점에서 1960년대 초기 연구자들은 상담 및 심리치료의 이론화와 훈련 과정에서 공감의 행동 표현을 강조했다. 학자들은 다양한 반응 기술의 구성 요소를 구체화하고, 이를 효과적으로 적용하는 데 있어서 전문성을 갖출 수 있도록 체계적인 실천 방안을 상세히 기술했다. 이와 별개이지만 관련 프로그램으로, 평생교육 분야에서 학생 및 실무자들의 공감 능력을 개발하기 위해 설립된 특수 훈련 프로그램 또한 마련되어 있다. 이러한 훈련을 위한 방법론은 다양한 치료 대상자와 공감적으로 소통하는 데 필요한 이해력과 민감성을 확장하는 데 초점이 맞추어져 있다. 현대적인 접근으로는 공감의 통합 모델이 다양한 기술 습득 절차와 양립 가능하며, 공감 훈련 프로그램의 혁신적인 발전을 이루는 데에도 적용될 수 있다. 따라서 다중 관점의 틀(multiple perspective framework)은 현재 발전하고자 하는 움직임과 더불어 최상의 실천 사례를 기반으로 하며, 상담 및 심리치료에서 공감과 관련된 방대한 문헌을 반영하고 있다.

공감 능력을 개발하는 것에 대한 역사적 관점

초기 공감 훈련 이론가들

1950년대, 칼 로저스는 개인을 대상으로 한 경험적 학습 방식으로서의 공감 훈련을 언급했다(Rogers, 1951). 로저스의 관점에 따르면, 문학 작품에 노출되고, 연극에서 역할을 맡아 보는 경험, 그리고 현상학적인 접근을 강조하는 심리학 수업을 수강해 보는 것이 학생들의 공감 능력을 개발하는 데 도움이 된다고 보았다. 로저스는 또한 삶을 살아가는 과정에서 타인의 관점을 이해하려는 민감성과 수용성이 공감적인 상담사나 치료사가 되도록 준비되는 데 도움이 된다고 보았다. 이후 그의 저술에서 로저스(1957, 1975)는 공감 능력의 배양은 타인의 삶의 경험에 치료적으로 조율하는 경험적 교류를 통해 이루어진다고 주장했다. 그러나 그는 동시에 구조화되거나 체계적인 과정을 통해 훈련을 통한 노력으로 상담사가 공감적 기술을 습득하는 것을 제안하지는 않았다. 대신, 로저스(1975)는 공감 능력이 공감적인 태도를 유지하는 사람들과의 상호작용을 통해 가장 잘 배양된다고 보았다. 그는 저술, 강연, 영화 및 영상 자료를 통해 공감의 치료적 가치와 무조건적인 긍정적 존중 및 진정성과 같은 촉진적 조건들이 내담자의 성장과 발달을 증진시키는 데 중요한 역할을 한다고 강조했다(Rogers, 1957, 1975; Shostrum, 1965). 치료 맥락을 넘어선 노력의 연장선상에서 로저스는 공감 프로그램의 진행 범위를 부모, 교사, 그리고 다양한 배경을 가진 사람들로 확대했다(Rogers & Freiberg, 1994).

경험적인 방식으로 공감 능력을 키워 가야 한다는 그의 입장을 유지하면서 로저스(1975, 1959)는 공감의 과정을 일시적인 상태나 기법이 아닌 태도로 개념화하기 시작했다. 이에 따라 로저스(1959)는 공감의 경험을 다음과 같이 정의했다. "타인의 내적 준거체계를 정확하게, 그리고 그와 관련된 감정적 요소와 의미를 마치 그 사람이 된 것처럼 지각하되, 항상 '마치(as if)'라는 조건을 잃지 않는 것이다"(pp. 210-211). 그는 자신이 내린 공감의 정의가 현상학적인 뿌리를 가지고 있어 조작적 성격이 부족하며 연구에 적합하지 않다고 인정한 동시에, 배럿-레너드(Barrett-Lennard,

1962)와 트루액스(Truax, 1967)와 같은 학자들이 연구와 실전에서 잠재적으로 측정 가능한 공감의 개념을 제안했다고 언급했다(Rogers, 1975). 또한 로저스(1975)는 보다 통합적이고 성숙한 치료사가 높은 수준의 공감 수준을 나타내며, 치료 관계에 있는 내담자와의 상호작용에서 더욱 도움이 될 수 있다고 보았다. 그는 "이상적인 치료사는 무엇보다도 공감적이어야 한다."(p. 4)라고 강조했다(Rogers, 1975).

그러나 로저스가 치료 맥락에서 내담자가 의미하는 바를 이해하려는 공감적 태도를 강조한 반면, 다른 학자들은 공감의 핵심 요소로서 상담사의 행동 반응에 초점을 맞추기 시작했다. 그 결과, 로저스는 체계적인 행동 기반 훈련 프로그램을 지지하지 않았다는 이유로 강한 비판을 받았다. 예를 들어, 카커프와 베렌슨(Carkhuff & Berenson, 1977)은 로저스의 치료 접근법에 대해 "그의 유일한 기여는 감정 반영 기법뿐이다."(p. 273)라고 평가했으며, 이어서 이들은 그의 연구를 더욱 강하게 비판하며, "로저스의 철학적 성향으로 인해 공감 훈련의 발전을 수용하지 못했으며, 결국 그 발전의 역사적 각주(footnote)에 불과하다고 결론지었다." (p. 273)라고 지적했다. 이러한 비판에 대해 로저스는 그의 치료 과정이 단순하고 기계적인 방식으로 희화화되는 것이라고 여겨 큰 충격을 받았으며, 공감적 태도를 훈련의 관점에서 치료 관계에서 어떻게 구현할 수 있을지에 대한 논의에 대해 수년간 침묵했다(Rogers, 1975, 1986).

로저스의 태도 중심적 접근과는 대조적으로, 트루액스와 카커프(1967), 그리고 카커프와 베렌슨(1977)은 상담 및 심리치료에서 공감 능력 및 다른 도움이 되는 기술을 개발할 수 있도록 하는 체계적이고 조작 가능한 훈련 방법을 처음으로 고안한 이론가들 중 하나였다(Vinton & Harrington, 1994). 이들은 구조화된 학습 과제를 통해 제한된 치료 기술을 가진 사람이 기초 및 고급 치료 기술을 익힐 수 있도록 하는 데 집중했다(Carkhuff, 2009; Carkhuff & Berenson, 1977). 훈련생들은 강의와 경험적인 활동들을 결합한 체계적인 교육과정과 공식적인 연습을 통해 관찰 가능하고 측정 가능한 치료적 반응을 습득하게 되었다. 대개 훈련생들은 다수의 상담 세션 녹음 자료를 듣고, 내담자-상담사 상호작용을 역할극으로 연습했으며, 이후 치료적 상호작용의 질에 대해 피드백을 받은 후에 점진적으로 실제 내담자를 대상으로 상담을 수행하는 단계로 나아갔다(Ridley, Kelly, & Mollen, 2011).

훈련의 효과를 정량화하기 위한 노력의 일환으로, 연구자들은 숙련된 상담사의 공감 및 기타 의사소통 반응을 정의하고 평가하기 위해 척도를 개발했다(Truax, 1967; Truax & Carkhuff, 1967). 기존 문헌을 종합적이고 비판적으로 검토한 결과, 체계적이고 통합적인 과정을 통해 양성된 상담사는 도움 기술이 향상된다는 연구들이 보고되었다(Carkhuff, 2009; Carkhuff & Berenson, 1977). 그러나 카커프와 그 동료들이 자신들의 실증 연구를 통해 대인관계 훈련 모델을 강하게 옹호한 반면, 다른 연구자들은 공감 및 기타 반응 기술에 대한 구성 타당도가 부족하고 이를 지나치게 단순화했다고 비판했다(Nerdrum, 1997). 또한 공감 및 관련 기술을 초기 단계에서 효과적으로 개발하는 데 어려움이 있으며, 치료적 적용과 긍정적인 치료 결과를 입증하는 데 한계가 있다는 지적도 제기되었다(Nerdrum, 1977; Ridley et al., 2011).

현대적 공감 훈련의 시작

반응 기술과 공감 로저스, 카커프를 비롯한 초기 이론가들은 비판적 검토의 대상이 되기도 했으나, 그들의 혁신적인 노력은 상담 및 심리치료 분야에서 공감과 반응 기술(response skills)에 관한 연구와 훈련이 시작되고 확장되며 정교화되는 데 중요한 영감을 주었다(Egan & Reese, 2019). 이후 수십 년간 학문적 발전을 통해 공감의 개념은 효과적인 치료법의 핵심 요소로 자리 잡게 되었고, 관련하여 학생들과 실무자들이 접근할 수 있는 수많은 문헌이 출간되었다(Cochran & Cochran, 2021; Cormier, Nurius & Osborn, 2017; Egan & Reese, 2019; Hill, 2020; Hutchinson, 2015; Ivey, Ivey, & Zalaquett, 2018; Slattery & Park, 2020; Sommers-Flanagan & Sommers-Flanagan, 2017; Young, 2021). 그러나 이러한 문헌들에서 공감은 일반적으로 반응 기술 중 하나로 다루어지거나, 일부 반응 기술의 구성 요소로 간주되기도 했으며, 특히 감정 반영, 의미 반영 및 직면은 공감을 수반하는 개념으로 가장 자주 언급되었다. 또한 공감을 직접적으로 언급하기보다는 여러 반응 기술을 명확히 설명하는 데 집중하는 경향도 나타났다. 한편, 치료 동맹의 균열, 역전이, 개인 평가와 같은 전략적 기술들은 공감이나 공감적 이해와의 연관성에 있어 일관되게 강조되지는 않았다. 이는 공감을 훈련 목적으로 전략적 기술과 함께 다루는 것이 어려운 점, 또는 일부 학자가 공감과 개입을 명시적으로 연결 짓지 않는 경향 때문일 수 있다.

상담 및 심리치료 프로그램에서, 반응 기술의 훈련은 대개 강의식 교육(didactic instruction), 개인 경험 및 기술을 연결하는 활동,

모델링과 관찰, 역할극, 그리고 학생 피드백과 슈퍼비전을 포함한다(Castillo, 2018). 학생들의 역량 개발을 지지하는 차원에서 대부분의 기술 관련 문헌들은 반응 기술을 시연하는 웹 기반 영상들과 상호작용할 수 있는 연습 과제들과 같은 보충 자료들을 제공하고 있다. 그러나 기술 개발에 초점을 맞춘 문헌들이 좀 더 체계적이고 조작적인 접근을 고안해 내는 데 있어서 발전해 왔다는 것은 명확하지만, 이러한 자료의 제공이 치료 성과의 뚜렷한 향상으로 이어지는가에 대한 논쟁은 여전히 지속되고 있다. 특히 한계점으로, 상담사 혹은 치료사의 역량에 대한 일관된 모델이 부족하다는 점과 인지적 과정과 정서적 과정을 충분히 통합하지 못한다는 점이 있다. 또 다른 우려는 상담사의 내적 대화(internal dialogue)나 사고 과정(thought processes)에 대한 관심이 부족하고, 반응 기술을 보다 넓은 맥락에서 다루는 데 어려움이 있으며, 인지적 복합성(cognitive complexity)의 과정이 충분히 고려되지 않았다는 것이다(Bloom, McNeil, Flasch, & Sanders, 2018; Ridley et al., 2011). 이와 함께, 훈련생이나 실무자가 관찰 가능한 기술과 행동을 넘어서는 보다 깊고 미묘한 공감적 태도의 요소를 개발하는 데 있어서도 지속적인 어려움이 존재한다(Cooper, Yap, O'Brien, & Scott, 2020). 뿐만 아니라, 현대에 나온 정신건강 분야의 학술 연구들 사이에서 공감의 의미에 대한 합의가 부족한 것은 또 다른 주요한 문제이다. 〈표 6-1〉은 상담 및 심리치료에서 공감에 대한 다양한 정의를 정리하고 있다.

〈표 6-1〉 여러 상담 및 심리치료 문헌 속 공감의 정의

"도움을 주는 사람이 높은 수준의 공감적 이해를 전달하는 능력은, 도움을 받는 사람의 경험을 함께 경험하거나 그 경험과 합쳐지는 능력, 자신의 판단을 보류한 채 이 경험을 성찰하는 능력, 자신의 불안을 견디고 이러한 이해를 도움을 받는 사람에게 전달하는 능력을 포함하는 것으로 보인다"(Carkhuff & Berenson, 1977, p. 9).
"보다 넓은 의미에서 공감이란 타인의 세계를 온전히 경험하는 것이다. 타인의 감정이 핵심이지만, 공감은 또한 사고, 신념과 인식, 행동, 그리고 감정 · 사고 · 행동 간의 상호작용을 포함한다. 공감은 타인의 내면 세계, 즉 그 사람의 전체적이고 독특한 개인적 경험을 함께 경험하는 것이다"(Cochran & Cochran, 2021, p. 58).
"공감은 자신의 관점이 아닌 타인의 준거 틀에서 사람을 이해하는 능력으로 설명될 수 있다"(Cormier et al., 2017, p. 79).
"존중을 나타내는 중요한 방법 중 하나가 공감이다. 즉, 내담자를 그의 관점에서 이해하고, 적절한 시점에 이를 내담자에게 전달하는 능력이다. 간단히 말하자면, 공감은 타인의 경험, 인지, 행동, 감정에 대한 이해를 포함하며, 이에 더해 그 사람의 환경이 이러한 요소들에 미치는 영향을 이해하는 것까지 포함한다고 할 수 있다"(Egan & Reese, 2019, p. 53).
"공감은 내담자를 인지적 수준(그들의 생각과 표현)과 정서적 수준(그들의 감정)에서 모두 이해하는 것이다. 또한 공감에는 내담자를 진심으로 아끼고, 비판 없이 수용하며, 내담자의 반응을 예측할 수 있는 능력, 그리고 자신의 경험을 내담자에게 민감하고 정확하게 전달하는 것이 포함된다"(Hill, 2020, p. 434).
"공감은 내담자의 눈을 통해 세상을 보는 것을 가능하게 하며, 비유적으로 말하면 일정 기간 동안 내담자의 신발을 신고 걸어 보는 것

과 같다. 이를 위해서는 타인의 관점에서 세상을 지적으로 이해하는 능력과 함께, 타인이 세상을 어떻게 느끼는지를 아는 능력이 필요하다"(Hutchinson, 2015, p. 90).
"내담자의 세계와 이야기를 마치 그 사람이 된 것처럼 경험하는 것, 그의 핵심 문제를 이해하고, 자신의 생각, 감정 또는 의미를 덧붙이지 않고 이를 정확하게 전달하는 것"(Ivey et al., 2018, p. 370).
"공감이란 경험, 추론, 그리고 행동을 요구하는 다차원적인 상호관계적 과정이다"(Sommers-Flanagan & Sommer-Flanagan, 2017, p. 228).
"심리치료 과정의 핵심 요소는 치료사가 환자의 감정과 그 감정의 의미를 정확하고 민감하게 **인식하고 전달하는 능력**이다"(Truax & Carkhuff, 1967, p. 285).
"내담자의 감정과 세계관을 이해하고 소통하는 **능력**. 타인의 이야기 속 사실, 감정, 의미를 파악하고 이를 내담자에게 전달하는 **능력**. 즉, 타인의 경험 속으로 '자신을 이입할 수 있는' **능력**이다"(Young, 2021, p. 317).

직접적 공감 훈련 공감에 대한 다양한 개념과 실천을 반영하는 기술 개발 문헌에 초점이 맞춰지고 있는 가운데, 최근 연구에서는 학생들과 훈련생들의 공감 능력을 개발하기 위한 직접적 공감 훈련(direct empathy training)에 대한 논의가 이루어지고 있다. 이러한 훈련은 반응 기술 교육과 유사한 방법을 활용하며, 교수법 및 경험적 활동을 강조한다(Benster & Swerdlow, 2020; Erera, 1977). 강의, 시범, 역할극, 영상 시청 및 그룹 토의 등은 직접적 공감 훈련 프로그램에서 일반적으로 사용되는 요소들이다(Barone, Hutchings,

Kimmel, Traub, Cooper, & Marshall, 2005; Bloom et al., 2018). 일부 접근법에서는 마음챙김 훈련(minfulness training)도 포함하는데, 이는 실무자로 하여금 집중하고, 보다 편안한 상태를 유지하며, 내담자에 대해 덜 비판적으로 반응할 수 있도록 돕는 등 간접적인 방식으로 공감에 영향을 미칠 수 있다(Benster & Swerdlow, 2020; Lam, Kolomitro, & Alamparambil, 2011). 공감은 직접적 훈련과 같은 노력을 통해 발전할 수 있는 것으로 나타났지만, 여러 비판적 검토에서는 훈련 방법론과 결과에 대한 평가와 관련하여 다양한 우려를 보고하고 있다(Bayne & Jangha, 2016; Bloom et al., 2018; Lam et al., 2011; Teding van Berkhout & Malouff, 2016).

랩과 동료들(Lam et al., 2011)의 직접적 공감 훈련에 대한 메타분석에 따르면, 검토된 29개의 연구 중 대다수가 공감을 명확히 개념화하거나 정의하지 않았으며, 일부 연구는 훈련 전달 방식(training delivery methods)을 제대로 설명하지 않았다. 또한 거의 모든 연구에서 훈련 후 개인이 실제로 공감적인 행동을 보인다는 증거를 제시하지 못했다. 블룸과 동료들(Bloom et al., 2018)은 특정 훈련 기제가 긍정적인 학습 결과를 촉진하는가에 대한 명확한 이해가 부족하기 때문에, 상담 프로그램이 학생들을 위한 훈련을 어떻게 효과적으로 수행할 수 있을지에 대해 불확실성이 존재한다고 결론지었다. 공감의 개념이 여러 상담 기법 교과서에서 다양한 범주 내에서 설명이 이루어지고 있고, 관련 일부 문헌에서 보다 작은 개념인 반응 기술의 일부로 표현되어 있기도 하다는 점에서, 직접적 공감 훈련을 별도의 연구 분야로 소개하는 것은 학생, 연구자, 실무자에게 혼란을 줄 수 있다. 기법 개발과 훈련 방법론이라는 두 가지 방법이 상호보완적으로 작용할 수 있다고 보더라도, 이 둘 사이에는 필연적으로 일관성 부족 및 중복 문제의 발생과 같은 이슈가 존재할 수밖에 없다.

연구, 훈련 및 실천에서의 공감의 통합 모델

현대적 개념으로서 공감의 통합 모델은 공감 과정에 대한 다양한 관점을 평가하고, 치료 기술을 강화하며, 공감의 기능을 확장하는 혁신적 접근법을 활용할 기회를 제공한다. 지난 수십 년간 정신건강 분야에서는 공감을 수행적 요소(operational elements)와 태도적 요소(attitudinal elements)를 반영하는 방식으로 정의하려는 다양한 시도가 이루어져 왔다. 이러한 도전적인 탐구 과정에서 치료 맥락에서의 공감에 대한 방대한 이론 및 문헌 연구가 발전해 왔으며, 이제는 공감의 의미에 대한 합의(consensus)에 도달하는 것이 가능할지도 모른다는 단계에 이르렀다. 그러나 결국 공감에 대한 공통된 이해 수준을 달성하는 것 없이는 훈련, 연구 및 실천에 있어서의 불완전성과 불일치성에 대한 문제가 지속될 것이다. 이에 대해 공감의 통합 모델은 좀 더 넓고 포괄적인 시각을 통해 상담 및 심리치료에서 공감 과정을 수행할 수 있도록 하는 다중 양식의 틀(multiple modality framework)을 제공한다. 물론, 통합 모델을 통해 공감을 정의하는 것은 제시된 여러 고려사항을 통해 합의된 상태에 도달한 것과는 거리가 있지만, 공감이라는 개념의 의미를 어느 정도 합의된 방향으로 발전시키기 위한 논의를 시작하는 데 있어 유용한 탐색적(heuristic) 구조를 제공할 수 있다.

통합 모델에서의 공감은 상담사나 치료사가 전달하는 단계적 기술(stage skills)과 전략적 기술(strategic skills)에 있어서 필수적 요소로 작용한다. 이러한 본질적인 기능으로서의 공감은 치료 관계를 강화하고, 내담자의 자기 인식을 촉진하며, 치료적 상호작용을 조율하는 고차원적 준거 틀(higher-order frame of reference)의 역할을 한다. 특히 공감과 공감적 이해는 내담자의 독특한 경험과 존재 방식을 수용함으로써 치료 기술을 향상시킨다. 또한 공감의 통합 모델은 다양한 치료 환경에서 공감 훈련의 필요성을 해결하는 도구의 역할도 한다. 이러한 맥락에서 직접적이거나 전문화된 공감 훈련은 통합 모델의 이론적 틀을 포함하는 한에서 유의하다고 볼 수 있다. 예를 들어, 학생이나 실무자는 주관적 공감의 양식을 하나의 이론적 구조로 익힐 수 있으며, 이 공감 방식에 요소들을 명확히 이해하기 위해 혁신적이고 창의적인 활동들을 포함하는 직접적 공감 훈련을 받을 수 있다. 또한 이러한 훈련은 교육적 노력을 강화하는 데 기여할 수 있다(Lu, Dane, & Gellman, 2005; Neukrug, Bayne, Dean-Nganga, & Pusateri, 2013; Teding van Berkhout & Malouff, 2016). 이렇듯 공감 훈련은 개인의 상상력(imaginative capacity)을 활용하는 것에 초점을 맞추어 왔으며, 이러한 기능은 통합 모델 내에서 주관적 공감의 요소로 자리 잡고 있다(Bell, 2018; Clark & Simpson, 2013; Decety & Grézes, 2006).

상담 및 심리치료에서의 공감의 통합 모델은 이론적 구조, 단계적 기술, 전략적 기술을 강조한다. **이론적 구조**는 내담자와의 치료적 교류 속에서 경험하는 다양한 치료 양식의 융합을 통해 공감을 실천하는 삼원적 틀을 제공한다. **단계적 기술**은 세 단계의 치료 과정과 연결된 열네 가지 공감 기반 개입을 포함하며, **전략적 기술**은 상담사가 치료 과정 전반에 걸쳐 공감적으로 수행해야 하는 열네 가지 핵심 기능과 관련이 있다. 공감의 통합 모델 내에서 단계적 기술 및 전략적 기술과 관련하여, 인지적으로 복합적인 관점(cognitively complex stance)은 내담자와의 치료적 상호작용에서 다양한 시각을 이해하고, 통합하며, 적용할 수 있는 능력을 포함한다(Granello, 2010; Wilkinson, Saltis, & Dewell, 2020). 연구 결과에 따르면, 높은 수준의 인지적 복합성은 보다 간결하고 정확한 공감적 반응을 촉진하고, 다양성에 대한 이해를 높이며, 여러 관점을 수용할 수 있도록 한다고 제시되었다(Castillo, 2018; Granello, 2010; Wilkinson & Dewell, 2019).

공감의 통합 모델

공감의 통합 모델에서 주관적 · 객관적 · 상호관계적 관점을 개념화하는 것은 내담자에 대해 관계적 맥락에서 보다 균형 있고 포괄적인 이해를 하도록 돕는다. 각 양식은 개별적인 것으로 이해될 수 있지만, 상담 및 심리치료에서 공감을 온전히 포착하고자 할 때 이러한 양식들이 상호 의존적인 특성을 지닌다는 점을 인식할 필요가 있다. 예를 들어, 상담사나 치료사는 주관적이고 상호관계적인 공감의 즉각적인 경험에서 벗어나, 객관적 공감이 지닌 이론적이고 논리적인 사고의 위치로 전환할 수 있다. 이처럼 다양한 지식 기반 사이에서 반복적으로 이동하는 것을 통해, 상담사는 내담자에 대한 공감적 이해를 확장하고 심화하고자 한다. 인지적으로 복잡한 관점을 바탕으로 공감의 통합 모델을 훈련하는 과정에서는, 각각의 공감적 입장을 구분하는 동시에 통합적으로 설명할 수 있도록 발전시키는 것이 중요하다(Wilkinson et al.,

2020). 〈표 6-2〉는 주관적 · 객관적 · 상호관계적 공감 양식의 정의를 제공하고 있다.

〈표 6-2〉 주관적 · 객관적 · 상호관계적 공감 양식의 정의

주관적 공감은 서로 마음이 울리면서 반응하는 공명 과정(resonating process)을 통해 동일시, 상상, 직관, 신체적 반응 등의 내적 능력을 활성화하여 내담자의 경험을 공감적으로 이해하는 것이다.
객관적 공감은 참고 과정(referential process)을 통해 신뢰할 수 있는 학문적 연구 및 치료 경험을 활용하여 내담자에 대한 합리적이고 체계적인 이해를 증진하는 것이다.
상호관계적 공감은 관계적 과정(relational process)을 통해 치료적 상호작용 및 기술을 활용하여 내담자와의 정서적 연결을 형성하고 점진적으로 깊이 있는 이해를 도모하는 것이다.

공감의 통합 모델을 교육 및 훈련 환경에서 소개할 때, 치료적 관계에서 그 형식과 기능이 명확히 구별될 수 있도록 그 구조가 명확하여 비판적인 분석이 가능해야 한다(Main, Walle, Kho, & Halpern, 2017). 학생 및 실무자는 다양한 관점의 공감 개념과 공감의 양식 사이에서 유동적으로 이동하는 개념이 익숙하지 않을 가능성이 크다. 공감에 대한 태도적 차원과 행동적 차원 간의 다양한 정의와 논쟁에 대해 논의하는 것은 상담 및 심리치료에서 공감이 어떻게 표현되는지에 대한 역사적 맥락을 형성해 왔다. 공감에 대한 주관적 · 객관적 · 상호관계적 인식 방식에 대한 개요를 제공하는 것은 공감의 통합 모델이 가진 개념적 범위와 응용 가능성을 인식하는 데 필수적이다. 수업 현장에서 공감에 대해

교육적이고 경험적이며 혁신적인 활동들을 고안하는 것은 학생들이 공감의 삼원적 모델(tripartite model)과 관련된 방대한 연구 자료를 자신의 경험과 연결할 수 있도록 도울 수 있다. 예를 들어, 상상력과 직관이 타인의 경험을 공감적으로 이해하는 데 어떻게 기여하는지 토론하는 것은 효과적인 교육적 접근 방식이 될 수 있다. 또한 역할극 시나리오를 활용하여 상상 속 장면에서 직관적으로 반응하도록 유도하는 체험적인 연습을 수행하면, 주관적 공감의 관점에서 내담자의 경험을 일시적으로 공명하는 기회를 제공할 수 있다. 세 가지 공감 양식 중 선택된 요소들을 활용하여 이와 유사한 방식으로 접근하는 것은, 통합 모델에 내재된 차별화와 통합 과정에 대한 인식을 높이는 데 도움이 된다.

단계적 기술

공감의 다중 관점의 모델을 명확히 이해한 후 단계적 기술에 집중하는 것은 치료 과정 전반에서 공감을 통합할 수 있는 가능성에 대한 인식을 촉진한다. 연구 결과에 따르면, 체계적인 훈련을 통해 상담 기법을 습득하는 것은 좀 더 높은 수준의 인지적 복합성을 동시에 발달시킬 수 있다고 한다(Duys & Hedstrom, 2000; Little, Packman, Smaby, & Maddux, 2005; Wilkinson et al., 2020). 공감의 다중 관점을 통합하는 것을 통해 반응 기술의 기능을 확장하는 것은 내담자에 대한 이해의 깊이와 유연성을 높이고 반성적 실천(reflective practice)을 통해 치료적 상호작용을 보다 효과적으로 조정하는 데 기여한다(Davidson & Schmidt, 2014; Granello, 2010; Krasner, Howard, & Brown, 1998).

예를 들어, 치료 과정의 중반부(혹은 통합 단계)에서 상담사는 주관적 공감의 입장에서 내담자의 행동에 나타나는 불일치를 감지할 수 있다. 이후 상담사는 객관적 공감의 입장으로 전환하여 중요한 치료 조건과 적절한 절차를 인식하고, 이를 바탕으로 내담자를 직면할 수 있다. 이어서 상담사는 상호관계적 공감의 태도를 취하며 내담자의 기능적 불일치를 인식하면서도 민감하고 지지적인 방식으로 직면에 대해 이야기할 수 있으며, 동시에 내담자의 반응을 즉각적으로 반영하고 공감적으로 대응할 수 있는 입장에 서게 된다(Davidson & Schmidt, 2014; Owen & Lindley, 2010; Slattery & Park, 2020). 이러한 경험적이고 이론적인 지식을 융합하는 과정은 직면 및 기타 다른 단계적 기술을 적절한 시점에 선택하고 활용하는 데 도움이 된다. 나아가 공감의 다양한 관점을 활용하는 것은 상담 및 심리치료 문헌을 기반으로 한 단계적 기술을 더욱 강화하는 역할을 한다(Ridley et al., 2011). 〈표 6-3〉에서는 상담 및 심리치료에서 치료 과정의 세 가지 단계별로 적용되는 단계적 기술을 제시하고 있다.

〈표 6-3〉 상담 및 심리치료에서의 단계적 기술

관계 형성 단계 및 관계 기술	통합 단계 및 통합 기술	성취 단계 및 성취 가능한 기술
• 감정 반영 • 의미 반영 • 격려 • 즉시성 • 질문 • 침묵 • 자기 개방	• 직면 • 관점 전환 • 인지 재구성 • 해석	• 자기에 대해 알아차리기 • 마치 그런 것처럼 행동하기 • 세분화하기

상담 및 심리치료에서의 교육 및 치료적 실천을 위한 학술 저서로서, 다양한 상담 기술 관련 문헌들은 특정 반응 기술에 대한 지침과 절차를 제공하고 있다. 또한 최근 문헌에서는 각 단계적 기술에 초점을 맞춘 고전적 및 현대적 자료들을 폭넓게 접근할 수 있다. 연구 및 훈련 관점에서, 단계적 기술 내에서 공감을 통합하는 것은 반응 기술의 실용적인 응용뿐만 아니라, 공감의 통합 모델에서 강조하는 공감을 촉진하는 기제들을 치료 맥락에서 활용하는 것을 포함한다(Bayne & Jangha, 2016; Bloom et al., 2018; Loughran, 2019). 이러한 정도의 통합 수준은 기존의 반응 기술 중심의 접근을 넘어서는 연구와 훈련에 대한 노력을 잠재적으로 촉진시키기도 한다(Bloom et al., 2018). 상담사나 치료사의 훈련 범위를 확장하여 공감의 다양한 방식을 강조하는 단계적 기술을 포함시키는 것은 내담자의 변화를 촉진시키고 상담의 효과성을 높이는 보다 포괄적이고 통합적인 접근법을 제공한다(Ridley et al., 2011). 이론적으로 볼 때, 단계적 기술은 상담 및 심리치료에서 공감의 태도적 요소와 행동적 요소를 모두 포함한다. 이러한 맥락에서, 상담 기술 습득을 태도의 이슈로 볼 것인지, 행동의 이슈로 볼 것인지에 대한 오랜 논쟁은 점차 통합적인 방향으로 나아가고 있다.

전략적 기술

상담 및 심리치료에서 반응 기술과 단계적 기술이 필수적인 과정이긴 하지만, 연구자들은 여전히 상담사의 역량을 더욱 폭넓고 정교한 모델로 발전시킬 필요성을 제기하고 있다(Bloom et al.,

2018; Ridley et al., 2011; Feller & Cottone, 2012). 특히 다양한 치료 맥락에서 상담사나 치료사가 마주하는 상황들에 대해 충분한 훈련이 부족하다는 점이 중요한 우려 사항으로 지적되고 있다. 이러한 비판에 대응하여, 공감의 통합 모델은 상담사의 단계적 기술을 넘어 전략적 기술을 포함하도록 하는 개념적 틀을 제공한다. 다양한 방법론적 개념과 실천적 접근은 공감을 전략적 기술의 필수 요소로 통합함으로써 강화되었다. 예를 들어, 일차 및 이차 변화, 다문화적 차원, 치료 동맹의 균열과 같은 중재 기법들은 전략적 사고와 행동을 요구하며, 기술 개발과 훈련이 필요한 핵심 역량들이다. 이러한 기술들의 집합은 치료 실무에서 가장 도전적이고 복잡한 요소들을 포함하며, 공감이 이러한 기능들에 통합될 때 치료 효과가 강화된다. 〈표 6-4〉는 상담 및 심리치료에서의 전략적 기술을 제시하고 있다.

〈표 6-4〉 상담 및 심리치료에서의 전략적 기술

방법론적 개념	실천적 접근
• 내담자에 대한 즉각적이고 확장된 지각	• 위협에 대한 반응
• 일차 및 이차 변화	• 역전이
• 스키마 이론	• 치료 동맹의 균열
• 다문화적 차원	• 꿈 작업
• 공감과 동정의 구분	• 비언어적 의사소통
• 치료 과정의 단계	• 상담사의 고통 및 외상
	• 개인 평가

이러한 전략적 기술들은 상담 및 심리치료에서 반성적 실천에 기반한 분석적이고 문제 해결 중심적인 접근 방식을 강조

한다. 치료 과정에서 상담사나 치료사는 숙고하는 사고 방식(deliberative ways of thinking)을 통해 자신의 행동과 내담자의 행동을 인식하고 비판적으로 평가하게 된다(Cologon, Schweitzer, King, & Nolte, 2017; Davidson & Schmidt, 2014). 통합 모델의 관점에서 반성적 실천은 주관적 공감과 상호관계적 공감에서 발생하는 경험적 반응을 조절할 때 객관적 공감을 활용하는 것과 관련이 있다. 예를 들어, 정신건강 상담사인 심바(Simba)는 경험적 방식의 공감을 통해 내담자와 감정적으로 공명하면서 치료 동맹의 균열이 발생했음을 알게 된다. 심바는 즉시 객관적 공감의 입장으로 전환하여 관계적 균열에 대한 자신의 행동과 내담자의 행동을 내적으로 평가한다. 신속한 평가를 통해 심바는 그녀 자신과 내담자 사이에서 감정적 긴장을 유발한 자신의 책임을 인식하고, 감정적 반응을 조절하며 치료의 방향을 모색한다. 다시 상호관계적 입장으로 전환하여 심바는 내담자와 공감적 교류를 나누며 관계적 긴장을 회복하고자 노력한다.

반성적 실천의 개념에서 전략적 기술, 단계적 기술, 그리고 공감의 관계를 설명하는 데 있어 쇤(Schön, 1987)은 치료 맥락에서 반성적 행동(reflection actions)의 두 가지 유형을 구분했다. 행동 후 성찰(reflection-on-action)은 상담사나 치료사가 사건이 발생한 후에 행동에 대해 숙고하는 것이라면, 행동 중 성찰(reflection-in-action)은 상담사나 치료사가 치료 과정에서 실시간으로 숙고하며 기능하는 것을 강조한다(Stafford & Bond, 2020). 이 두 가지 성찰 유형을 구분하는 것은 치료사로 하여금 전략적으로 평가하고 수정하며 공감적으로 치료 상황에 반응할 수 있도록 하는 자기 인식 및 집중력을 요구한다. 특히 상담사의 성찰의 이중적인 특성은 내담자와의 다양한 만남에서 행동 **중**이나 **후**에 사고의 측면을 명확히 해 준다. 안드레(Andre)의 치료 사례를 함께 살펴보자. 안드레는 개인상담센터를 운영하는 상담사로, 자신이 특정 내담자들에게 과보호적인 관계를 형성하는 경향이 있음을 인지하게 된다. 그는 방치되거나 버려진 경험이 있는 개인을 만날 때 특히 역전이 반응이 강하게 나타남을 깨닫는다. 치료 세션 중 한 내담자가 버려짐의 이슈를 언급했을 때, 안드레는 보호적이고 보살피고 싶은 감정을 강하게 경험하게 된다. 이때 그는 행동 중 성찰을 통해 자신의 역전이 반응을 자각하고 객관적 공감의 입장으로 전환한다. 이후 행동 후 성찰 과정에서 자신이 취약한 내담자들에게 과보호적인 태도를 보이는 패턴이 있다는 것을 상기하고, 다음 세션에서 상호관계적 공감의 입장에서 보다 균형 잡힌 태도를 유지하고자 노력한다.

반성적 실천의 또 다른 핵심 요소는 다양한 치료 맥락에서 발생하는 도전 과제를 해결하기 위한 문제 해결적 접근(problem-solving approach)을 강조한다는 것이다(Bager-Charlestown, 2020; Cooke & Matarasso, 2005). 상담사나 치료사는 전략적 기술을 활용할 때, 반성적 실천과 인지적으로 복잡한 태도를 통합하고, 치료적으로 내담자의 문제를 해결하는 방향으로 나아간다. 이러한 자기 인식 또는 자기 정돈(self-refinement)을 함으로써 상담사는 내담자와 공명하며 숙고된 방식으로 반응할 수 있게 된다. 인지적으로 복합적인 관점에서 내담자 정보의 다양한 출처를 차별화하고 통합하는 능력은 전략적 기술을 공감적으로 처리하는 데 필수적이다. 특히 개인 평가는 전략적 기술 중 가장 도전적인 영역 중 하나로, 치료사는 내담자의 중요한 기능을 차별화하고 이를 통합하여 실행 가능한 모델을 개발해야 한다. 이 과정에서 치료사는 다양한 공감의 관점을 지속적으로 활용하는 것이 요구된다. 반성적 실천의 관점에서, 이중 행동 지향(dual-action orientations)은 비판적 평가를 통해 행동과 경험을 의도적으로 성찰함으로써 내담자에 대한 공감적 이해를 증진시킨다(Davidson & Schmidt, 2014). 여기서 중요한 것은 자기성찰과 공감 능력의 향상 간의 연관성은 상담사가 자신과는 다른 내담자의 경험을 열린 마음으로 수용하도록 하는 데 기여한다는 것이다(Joireman, Parrott, & Hammersla, 2002).

자기성찰을 촉진하고 개인적 편향과 왜곡을 줄이고자 하는 노력의 일환으로, 상담사와 치료사는 투사 기법을 활용하여 자신의 초기 기억을 평가해 볼 수 있다(Clark, 2002, 2012, 2018). 내담자에게 했던 것과 비슷한 과정을 경험함으로써 상담사의 초기 기억은 상담사로 하여금 삶에 대한 뿌리 깊은 신념의 의미를 공감적으로 이해하도록 하는 데 기여할 수 있다(Clark, 2013). 치료사는 이러한 기억에서 도출된 내용을 통해 자기와 타인, 그리고 사건이라는 삶의 스키마를 조직화할 수 있다. 이를 통해 상담사는 **신념적 편향**(convictional bias)이라고도 볼 수 있는 자신의 핵심 신념을 인식하게 되는데, 이는 전략적 기술과 단계적 기술을 활용한 치료적 상호작용에 부당하거나 무의식적인 영향을 미칠 가능성이 있다(Clark, 2010a, 2018). 치료 사례로, 정신건강의학과 간호사인 아이샤(Ieisha)는 높은 수준의 자기효능감과 위험을 감수하는 성향의 삶의 스키마를 가지고 있다. 치료 맥락에서 아이샤는 환자들로 하여금 더 큰 위험을 감수하도록 미묘한 압력을 가하는 경향이 있으며, 이는 환자가 그런 행동을 할 준비가 되어 있지 않거나 역량이 부족할 때에도 마찬가지였다. 그러나 아이샤는 자신의 위험 감수 성향과 그것이 환자와의 상호작용에 미치는 영향에 대해 거의 자각하고 있지 못했다. 이후 초기 기억을 활용한 자기성찰 과정을 통해 아이샤는 자신의 신념적 편향에 대한 가능성을 인식하고 이를 조정할 수 있는 기회를 갖게 된다.

훈련의 관점에서 볼 때, 전략적 기술의 개발 과정에서 통합 모델을 적용하면, 학생들은 인지적으로 복합적인 치료 맥락 속에서 반성적 실천을 하게 된다. 학생들은 또한 전략적 기술을 배우게 되면서 반성적 사고 능력과 복합적인 치료적 이슈를 비판적으로 검토하는 능력을 기르게 되기도 한다(Cooke & Matarasso, 2005; Davidson & Schmidt, 2014). 순환적으로, 다중 관점의 모델을 적용하면 반성적 실천과 인지적으로 복합적인 사고 과정을 통해 전략적 기술의 습득이 촉진되기도 한다. 전략적 기술 개발에 대한 개념적인 기반을 이해한 학생들은 교육적 및 경험적 학습을 통해 단계적 기술 교육과 유사한 활동들을 수행할 수 있게 된다. 전략적 기술을 참여형 토론(participatory discussion) 방식으로 도입하면, 해당 과정과 관련된 학문적 연구 및 문제 해결 접근법에 익숙해지는 틀이 제공된다. 각 전략적 기술을 비판적으로 분석함으로써 치료 장면에서 공감적으로 개입하는 것의 복합성과 도전 과제에 대한 이해가 깊어지는 것이다. 또한 해당 기술과 관련된 고전 및 현대 문헌에 대해 아는 것은 전략적 개입 및 실천 지침의 이론적 토대를 명확히 이해할 수 있도록 돕는다. 경험적 학습 활동을 강조하는 측면에서는, 모델링 관찰(observations of modeling), 사례 연구(case studies), 역할극(role-taking), 피드백, 그룹 토론 등을 포함할 수 있으며, 이를 통해 공감의 통합 모델의 맥락에서 전략적 기술을 개발할 수 있다.

공감의 통합 모델과 학생, 슈퍼바이지 및 실무자의 역량 개발

상담 및 심리치료에서 공감을 어떻게 정의하고 적용할 것인지에 대한 합의가 부족하기 때문에, 많은 훈련 프로그램은 공감에 대해 효과적으로 가르치는 데 어려움을 겪고 있다(Lyons & Hazler, 2002; Mullins, 2011). 한편, 학생, 슈퍼바이지 및 실무자가 공감에 대한 일관된 역량을 개발할 수 있도록 돕는 교수법은 긍정적인 치료 결과로 이어질 수 있다. 이러한 점에서 블룸과 동료들(Bloom et al., 2018)은 정신건강 프로그램들이 상담사들로 하여금 내담자와 공감적인 관계를 형성할 수 있도록 돕는 기회를 놓치고 있을 가능성을 제기했다. 보하트와 그린버그(Bohart & Greenberg, 1997)는 수년 전부터 공감 반응 기술(empathy response skills)에 대한 교육을 넘어, 실무자의 내적 자기 인식을 포함하는 복잡한 인지 및 정서 과정을 강조하는 교육이 필요하다고 주장해 왔다. 또한 다른 연구자들도 진심 어린 공감을 자아내는 실무자의 내적 과정(예: 생리 반응, 심상 반응 등)을 포함하는 교육 및 슈퍼비전의 필요성을 지적한 바 있다(Coutinho, Silva, & Decety, 2014; Greason & Cashwell, 2009).

공감과 학생의 역량 개발

수업을 통한 교육과 치료 맥락에서의 공감 및 공감적 이해에 관한 방대한 문헌을 통해 공감의 통합 모델을 학생들에게 소개할 수 있다. 그러나 동시에 공감 및 공감 기반 기술들에 대한 치료적 접근과 개발을 위해 시간과 자원을 헌신하는 것은 가르치는 이와 프로그램 코디네이터에게 중요한 결정이 된다. 공식적인 강의 세팅에서 통합 모델은 기법 개발 모델에 적용될 수 있으며, 이는 교육목표를 보완하는 방식으로 활용될 수 있다. 일반적인 기법 교재에서는 공감의 관점을 보강하여 단계적 기술과 전략적 기술을 통합적인 틀 내에서 교육할 수 있도록 구성하고 있다(Egan & Reese, 2019; Chen & Giblin, 2018). 공감의 통합 모델은 상담 및 심리치료 이론(Corey, 2017; Fitch, Marshall, Matise, & McCullough, 2020; Manzano Boulton & Davis, 2019; Sommers-Flanagan & Sommers-Flanagan, 2018), 개인 평가(Leichtman & MacCluskie, 2018), 정신병리학(Bayne & Hays, 2017; Hankammer, Snyder, & Hankammer, 2006), 다문화적 실천(Bayne, Conley, & Colburn, 2020; Love, Smith, Lyall, Mullins, & Cohn, 2015; Vandiver & Duncan, 2010), 그리고 실습 및 인턴십(Baird & Mollen, 2019; DePue & Lambie, 2014) 등 다양한 프로그램 과목에서 활용할 수 있다. 공감 교육이 단순한 기술 개발 과정을 넘어 확장되면서, 공감은 다양한 치료 환경에서 보다 높은 고차원적 준거 틀로 이해되고 있다. 학생들은 체계적인 교수법을 통해 성장하면서 인지적 복합성과 반성적 실천을 적용할 기회를 더 많이 갖게 되고, 이를 통해 공감 능력과 전문적 역량을 더욱 향상시킬 수 있다(Davidson & Schmidt, 2014; Greason &

Cashwell, 2009; Kindsvatter & Desmond, 2013).

상담 및 심리치료 프로그램 중 학생들이 외현적 행동을 넘어 보다 깊이 있는 공감 능력을 기르고, 더 근본적이고 포괄적인 방식으로 공감을 실천할 수 있는 역량을 기르고자 할 때, 마음챙김 훈련은 확장된 수준의 공감 발달에 기여하는 것으로 나타났다(Cooper et al., 2020; Rabb, 2014). 마음챙김은 개인이 현재 순간의 경험을 인식하는 것을 강조하며, 즉각적인 경험에 대한 공감적 인식을 높이는 데 도움을 준다(Mullins, 2011; Turner, 2009). 마음챙김의 실천을 통해 상담사나 치료사는 천천히 호흡을 조절하고, 바쁜 마음을 가라앉힘으로써 자기 인식을 증가시키고 감정을 조절하는 능력을 향상시킬 수 있다(Napoli & Bonifas, 2011; Wagaman, Geiger, Shockley, & Segal, 2015). 최근 연구에서는 마음챙김과 공감 간의 상관관계가 그리 크지 않다고 보고되고 있긴 하지만, 마음챙김의 질적인 특성은 상담사가 개인적인 잡념에서 벗어나 내담자의 상태에 보다 공감적으로 몰입할 수 있는 환경을 조성하는 데 기여한다(Cooper et al., 2020; Greason & Cashwell, 2009; Keng, Smoski, & Robbins, 2011). 마음챙김을 통해 정서 반응을 조절하는 것은 상담사로 하여금 주관적 공감과 반성적 실천의 과정을 더욱 잘 활용할 수 있도록 한다(Thomas & Otis, 2010). 때때로 상담사가 치료 세션 사이에 몇 분간 마음챙김 자세를 유지하는 것은 다음 내담자를 만나기 전에 보다 수용적인 정서 상태로 전환하는 데 도움이 될 수 있다(Turner, 2009).

공감과 슈퍼바이지의 역량 개발

대학원 수준의 정신건강 전문가들은 종종 단기적으로나 장기적으로 슈퍼비전을 받게 된다(Bernard & Goodyear, 2019). 주요 슈퍼비전 모델들은 일반적으로 슈퍼바이지의 치료적 기술 및 전문적 역량을 향상시키기 위해 발달적이고 통합적인 접근 방식을 강조한다(Corey, Haynes, Moulton, & Muratori, 2021; McNeill & Stoltenberg, 2016). 현대의 여러 슈퍼비전 현장에서는 공감과 공감적 이해의 함양 및 실제적 적용을 중점으로 삼고 있다(Angus & Kagen, 2007; Watkins & Scaturo, 2013). 이와 관련하여 딘(Dean, 1984)은 공감이 슈퍼비전 관계에 참여하는 모든 개인, 즉 내담자, 슈퍼바이지, 그리고 슈퍼바이저를 연결하는 중요한 요소라고 언급했다. 슈퍼바이지가 내담자와 공감적 유대감을 형성하려 노력할 때, 공감적 슈퍼바이저의 지지를 받는 경험은 그로 하여금 치료 기법 및 치료 역량을 발전시키는 데 긍정적인 영향을 미친다. 이를 위해 슈퍼바이저는 협력적인 상호작용을 통해 형성되는 관계 안에서 슈퍼바이지와 내담자를 공감적으로 이해하고자 한다(Dean, 1984). 공감적인 연결을 유지하는 것은 슈퍼바이저에게 내담자의 어려움뿐만 아니라, 슈퍼바이지가 효과적인 치료를 제공하는 과정에서 직면하는 어려움을 모두 이해하는 것이 요구되기도 한다(Hook, Watkins, Davis, Owen, van Tongeren, & Ramos, 2016; Watkins & Scaturo, 2013).

공감의 통합 모델은 슈퍼비전의 발달적 목표와 일관성을 유지하면서, 슈퍼비전 과정에서의 통합적 접근을 촉진한다. 슈퍼바이저와 슈퍼바이지 모두 다중 관점의 틀에 익숙할 경우, 내담자와 공감적 유대감을 형성하는 과정에 대한 상호 이해가 가능해진다. 이러한 보다 높은 고차원적 준거 틀은 슈퍼바이저와 슈퍼바이지가 치료 사례 및 가능한 치료 방향을 논의할 때 공통된 언어와 개념적 이해를 공유할 수 있도록 한다. 하나의 예로서, 슈퍼바이지인 루(Lu)는 30대 후반의 내담자인 글래디스(Gladys)와 치료적 유대를 형성하는 데 어려움을 겪고 있는 상황을 슈퍼바이저에게 설명하며 상당한 스트레스를 호소한다. 이에 대해 슈퍼바이저는 루가 경험하는 관계의 어려움에 공감하며, 그녀의 반응을 명확히 이해하고자 노력한다. 슈퍼바이저는 대화 중 여러 시점에서 다음과 같은 질문을 한다. "글래디스와 함께 있을 때 어떤 느낌이 드나요?" "글래디스를 이해하는 데 방해가 되는 요소는 무엇인가요?" "글래디스가 약물 남용에 대해 이야기할 때 신체적으로 반응했다고 했는데, 그때 어떤 느낌이 들었나요?" 슈퍼바이저의 질문과 이후 논의를 통해 루는 자신에 대한 인식이 높아지고, 내담자와 공감적으로 연결될 수 있는 능력이 향상됨을 경험하게 된다.

한편, 슈퍼바이지나 슈퍼바이저가 공감의 통합 모델과 그 의미에 익숙하지 않은 경우도 있다. 그러나 이들이 훈련이나 자기주도 학습을 통해 공감적 틀을 배우고자 노력한다면, 통합 과정에 대한 이해를 넓힐 수 있다. 또한 슈퍼바이지와 슈퍼바이저 모두 일반적으로 인지적 복합성과 치료적 상호작용을 분화되고 통합된 관점에서 이해하는 것의 중요성을 인식하고 있는 경우가 많다(Bernard & Goodyear, 2019; McNeill & Stoltenberg, 2016). 더불어 이들은 반성적 실천의 관점에서 내담자와의 관계를 형성하고, 치료 과정에서 상황에 따라 행동을 조정하는 것의 중요성을 알고 있을 가능성이 높다(Ferreira, Basseches, & Vasco, 2017). 이러한 개념적 이해는 공감의 다양한 양식을 넘나드는 역동을 파악하는 데 도움을 주며, 이는 공감의 통합 모델 내에서 효과적인 치료를 수행하는 데 필수적인 요소이다(Cooke & Matarasso, 2005).

공감과 실무자의 역량 개발

반성적 실천의 관점에서 볼 때, 지속적으로 배우고 문제를 해결하고자 하는 능력은 성공적이고 만족스러운 전문적인 경력을 위한 필수적인 경로이다(Schön, 1987). 상담사나 치료사는 비판적인 자기 평가를 통해 자신의 치료 역량 중 추가적인 개발이 필요한 부분을 의도적으로 점검하고 파악할 수 있다(Bager-Charlestown, 2020). 이러한 맥락에서 실무자는 치료 경험을 되돌아보고, 실행 가능한 개념 및 실천 방식에 대한 새로운 지식을 받아들임으로써 공감적 개입을 촉진할 수 있다. 이러한 탐구와 발견의 태도를 유지하는 숙련된 치료사는 공감의 통합 모델과 그 치료적 함의에 대해 보다 수용적으로 학습할 가능성이 크다. 그러나 이와 동시에 다중 관점의 틀은 상담사가 오랜 기간 동안 형성해 온 공감에 대한 신념 및 개념과는 다른 사고 방식을 제시할 수도 있다. 바라기로는, 이 책이 공감을 치료에서 중심적인 역할로 다루는 접근법에 대해 충분한 설명과 분석을 제공했기를 바란다. 만약 그러한 역할을 한다면, 실무에 있는 상담사는 반성적 실천의 입장에서 공감의 통합 모델이 임상적으로 얼마나 유용하며 치료적 잠재력을 지니는지에 대해 비판적으로 평가하고, 이를 바탕으로 정보에 입각한 결정을 내릴 수 있을 것이다.

연구에 따르면, 상담사나 치료사가 경험을 쌓고 경력이 길어질수록 개인의 인지적 복합성 수준이 증가한다고 한다(Granello, 201). 인지적 복합성의 핵심 요소 중 하나는 치료 과정에서 다중 관점을 유연하게 활용하는 능력이다. 이는 공감의 통합 모델에서도 중요한 요소로, 상담사는 치료 과정에서 주관적 공감, 객관적 공감, 그리고 상호작용적 공감이라는 세 가지 공감 양식 사이에서 초점을 유연하게 전환할 수 있어야 한다. 일반적으로 숙련된 치료사는 다양한 정보원을 변별하고 통합하는 데 능숙하며, 이는 공감의 통합 모델을 효과적으로 적용하는 데 필수적인 치료적 상호작용을 가능하게 한다. 이러한 맥락에서 공감의 통합 모델에 대한 새로운 정보를 상담사의 기존 학습 및 경험과 연결하는 것은 공감적 접근에 대한 이해로 이어지게 한다. 이에 따라 상담사의 경력에 맞춰 교육이 이루어져야 더욱 효과적이기도 하다(Granello, 2010). 또한 숙련된 상담사나 치료사는 개념적으로 잘 정리된 지속적인 교육 프로그램과 체험 학습이 포함된 워크숍을 선호하는 경향이 있으며(Wilkinson et al., 2020), 많은 경우, 교육 환경에서 학생에게 맞게 설계된 교육 활동도 실무자의 필요에 맞게 조정될 수 있다. 반성적 실무자(reflective practitioner)는 평생 학습자로서 탐색적 학습을 지속하고, 치료 개입과 관련된 새로운 아이디어를 자극적이고 가치 있는 것으로 여기는 경향이 있다(Schön, 1987).

상담 및 심리치료에 있어서 공감에 대한 맺음말

늦은 1970년대의 어느 날, 나는 젊은 청년으로서 매사추세츠주

보스턴에서 열린 칼 로저스의 공개 강연을 듣게 되었다. 그의 강연이 거의 끝나 갈 무렵, 한 청중이 로저스에게 치료적 실천의 측면에서 앞으로 연구하고 싶은 분야가 있는지 질문했다. 이에 대한 대답으로, 당시 70대 중반이었던 로저스는 공감에 대해 더 연구할 수 있으면 좋겠지만, 해야 할 다른 일들이 있어 그렇게 하지 못했다고 했다. 그때 나는 그의 대답을 듣고 다소 혼란스러웠는데, 내게는 그가 이미 공감에 대해 충분한 전문성을 갖춘 사람처럼 보였기 때문에 그런 말을 하는 이유를 이해하지 못했다. 그로부터 수십 년이 지난 지금, 이제 『심리치료를 위한 공감의 기술』이라는 이 책을 마무리하며 나 또한 공감에 대해 더 배우고 싶다는 마음을 가지고 있다. 동시에, 상담 및 심리치료에서 공감을 이해하고 적용하려는 나의 여정은 여전히 깊은 만족감을 주는 과정으로 이어지고 있다.

이 책의 첫 장에서는 공감에 대한 다중 관점을 소개하며, 보다 확장적이고 포괄적인 정의를 소개했다. 이제 이 책을 마무리하며, 상담 및 심리치료 교육에서 공감의 통합 모델을 적용하는 방향을 제안하고자 했다. 본문에는 세계 각지의 여러 학자가 수십 년간 심도 있는 연구를 통해 축적해 온 공감과 공감적 이해에 대한 방대한 지식이 담겼다. 공감의 통합 모델은 이러한 고전과 현대 문헌의 풍부한 자원을 토대로, 다양한 치료 맥락 속에서 이론적이고 실천적인 측면을 체계화하려는 시도이다.

이 책을 통해 내가 가장 바라는 것은, 공감의 깊이 있고 울림 있는 연구에 기여하는 한편, 연구 · 교육 · 실무 현장에서 공감이라는 본질적인 요소가 이를 탐구하는 모든 이를 존중하는 작은 실천으로 이어지는 것이다. 궁극적으로, 공감에 대한 연구와 치료적 적용은 상담 및 심리치료의 인간적 상호작용을 통해 다양한 사람의 삶을 향상시키는 데 중요한 의미를 지닐 것이다.

참고문헌

Ackerman, S. T., & Hilsenroth, M. (2003). A review of therapist characteristics and techniques positively impacting the therapeutic alliance. *Clinical Psychology Review*, *23*, 1–33.

Adler, A. (1914a). Das problem der "distanz": Über einen grundcharakter der neurose und psychose [The problem of "distance": A basic feature of neurosis and psychosis]. *Internationale Zeitschrift fur Individual Psychologie*, *1*, 8–16.

Adler, A. (1914b). Zur kinderpsychologie und neurosenforschung [The study of child psychology and neurosis]. *Wiener Klinische Wochenschrift*, *27*, 511–516.

Adler, A. (1927). *Understanding human nature* (W. B. Wolfe, Trans.). New York, NY: Greenberg.

Adler, A. (1935). The structure of neurosis. *International Journal of Individual Psychology*, *1*, 3–12.

Adler, A. (1936). On the interpretation of dreams. *International Journal of Individual Psychology*, *2*, 3–16.

Adler, A. (1937). Significance of early recollections. *International Journal of Individual Psychology*, *3*, 283–287.

Adler, A. (1958). *What life should mean to you* (A. Porter, Ed.). New York, NY: G. Putnam. (Original work published 1931)

Adler, A. (1964). *Social interest: A challenge to mankind* (J. Linton &

R. Vaughan, Trans.). New York, NY: Capricorn Books. (Original work published 1933).

Adler, A. (1969). *The science of living* (H. L. Ansbacher, Ed.). Garden City, NY: Anchor Books. (Original work published 1929).

Agosta, L. (1984). Empathy and intersubjectivity. In J. Lichtenberg, M. Bornstein, & D. Silver (Eds.), *Empathy I* (pp. 43–61). Hillsdale, NJ: The Analytic Press.

Alma, H. A., & Smaling, A. (2006). The meaning of empathy and imagination in health care and health studies. *International Journal of Qualitative Studies on Health and Well–Being*, *1*, 195–211.

Allen, T. W. (1971). The individual psychology of Alfred Adler: An item of history and a promise of revolution. *The Counseling Psychologist*, *3*, 3–24.

American Psychiatric Association (2013). *Diagnostic and statistical manual of mental disorders* (5th ed.). Arlington, VA: American Psychiatric Publishing.

Angus, L., & Kagan, F. (2007). Empathic relational bonds and personal agency in psychotherapy: Implications for psychotherapy supervision, practice, and research. *Psychotherapy: Theory, Research, Practice, Training*, *44*, 371–377.

Ansbacher, H. L., & Ansbacher, R. R. (Eds.). (1956). *The individual psychology of Alfred Adler: A systematic presentation in selections from his writings*. New York, NY: Basic Books.

Arnold, D., Calhoun, L. G., Tedeschi, R., & Cann, A. (2005). Vicarious posttraumatic growth in psychotherapy. *Journal of Humanistic Psychology*, *45*, 239–263.

Asma, S. J. (2017). *The evolution of the imagination*. Chicago, IL:

University of Chicago Press.

Audet, C., & Everall, R. D. (2003). Counsellor self-disclosure: Client-informed implications for practice. *Counselling and Psychotherapy Research*, *3*, 223-231.

Axelrod, M. I. (2017). *Behavior analysis for school psychologists.* New York, NY: Routledge.

Bachelor, A., & Horvath, A. (1999). The therapeutic relationship. In M. A. Hubble, B. L. Duncan, & S. D. Miller (Eds.), *The heart and soul of change: What works in therapy* (pp. 133-178). Washington, DC: American Psychological Association.

Bager-Charlestown, S. (2020). *Reflective practice and personal development in counselling and psychotherapy* (2nd ed.). Thousand Oaks, CA: Sage Publications.

Bagewell-Reese, M. K., & Brack, G. (1997). The therapeutic use of reframing and worldview in mental health counseling. *Journal of Mental Health Counseling*, *19*, 78-86.

Baird, B. N., & Mollen, D. (2019). *Internship, practicum, and field placement handbook: A guide for the helping professions* (8th ed.). New York, NY: Routledge.

Barkham, M. (1988). Empathy in counselling and psychotherapy: Present status and future directions. *Counselling Psychology Quarterly*, *1*, 407-428.

Barone, D. F., Hutchings, P. S., Kimmel, H. J., Traub, H. L., Cooper J. T., & Marshall, C. M. (2005). Increasing empathic accuracy through practice and feedback in a clinical interviewing course. *Journal of Social and Clinical Psychology*, *24*, 156-171.

Barrett-Lennard, G. T. (1962). Dimensions of therapist response as causal factors in therapeutic change. *Psychological Monographs*,

76, No. 43 (Whole No. 562).

Barrett–Lennard, G. T. (1981). The empathy cycle: Refinement of a nuclear concept. *Journal of Counseling Psychology*, *28*, 91–100.

Basch, M. F. (1983). Empathic understanding: A review of the concept and some theoretical considerations. *Journal of the American Psychoanalytic Association, 31*, 101–126.

Batson, C. D., Early, S., & Salvarini, G. (1997). Perspective taking: Imagining how another feels versus imagining how you would feel. *Personality and Social Psychology Bulletin*, *23*, 751–758.

Bayne, H. B., Conley, A. H., & Colburn, A. N. (2020). Counselor empathy; religiosity; and lesbian, gay, and bisexual perspectives. *Counseling and Values*, *65*, 57–74.

Bayne, H. B., & Hankey, M. S. (2000). Exploring cognitive empathy: Further validation of the empathic counselor response scale and application to practice. *Journal of Humanistic Counseling*, *59*, 219–239.

Bayne, H. B., & Hays, D. G. (2017). Examining conditions for empathy in counseling: An exploratory model. *Journal of Humanistic Counseling*, *56*, 32–52.

Bayne, H. B., & Jangha, A. (2016). Utilizing improvisation to teach empathy skills in counselor education. *Counselor Education and Supervision*, *55*, 250–262.

Beck, A. T., Rush, A. J., Shaw, B. F., & Emery, G. (1979). *Cognitive therapy of depression*. New York, NY: Guilford Press.

Beck, A. T., Steer, R. A., & Brown, G. K. (1996). *Manual for the Beck Depression Inventory* (2nd ed.). San Antonio, TX: The Psychological Corporation.

Beck, A. T., & Weishaar, M. E. (2019). Cognitive therapy. In D.

Wedding & R. J. Corsini (Eds.), *Current psychotherapies* (11th ed., pp. 237–272). Boston, MA: Cengage Learning.

Beck, J. S. (2011). *Cognitive therapy: Basics and beyond* (2nd ed.). New York, NY: Guilford Press.

Bell, H. (2018). Creative interventions for teaching empathy in the counseling classroom. *Journal of Creativity in Mental Health*, *13*, 106–120.

Benster, L. L., & Swerdlow, N. R. (2020). Pathways to empathy in mental health care providers. *Advances in Health and Behavior*, *3*, 125–135.

Beres, D., & Arlow, J. A. (1974). Fantasy and identification in empathy. *Psychoanalytic Quarterly*, *43*, 26–50.

Berger, D. M. (1987). *Clinical empathy*. Northvale, NJ: Jason Aronson.

Bernard, J. M., & Goodyear, R. K. (2019). *Fundamentals of clinical supervision* (6th ed.). New York, NY: Pearson.

Bezanson, B. J., & James, S. (2007). Culture–general and culture–specific approaches to counselling: Complementary stances. *International Journal for the Advancement of Counselling*, *29*, 159–171.

Bird, B. E. I. (2005). Understanding dreams and dreamers: An Adlerian perspective. *The Journal of Individual Psychology*, *61*, 200–216.

Blacher, J. H., Murray–Ward, M., & Uellendahl, G. E. (2005). School counselors and student assessment. *Professional School Counseling*, *8*, 337–343.

Blatt, S. J. (1975). The validity of projective techniques and their research and clinical contribution. *Journal of Personality Assessment*, *39*, 327–343

Bloom, Z. D., & Lambie, G. W. (2019). The adolescent measure of empathy and sympathy in a sample of emerging adults. *Measurement and Evaluation in Counseling and Development*. https://doi.org/10.1080/07481756.2019.1667243

Bloom, Z. D., McNeil, V. A., Flasch, P., & Sanders, F. (2018). A comparison of empathy and sympathy between counselors-in-training and their non-counseling academic peers. *The Professional Counselor*, *8*, 341-354.

Bohart, A. C., Elliot, R., Greenberg, L. S., & Watson, J. C. (2002). Empathy. In J. Norcross (Ed.), *Psychotherapy relationships that work: Therapist contributions and responsiveness to patients* (pp. 89-108). New York, NY: Oxford University Press.

Bohart, A. C., & Greenberg, L. S. (1997). Empathy: Where are we and where do we go from here? In A. C. Bohart & L. S. Greenberg (Eds.), *Empathy reconsidered: New directions in psychotherapy* (pp. 419-449). Washington, DC: American Psychological Association.

Bordin, E. S. (1979). The generalizability of the concept of the working alliance. *Psychotherapy: Theory, Research and Practice*, *16*, 252-260.

Bozarth, J. D. (1998). *Person-centered therapy: A revolutionary paradigm*. Ross-on-Wye, UK: PCCS Books.

Brill, M., & Nahmani, N. (2017). The presence of compassion in therapy. *Clinical Social Work Journal*, *45*, 10-21.

Brockhouse, R., Msetfi, R. M., Cohen, K., & Joseph, S. (2011). Vicarious exposure to trauma and growth in therapists: The moderating effects of sense of coherence, organizational support, and empathy. *Journal of Traumatic Stress*, *24*, 735-742.

Brodsky, S. L., & Lichtenstein, B. (1999). Don't ask questions: A psychotherapeutic strategy for treatment of involuntary clients. *American Journal of Psychotherapy*, *53*, 215–224.

Buber, M. (1957). Elements of the interhuman. *Psychiatry*, *20*, 105–113.

Buck, P. S. (1942). *What America means to me*. New York, NY: John Day Company.

Bugatti, A. (2021). *Using relentless empathy in the therapeutic relationship: Connecting with challenging and resistant clients*. New York, NY: Routledge.

Bugental, J. F. T., & Sapienza, B. G. (1994). The three R's for humanistic psychology: Remembering, reconciling, re-uniting. In F. J. Wertz (Ed.), *The humanistic movement: Recovering the person in psychology* (pp. 159–169). Lake Worth, FL: Gardner Press.

Burns, D. D., & Nolen-Hoeksema, S. (1992). Therapeutic empathy and recovery from depression in cognitive-behavioral therapy: A structural equation model. *Journal of Consulting and Clinical Psychology*, *60*, 441–449.

Byrd, R., & Luke, C. (2021). *Counseling children and adolescents: Cultivating empathic connection*. New York, NY: Routledge.

Carkhuff, R. R. (2009). *The art of helping* (9th ed.). Amherst, MA: Possibilities Press.

Carkhuff, R. R., & Berenson, B. G. (1977). *Beyond counseling and psychotherapy* (2nd ed.). New York, NY: Holt, Rinehart and Winston.

Carlozzi, A. F., Bull, K. S., Stein, L. B., Ray, K., & Barnes, L. B. (2002). Empathy theory and practice: A survey of psychologists and counselors. *The Journal of Psychology*, *136*, 161-170.

Castillo, J. H. (2018). Cognitive complexity in counseling and counselor education: A systematic and critical review. *The Journal of Counselor Preparation and Supervision*, *11*(1). Retrieved from https://repository.wcsu.edu/jcps/vol11/iss/3

Chandler, L. A., & Johnson, V. J. (1991). *Using projective techniques with children: A guide to clinical assessment*. Springfield, IL: Charles C Thomas.

Charles, R. (2004). *Intuition in psychotherapy and counselling*. London, UK: Whurr Publishers.

Chen, M-W., & Giblin, N. J. (2018). *Individual counseling and therapy: Skills and techniques* (3rd ed.). New York, NY: Routledge.

Chinen, A. B., Spielvogel, A. M., & Farrell, D. (1985). The experience of intuition. *Psychological Perspectives*, *16*, 186-197

Chismar, D. (1988). Empathy and sympathy: The important difference. *The Journal of Value Inquiry*, *22*, 257-266.

Choca, J. P. (2013). *The Rorschach inkblot test: An interpretive guide for clinicians*. Washington, DC: American Psychological Association.

Chung, R. C-Y., & Bemak, F. (2002). The relationship of culture and empathy in cross-cultural counseling. *Journal of Counseling & Development*, *80*, 154-159.

Clark, A. J. (1991). The identification and modification of defense mechanisms in counseling. *Journal of Counseling & Development*, *69*, 231-236.

Clark, A. J. (1995). Projective techniques in the counseling process. *Journal of Counseling & Development*, *73*, 311-316.

Clark, A. J. (1998). *Defense mechanisms in the counseling process*. Thousand Oaks, CA: Sage Publications.

Clark, A. J. (1999a). Safeguarding tendencies: A clarifying perspective. *The Journal of Individual Psychology*, *55*, 72–81.

Clark, A. J. (1999b). Theoretical and practical issues in working with children's dreams in counseling. *Journal of Humanistic Education and Development*, *37*, 160–168.

Clark, A. J. (2000). Safeguarding tendencies: Implications for the counseling process. *The Journal of Individual Psychology*, *56*, 192–204.

Clark, A. J. (2002). *Early recollections: Theory and practice in counseling and psychotherapy*. New York, NY: Routledge.

Clark, A. J. (2004). Empathy: Implications of three ways of knowing in counseling. *Journal of Humanistic Counseling, Education and Development*, *43*, 141–151.

Clark, A. J. (2007). *Empathy in counseling and psychotherapy: Perspectives and practices*. New York, NY: Routledge.

Clark, A. J. (2009). A new model of empathy in counseling. *Counseling Today*, *52*, 46–47.

Clark, A. J. (2010a). Empathy: An integral model in the counseling process. *Journal of Counseling & Development*, *88*, 348–356.

Clark, A. J. (2010b). Empathy and sympathy: Therapeutic distinctions in counseling. *Journal of Mental Health Counseling*, *32*, 95–101.

Clark, A. J. (2012). Significance of early recollections. In J. Carlson & M. P. Maniacci (Eds.), *Alfred Adler revisited* (pp. 303–312). New York, NY: Routledge.

Clark, A. J. (2013). *Dawn of memories: The meaning of early recollections in life*. Lanham, MD: Rowman & Littlefield.

Clark, A. J. (2016). Empathy and Alfred Adler: An integral perspective. *The Journal of Individual Psychology*, *72*, 237–253.

Clark, A. J. (2017). Understanding the meaning of early childhood recollections from a neuroscience perspective. *The Neuropsychotherapist*, *5*, 32–34.

Clark, A. J. (2018). Dawn of memories: Therapeutic applications of an early recollections interpretation approach. *The Journal of Individual Psychology*, *74*, 351–367.

Clark, A. J., & Butler, C. M. (2020). Empathy: An integral model in clinical social work. *Social Work*, *65*, 169–177.

Clark, A. J., & Simpson, T. M. (2013). Imagination: An essential dimension of a counselor's empathy. *Journal of Humanistic Counseling*, *52*, 164–176.

Clark, D. A. (2014). Cognitive restructuring: A major contribution of cognitive therapy. In S. G. Hofmann & D. J. A. Dozois (Eds.), *Cognitive behavioral therapy: A complete reference guide, Vol. 1. CBT general techniques* (pp. 23–45). Chichester, UK: Wiley-Blackwell.

Cochran, J. L., & Cochran, N. H. (2021). *The heart of counseling: Practical counseling skills through therapeutic relationships* (3rd ed.). New York, NY: Routledge.

Cologon, J., Schweitzer, R. D., King, R., & Nolte, T. (2017). Therapist reflective functioning, therapist attachment style and therapist effectiveness. *Administration and Policy in Mental Health and Mental Health Services Research*, *44*, 614–625.

Cook, J. J. (1964). Silence in psychotherapy. *Journal of Counseling Psychology*, *11*, 42–46.

Cooke, M., & Matarasso, B. (2005). Promoting reflection in mental health nursing practice: A case illustration using problem-based learning. *International Journal of Mental Health Nursing*, *14*, 243-248.

Cooper, D., Yap, K., O'Brien, M., & Scott, I. (2020). Mindfulness and empathy among counseling and psychotherapy professionals: A systematic review and meta-analysis. *Mindfulness*, *11*, 2243-2257.

Cooper, M. (2001). Embodied empathy. In S. Haugh & T. Merry (Eds.), *Rogers's therapeutic conditions: Evolution, theory and practice. Vol. 2: Empathy* (pp. 218-229). Ross-on-Wye, UK: PCCS Books.

Coplan, A. (2011a). Understanding empathy: Its features and effects. In A. Coplan & P. Goldie (Eds.), *Empathy: Philosophical and psychological perspectives* (pp. 3-18). New York, NY: Oxford University Press.

Coplan, A. (2011b). Will the real empathy please stand up? A case for a narrow conceptualization. *The Southern Journal of Philosophy*, *49*, 40-65.

Corey, G. (2017). *Theory and practice of counseling and psychotherapy* (10th ed.). Boston, MA: Cengage Learning.

Corey, G. (2019). *The art of integrative counseling* (4th ed.). Alexandria, VA: American Counseling Association.

Corey, G., Haynes, R., Moulton, P., & Muratori, M. (2021). *Clinical supervision in the helping professions: A practical guide* (3rd ed.). Alexandria, VA: American Counseling Association.

Cormier, S., Nurius, P. S., & Osborn, C. J. (2017). *Interviewing and change strategies for helpers* (8th ed.). Boston, MA: Cengage Learning.

Coutinho, J. F., Silva, P. O., & Decety, J. (2014). Neurosciences, empathy, and interpersonal relationships: Recent findings and implications for counseling psychology. *Journal of Counseling Psychology*, *61*, 541–548.

Cramer, P. (2015). Understanding defense mechanisms. *Psychodynamic Psychiatry, 43*, 533–552.

Cuff, B. M. P., Brown, S. J., Taylor, L., & Howart, D. J. (2016). Empathy: A review of the concept. *Emotion Review*, *8*, 144–153.

Daniel, S. I. F., Folke, S., Lunn, S., Gondan, M., & Poulsen, S. (2018). Mind the gap: In–session silences are associated with client attachment insecurity, therapeutic alliance, and treatment outcome. *Psychotherapy Research*, *28*, 203–216.

Davidson, K. M., & Schmidt, C. D. (2014). Exploring counselor educators' pedagogical practices: Cultivating competent counselors through increased cognitive complexity and reflective practice. *Journal for International Counselor Education*, *6*, 1–27.

Deal, K. H. (2003). The relationship between critical thinking and interpersonal skills: Guidelines for clinical supervision. *The Clinical Supervisor*, *22*, 3–19.

Dean, R. G. (1984). The role of empathy in supervision. *Clinical Social Work Journal*, *12*, 129–139.

Decety, J., & Grèzes, J. (2006). The power of simulation: Imagining one's own and other's behavior. *Brain Research*, *1079*, 4–14.

Decety, J., & Jackson, P. L. (2004). The functional architecture of human empathy. *Behavioral and Cognitive Neuroscience Review*, *3*, 71–100.

Decety, J., & Jackson, P. L. (2006). A social–neuroscience perspective on empathy. *Current Directions in Psychological Science*, *15*, 54–

58.

De Jong, P., & Berg, I. K. (2002). *Interviewing for solutions* (2nd ed.). Pacific Grove, CA: Brooks/Cole.

DePue, M. K., & Lambie, G. W. (2014). Impact of a university-based practicum experience on counseling students' levels of empathy and assessed counseling competencies. *Counseling Research and Evaluation*, *5*, 89-101.

De Rivera, J. L. G. (1992). The stages of psychotherapy. *The European Journal of Psychotherapy*, *6*, 51-58.

DeSilva, R., Aggarwal, N., & Lewis-Fernández, R. (2018). The DSM-5 cultural formulation interview: Bridging barriers toward a clinically integrated cultural assessment in psychiatry. *Psychiatric Annals*, *48*, 154-159.

de Vignemont, F., & Singer, T. (2006). The empathic brain: How, when and why? *Trends in Cognitive Sciences*, *10*, 435-441.

de Wall, F. B. M. (2009). *The age of empathy: Nature's lessons for a kinder society*. New York, NY: Three Rivers Press.

Dinkmeyer, D. C., Jr., & Sperry, L. (2000). *Counseling and psychotherapy: An integrated, individual psychology approach* (3rd ed.). Upper Saddle River, NJ: Prentice-Hall.

Drcar, S. S. J. (2018). Assessment of psychological conditions. In B. McHenry, K. C. MacCluskie, & J. McHenry (Eds.), *Tests and assessments in counseling: A case by case exploration* (pp. 112-125). New York, NY: Routledge.

Duan, C., Rose, T. B., & Kraatz, R. A. (2002). Empathy. In G. S. Tryon (Ed.), *Counseling based on process research: Applying what we know* (pp, 197-231). Boston, MA: Allyn & Bacon.

Duys, D. K., & Hedstrom, S. M. (2000). Basic counselor skills training and counselor cognitive complexity. *Counselor Education and Supervision*, *40*, 8–18.

Dyche, L., & Zayas, L. H. (2001). Cross-cultural empathy and training the contemporary psychotherapist. *Clinical Social Work Journal*, *29*, 245–258.

Edwards, S. D. (2010). A Rogerian perspective on empathic patterns of South African healing. *Journal of Psychology in Africa*, *20*, 321–326.

Egan, G., & Reese, R. J. (2019). *The skilled helper: A problem-management and opportunity-development approach to helping* (11th ed.). Boston, MA: Cengage Learning.

Eisengart, S. P., & Faiver, C. M. (1996). Intuition in mental health counseling. *Journal of Mental Health Counseling*, *18*, 41–52.

Ekman, E., & Halpern, J. (2015). Professional distress and meaning in health care: Why professional empathy can help. *Social Work in Health Care*, *54*, 633–650.

Elliot, R., Bohart, A. C., Watson, J. C., & Greenberg, L. S. (2011). Empathy. *Psychotherapy*, *48*, 43–49.

Elliot, R., Bohart, A. C., Watson, J. C., & Murphy, D. (2018). Therapist empathy and client outcome: An updated meta-analysis. *Psychotherapy*, *55*, 399–410.

Enticott, P. G., Johnston, P. J., Herring, S. E., Hoy, K. E., & Fitzgerald, P. B. (2008). Mirror neuron activation is associated with facial emotion processing. *Neuropsychologia*, *48*, 2851–2854.

Erera, P. I. (1997). Empathy training for helping professionals: Model and evaluation. *Journal of Social Work Education*, *33*, 245–260.

Eubanks-Carter, C., Muran, J. C., & Safran, J. D. (2010). Alliance ruptures and resolution. In J. C. Muran & J. P. Barber (Eds.), *The therapeutic alliance: An evidence-based guide to practice* (pp. 74-96). New York, NY: Guilford Press.

Eudell-Simmons, E. M., & Hilsenroth, M. J. (2007). The use of dreams in psychotherapy: An integrative model. *Journal of Psychotherapy Integration*, *17*, 330-356.

Fall, K. A., Holden, J. M., & Marquis, A. (2017). *Theoretical models of counseling and psychotherapy* (3rd ed.). New York, NY: Routledge.

Farylo, B., & Paludi, M. (1985). Research with the Draw-A-Person test: Conceptual and methodological issues. *The Journal of Abnormal Psychology*, *119*, 575-580.

Felder, A. J., & Robbins, B. D. (2011). A cultural-existential approach to therapy: Merleau-Ponty's phenomenology of embodiment and its implications for practice. *Theory & Psychology*, *21*, 355-376.

Feller, C. D., & Cottone, R. R. (2012). The importance of empathy in the therapeutic alliance. *Journal of Humanistic Counseling, Education and Development*, *42*, 53-61.

Ferenczi, S. (1955). The elasticity of psychoanalytic technique. In M. Balint (Ed.), *Final contributions to the problems and methods of psychoanalysis by Sándor Ferenczi, M.D.* (Vol. 3, pp. 87-102). New York, NY: Basic Books. (Original work published 1928).

Ferreira, J. F., Basseches, M., & Vasco, A. B. (2017). Guidelines for reflective practice in psychotherapy: A reflection on the benefits of combining moment-by-moment and phase-by-phase mapping in clinical decision making. *Journal of Psychotherapy Integration*, *27*, 35-46.

Finn, S. E. (2007). *In our clients' shoes: Theory and techniques of therapeutic assessment*. New York, NY: Psychology Press.

Fischer, A. R., Jome, L. M., & Atkinson, D. R. (1998). Reconceptualizing multicultural counseling: Universal healing conditions in a culturally specific context. *The Counseling Psychologist*, *26*, 525–588.

Fitch, T., Marshall, J., Matise, M., & McCullough, G. (2020). *Introduction to counseling: A condensed text*. New York, NY: Routledge.

Fleming, M. H. (1991). The therapist with the three-track mind. *The American Journal of Occupational Therapy*, *45*, 1007–1014.

Fliess, R. (1942). The metapsychology of the analyst. *The Psychoanalytic Quarterly*, *11*, 211–227.

Fraser, J. S., & Solovey, A. D. (2007). *Second-order change in psychotherapy: The golden thread that unifies effective treatment*. Washington, DC: American Psychological Association.

Freedberg, S. (2007). Re-examining empathy: A relational-feminist point of view. *Social Work*, *52*, 251–259.

Freud, A. (1966). *The ego and the mechanisms of defense* (Rev. ed.). New York, NY: International Universities Press. (Original work published 1936).

Freud, S. (1953). The interpretation of dreams. In J. Strachey (Ed. & Trans.), *The standard edition of the complete psychological works of Sigmund Freud* (Vols. 4 & 5). London, UK: Hogarth. (Original work published 1900).

Freud, S. (1955). Group psychology and the analysis of the ego. In J. Strachey (Ed. & Trans.), *The standard edition of the complete psychological works of Sigmund Freud* (Vol. 18, pp. 65–143). London, UK: Hogarth. (Original work published 1921).

Freud, S. (1959). Inhibitions, symptoms, and anxiety. In J.

Strachey (Ed. & Trans.), *The standard edition of the complete psychological works of Sigmund Freud* (Vol. 20, pp. 87–172). London, UK: Hogarth. (Original work published 1926).

Gallese, V. (2009). Mirror neurons, embodied simulation, and the neural basis of social identification. *Psychoanalytic Dialogues, 19*, 519–536.

Garcia, J. L., & Ford, M. D. (2001). Intuition: The other way of knowing. *Texas Counseling Association Journal, 29*, 80–87.

Gazzola, N., & Stalikas, A. (2004). Therapist interpretations and client processes in three therapeutic modalities: Implications for psychotherapy integration. *Journal of Psychotherapy Integration, 14*, 397–418.

Gelso, C. J. (2011). *The real relationship in psychotherapy: The hidden foundation of change.* Washington, DC: American Psychological Association.

Gelso, C. J. (2019). *The therapeutic relationship in psychotherapy practice: An integrative perspective.* New York, NY: Routledge.

Gelso, C. J., & Hayes, J. A. (2007). *Countertransference and the therapist's inner experience: Perils and possibilities.* New York, NY: Routledge.

Gerdes, K. E. (2011). Empathy, sympathy, and pity: 21st–century definitions and implications for practice and research. *Journal of Social Service Research, 37*, 230–241.

Gerdes, K. E., & Segal, E. (2011). Importance of empathy for social work practice: Integrating new science. *Social Work, 56*, 141–148.

Gerdes, K. E., Segal, E. A., Jackson, K. F., & Mullins, J. (2011). Teaching empathy: A model rooted in social cognitive neuroscience and social justice. *Journal of Social Work Education*, *47*, 109–119.

Gerdes, K. E., Segal, E. A., & Lietz, C. A. (2010). Conceptualising and measuring empathy. *British Journal of Social Work*, *40*, 2326–2343.

Gibbons, S. B. (2011). Understanding empathy as a complex construct: A review of the literature. *Clinical Social Work Journal*, *39*, 243–252.

Gladding, S. T. (2021). *Theories of counseling* (3rd ed.). New York, NY: Rowman & Littlefield.

Glasser, W. (1998). *Choice theory: A new psychology of personal freedom*. New York, NY: HarperCollins.

Goldberg, P. A. (1965). A review of sentence completion methods in personality assessment. In B. I. Murstein (Ed.), *Handbook of projective techniques* (pp. 777–821). New York, NY: Basic Books.

Goldberg, A. (1983). On the scientific status of empathy. *Annual of Psychoanalysis*, *11*, 155–169.

Goldfried, M. R. (2019). Obtaining consensus in psychotherapy: What holds us back? *American Psychologist*, *74*, 484–496.

Goldfried, M. R., & Davila, J. (2005). The role of relationship and technique in therapeutic change. *Psychotherapy: Theory, Research, Practice, Training*, *42*, 421–430.

Goodyear, R. K. (1979). Inference and intuition as components of empathy. *Counselor Education and Supervision*, *18*, 214–222.

Granello, D. H. (2010). Cognitive complexity among practicing counselors: How thinking changes with experience. *Journal of Counseling & Development*, *88*, 92–100.

Greason, P. B., & Cashwell, C. S. (2009). Mindfulness and counseling self-efficacy: The mediating role of attention and empathy. *Counselor Education and Supervision*, *49*, 2-19.

Greenson, R. R. (1960). Empathy and its vicissitudes. *International Journal of Psychoanalysis*, *41*, 418-424.

Greenson, R. R. (1967). *The technique and practice of psychoanalysis (Vol 1)*. New York, NY: International Universities Press.

Hackney, H. L. (1978). The evolution of empathy. *Personnel and Guidance Journal*, *57*, 35-38.

Hall, J. A., Harrigan, J. A., & Rosenthal, R. (1995). Nonverbal behavior in clinician-patient interaction. *Applied & Preventive Psychology*, *4*, 21-37.

Halling, S., & Goldfarb, M. (1991). Grounding truth in the body: Therapy and research renewed. *The Humanistic Psychologist*, *19*, 313-330.

Hammer, E. (1958). *The clinical application of projective drawings*. Springfield, IL: Charles C Thomas.

Handler, L. (1996). The clinical use of figure drawings. In C. S. Newmark (Ed.), *Major psychological assessment instruments* (2nd ed., pp. 206-293). Boston, MA: Allyn & Bacon.

Hankammer, W. A., Snyder, B. A., & Hankammer, C. C. (2006). Empathy as the primary means in suicide assessment. *Journal for the Professional Counselor*, *21*, 5-19.

Hansen, J. T. (2005). The devaluation of inner subjective experiences by the counseling profession: A plea to reclaim the essence of the profession. *Journal of Counseling & Development*, *83*, 406-415.

Hansen, J. T. (2006). Counseling theories within postmodern epistemology: New roles for theories in counseling practice.

Journal of Counseling & Development, *84*, 291–297.

Harrison, R. L., & Westwood, M. J. (2009). Preventing vicarious traumatization of mental health therapists: Identifying protective practices. *Psychotherapy: Theory, Research, Practice, Training*, *46*, 203–219.

Hatcher, R. L. (2015). Interpersonal competencies: Responsiveness, technique, and training in psychotherapy. *American Psychologist*, *70*, 747–757.

Havens, L. L. (1974). The existential use of self. *American Journal of Psychiatry*, *131*, 1–10.

Hayes, J. A., Gelso, C. J., & Hummel, A. M. (2011). Managing countertransference. *Psychotherapy*, *48*, 88–97.

Held, B. S. (1991). The process/content distinction revisited. *Psychotherapy: Theory, Research, Practice, Training*, *28*, 207–217.

Hendrick, S. (1988). Counselor self–disclosure. *Journal of Counseling & Development*, *66*, 419–425.

Henretty J. R., & Levitt, H. M. (2010). The role of therapist self–disclosure in psychotherapy: A qualitative review. *Clinical Psychology Review*, *30*, 63–77.

Hepworth, D. H., Rooney, R. H., Rooney, G. D., & Strom–Gottfried, K. (2017). *Direct social work practice: Theory and skills* (10th ed). Boston, MA: Cengage Learning.

Hermansson, G. (1997). Boundaries and boundary management in counselling: The never–ending story. *British Journal of Guidance and Counselling*, *25*, 133–146.

Hill, C. E. (2020). *Helping skills: Facilitating exploration, insight, and action* (5th ed.). Washington, DC: American Psychological Association.

Hill, C. E., Kline, K. V., O'Connor, S., Morales, K., Li, X., Kivlighan, D. M., Jr., & Hillman, J. (2019). Silence is golden: A mixed methods investigation of silence in one case of psychodynamic psychotherapy. *Psychotherapy, 56*, 577–587.

Hill, C. E., & Knox, S. (2010). The use of dreams in modern psychotherapy. *International Review of Neurobiology, 92*, 291–317.

Hoffman, L. (2020). Culture and empathy in humanistic psychology. In L. Hoffman, H. Cleare-Hoffman, N. Granger, Jr., & D. St. John (Eds.), *Humanistic approaches to multiculturalism and diversity: Perspectives on existence and difference* (pp. 103–116). New York, NY: Routledge.

Holaday, M., Smith, D. A., & Sherry, A. (2000). Sentence completion tests: A review of the literature and results of a survey of members of the Society of Personality Assessment. *Journal of Personality Assessment, 74*, 371–383.

Hook, J. N., Davis, D. E., Owen, J., Worthington, E. L., Jr., & Utsey, S. O. (2013). Cultural humility: Measuring openness to culturally diverse clients. *Journal of Counseling Psychology, 60*, 353–366.

Hook, J. N., Watkins, C. E., Jr., Davis, D. E., Owen, J., Van Tongeren, D. R., & Ramos, M. J. (2016). Cultural humility in psychotherapy supervision. *American Journal of Psychotherapy, 70*, 149–166.

Horvath, A. O. (2018). The psychotherapy relationship: Where does the alliance fit? In O. Tishby & H. Wiseman (Eds.), *Developing the therapeutic relationship: Integrating case studies, research, and practice* (pp. 15–28). Washington, DC: American Psychological Association.

Hutchison, A. N., & Gerstein, L. H. (2012). What's in a face? Counseling trainees' ability to read emotions. *Training and Education in Professional Psychology*, *6*, 100–112.

Hutchinson, D. (2015). *The essential counselor: Process, skills, and techniques* (3rd ed.). Thousand Oaks, CA: Sage Publishing.

Iacoboni, M. (2009). Imitation, empathy, and mirror neurons. *Annual Review of Psychology*, *60*, 653–670.

Ibrahim, F. A. (1985). Effective cross-cultural counseling and psychotherapy: A framework. *The Counseling Psychologist*, *13*, 625–638.

Ichikawa, J. (2009). Dreaming and imagination. *Mind & Language*, *24*, 103–121.

Ivey, A. E., Ivey, M. B., & Zalaquett, C. P. (2018). *Intentional interviewing and counseling: Facilitating client development in a multicultural society* (9th ed.). Boston, MA: Cengage Learning.

Jaffe, D. S. (1986). Empathy, counteridentification, countertransference: A review with some personal perspectives on the "analytic instrument." *Psychoanalytic Quarterly*, *55*, 215–243.

Jeffrey, A. J., & Fish, L. S. (2011). Clinical intuition: A qualitative study of its use and experience among marriage and family therapists. *Contemporary Family Therapy*, *33*, 348–363.

Joireman, J. A., Parrott, L., III, & Hammersla, J. (2002). Empathy and the self-absorption paradox: Support for the distinction between self-rumination and self-reflection. *Self and Identity*, *1*, 53–65.

Jones, N. A., & Gagnon, C. M. (2007). The neurophysiology of empathy. In T. F. D. Farrow & P. W. R. Woodruff (Eds.), *Empathy in mental illness* (pp. 217–238). New York, NY: Cambridge University Press.

Jordan, J. (2017). *Relational-cultural therapy* (2nd ed.). Washington, DC: American Psychological Association.

Jung, C. G. (1923). *Psychological types or the psychology of individuation* (H. G. Baynes, Trans.). New York, NY: Harcourt Brace & Company.

Kant, I. (1990). *Critique of pure reason* (J. M. D. Meiklejohn, Trans.). Buffalo, NY: Prometheus Books. (Original work published 1781).

Katz, R. L. (1963). *Empathy: Its nature and uses*. New York, NY: Free Press.

Keefe, T. (1976). Empathy: The critical skill. *Social Work*, *21*, 10-14.

Kelly, E. W., Jr. (1997). Relationship-centered counseling: A humanistic model of integration. *Journal of Counseling & Development*, *75*, 337-343.

Keng, S. L., Smoski, M. J., & Robbins, C. J. (2011). Effects of mindfulness on psychological health: A review of empirical studies. *Clinical Psychology Review*, *31*, 1041-1056.

Kim, E., & Kim, C. (2013). Comparative effects of empathic verbal responses: Reflection versus validation. *Journal of Counseling Psychology*, *60*, 439-444.

Kindsvatter, A., & Desmond, K. J. (2013). A problem-based approach to skill acquisition and cognitive complexity with pre-practicum supervisees. *The Clinical Supervisor*, *32*, 212-223.

King, S. H. (2011). The structure of empathy in social work practice. *Journal of Human Behavior in the Social Environment*, *21*, 679-695.

Kissen, M. (1986). Object relations aspects of human figure drawings. In M. Kissen (Ed.), *Assessing object relations phenomena* (pp. 175-191). Madison, CT: International Universities Press.

Klopfer, W. G. (1973). A short history of projective techniques.

Journal of the History of the Behavioral Sciences, *9*, 60–64.

Kluckhohn, C., & Murray, H. A. (1962). Personality formation: The determinants. In C. Kluckhohn & H. A. Murray (Eds.), *Personality in nature, society, and culture* (2nd ed., pp. 53–67). New York, NY: Alfred A. Knopf.

Knight, C. (2013). Indirect trauma: Implications for self-care, supervision, the or ganization, and the academic institution. *The Clinical Supervisor*, *32*, 224–243.

Köhler, W. (1947). *Gestalt psychology: An introduction to new concepts in modern psychology*. New York, NY: Liveright Publishing Corporation.

Kohut, H. (1959). Introspection, empathy, and psychoanalysis. An examination between mode of observation and theory. *Journal of the American Psychoanalytic Association*, *7*, 459–483.

Kohut, H. (1971). *The analysis of self*. Madison, CT: International Universities Press.

Kohut, H. (1977). *The restoration of the self*. Madison, CT: International Universities Press.

Kohut, H. (1984). *How does analysis cure?* (A. Goldberg & P. E. Stepansky, Eds.), Chicago, IL: International Universities Press.

Korner, A. F. (1965). Theoretical considerations concerning the scope and limitations of projective techniques. In B. I. Murstein (Ed.), *Handbook of projective techniques* (pp. 23–34). New York, NY: Basic Books.

Krasner, R. F., Howard, K. I., & Brown, A. S. (1998). The acquisition of psychother-apeutic skill: An empirical study. *Journal of Clinical Psychology*, *54*, 895–903.

Krznaric, R. (2014). *Empathy: Why it matters and how to get it*. New

York, NY: Penguin Group.

LaClave, L. J., & Brack, G. (1989). Reframing to deal with patient resistance: Practical application. *American Journal of Psychotherapy*, *43*, 68–77.

Ladany, N., Hill, C. E., Thompson, B. J., & O'Brien, K. M. (2004). Therapist perspectives on using silence in therapy: A qualitative study. *Counselling & Psychotherapy Research*, *4*, 80–89.

Ladd, P. D., & Churchill, A. (2012). *Person-centered diagnosis and treatment in mental health: A model for empowering clients*. Philadelphia, PA: Jessica King-sley Publishers.

Lam, T. C. M., Kolomitro, K., & Alamparambil, F. C. (2011). Empathy training: Methods, evaluation practices, and validity. *Journal of Multidisciplinary Evaluation*, *7*, 162–200.

Lambert, M. J. (1992). Implications of outcome research for psychotherapy integration. In J. C. Norcross & M. R. Goldfried (Eds.), *Handbook of psychotherapy integration* (pp. 94–129). New York, NY: Basic Books.

Laughlin, H. P. (1979). *The ego and its defenses* (2nd ed.). New York, NY: Jason Aronson.

Laverdière, O., Ogrodniczuk, J. S., & Kealy, D. (2019). Clinicians' empathy and professional quality of life. *Journal of Nervous and Mental Disease*, *207*, 49–52.

Leahy, R. L., & Rego, S. A. (2012). Cognitive restructuring. In W. O'Donohue & J. E. Fisher (Eds.), *Cognitive behavior therapy: Core principles for practice* (pp. 133–158). Hoboken, NJ: John Wiley & Sons.

Leaman, D. R. (1978). Confrontation in counseling. *Personnel and Guidance Journal*, *56*, 630–633.

Leibowitz, M. (1999). *Interpreting projective drawings: A self psychological approach*. Philadelphia, PA: Brunner/Mazel.

Leichtman, R., & MacCluskie, K. C. (2018). Mental status examinations and intake assessments. In B. McHenry, K. C. MacCluskie, & B. McHenry (Eds.), *Tests and assessments in counseling: A case by case exploration* (pp. 46−60). New York, NY: Routledge.

Leong, F. T. L. (1996). Toward an integrative model for cross−cultural counseling and psychotherapy. *Applied and Preventive Psychology*, *5*, 189−209.

Levy, S. T. (1985). Empathy and psychoanalytic technique. *Journal of the American Psychoanalytic Association*, *33*, 353−379.

Lilienfeld, S. O., Wood, J. M., & Garb, H. N. (2000). The scientific status of projective techniques. *Psychological Science in the Public Interest*, *1*, 27−66.

Little, C., Packman, J., Smaby, M. H., & Maddux, C. D. (2005). The skilled counselor training model: Skills acquisition, self−assessment, and cognitive complexity. *Counselor Education and Supervision*, *44*, 189−200.

Loughran, H. (2019). *Counselling skills for social workers*. New York, NY: Routledge.

Love, M. M., Smith, A. E., Lyall, S. E., Mullins, J. L., & Cohn, T. J. (2015). Exploring the relationship between gay affirmative practice and empathy among mental health professionals. *Journal of Multicultural Counseling and Development*, *43*, 83−96.

Lu, Y. E., Dane, B., & Gellman, A. (2005). An experiential model: Teaching empathy and cultural sensitivity. *Journal of Teaching in Social Work*, *25*, 89−103.

Ludick, M., & Figley, C. R. (2017). Toward a mechanism for

secondary trauma induction and reduction: Reimagining a theory of secondary traumatic stress. *Traumatology*, *23*, 112–123.

Lyddon, W. J. (1990). First–and–second order change: Implications for rationalist and constructivist cognitive therapies. *Journal of Counseling & Development*, *69*, 122–127.

Lyddon, W. J., & Satterfield, W. A. (1994). Relation of client attachment to therapist first–and second–order change assessments. *Journal of Cognitive Psychotherapy: An International Quarterly*, *8*, 233–242.

Lyons, C., & Hazler, R. J. (2002). The influence of student development level on improving counselor student empathy. *Counselor Education and Supervision*, *42*, 119–130.

Machover, K. (1949). *Personality projection in the drawing of the human figure*. Springfield, IL: Charles C Thomas.

Magnuson, S., & Norem, K. (2015). *Essential counseling skills: Practice and application guide*. Thousand Oaks, CA: Sage Publications.

Main, A., Walle, E. A., Kho, C., & Halpern, J. (2017). The interpersonal functions of empathy: A relational perspective. *Emotion Review*, *9*, 358–366.

Main, F. O., & Boughner, S. R. (2011). Encouragement and actionable hope: The source of Adler's clinical agency. *The Journal of Individual Psychology*, *67*, 269–291.

Makkreel, R. A. (1990). *Imagination and interpretation in Kant: The hermeneutical import of the critique of judgment*. Chicago, IL: University of Chicago Press.

Mani, P. S. (2020). Career self–management and development of multicultural knowledge and practice: Experience of professional counselors. *Canadian Journal of Family and Youth*, *12*, 124–146.

Manzano Boulton, E., & Davis, E. (2019). The relationship between empathy and theoretical orientation of counselors-in-training. *The Journal of Counselor Preparation and Supervision*, *12*(4). Retrieved from https:// repository.wcsu. edu/jcps/vol12/iss4/5

Marangoni, C., Garcia, S., Ickes, W., & Teng, G. (1995). Empathic accuracy in a clinically relevant setting. *Journal of Personality and Social Psychology*, *68*, 854-869.

Margulies, A. (1989). *The empathic imagination.* New York, NY: W. W. Norton.

Marková, D., & Čechová, D. (2016). *Adlerian ethics: Applications in counselling and psychotherapy*. London, UK: Adlerian Society UK and Institute for Individual Psychology.

Marks-Tarlow, T. (2012). *Clinical intuition in psychotherapy: The neurobiology of embodied response*. New York, NY: W. W. Norton.

Martin, M., & Cowan, E. W. (2019). Remembering Martin Buber and the I-Thou in counseling. *Counseling Today*, *61*, 46-48.

Masling, J. M. (1997). On the nature and utility of projective and objective tests. *Journal of Personality Assessment*, *69*, 257-270

McBrien, R. (2012). The problem of distance. In J. Carlson & M. P. Maniacci (Eds.), *Alfred Adler revisited* (pp. 139-154). New York, NY: Routledge.

McCann, I. L., & Pearlman, L. A. (1990). Vicarious traumatization: A framework for understanding the psychological effects of working with victims. *Journal of Traumatic Stress*, *3*, 131-149.

McNeill, B. W., & Stoltenberg, C. D. (2016). *Supervision essentials for the integrative developmental model*. Washington, DC: American Psychological Association.

McWilliams, N. (2004). *Psychoanalytic psychotherapy: A practitioner's guide*. New York, NY: Guilford Press.

Meichenbaum, D. (1977). *Cognitive-behavior modification: An integrative approach*. New York, NY: Plenum.

Meissner, W. W. (1996). *The therapeutic alliance*. New Haven, CT: Yale University Press.

Merleau-Ponty, M. (1962). *Phenomenology of perception* (C. Smith, Trans.). London, UK: Routledge and Kegan Paul. (Original work published 1945).

Messina, I., Palmieri, A., Sambin, M., Kleinbub, J. R., Voci, A., & Calvo, V. (2013). Somatic underpinnings of perceived empathy: The importance of psychotherapy training. *Psychotherapy Research*, *23*, 169-177.

Miller, W. R., & Rollnick, S. (2013). *Motivational interviewing: Helping people change* (3rd ed.). New York, NY: Guilford Press.

Mitchell, S. A. (1988). *Relational concepts in psychoanalysis: An integration*. Cambridge, MA: Harvard University Press.

Modell, A. H. (1979). Empathy and the failure of empathy. *Bulletin: The Association for Psychoanalytic Medicine*, *18*, 70-75.

Mosak, H. H., & Di Pietro, R. (2006). *Early recollections: Interpretation method and application*. New York, NY: Routledge.

Mosak, H. H., & Maniacci, M. P. (1998). *Tactics in counseling and psychotherapy*. Itasca, IL: F. E. Peacock.

Motta, R., Little, S. G., & Tobin, M. I. (1993). The use and abuse of human figure drawings. *School Psychology Quarterly*, *8*, 162-169.

Mozdzierz, G. J., Peluso, P. R., & Lisiecki, J. (2014). *Principles of counseling and psychotherapy: Learning the essential domains and nonlinear thinking of master practitioners* (2nd ed.). New

York, NY: Routledge.

Mullins, J. L. (2011). A framework for cultivating and increasing child welfare worker empathy toward parents. *Journal of Social Service Research*, *37*, 242–253.

Murray, R. (2002). The phenomenon of psychotherapeutic change: Second-order change in one's experience of self. *Journal of Contemporary Psychotherapy*, *32*, 167–177.

Myers, S. (2000). Empathic listening: Reports on the experience of being heard. *Journal of Humanistic Psychology*, *40*, 148–173.

Myers, S. A., & White, C. M. (2010). The abiding nature of empathic connections: A 10-year follow-up study. *Journal of Humanistic Psychology*, *50*, 77–95.

Napoli, M., & Bonifas, R. (2011). From theory toward empathic self-care: Creating a mindful classroom for social work students. *Social Work Education*, *30*, 635–649.

Nerdrum, P. (1997). Maintenance of the effect of training in communication skills: A controlled follow-up study of the level of communicated empathy. *British Journal of Social Work*, *27*, 705–722.

Neukrug, E. S. (2017). *Counseling theory and practice* (2nd ed.). Belmont, CA: Brooks/Cole.

Neukrug, E., Bayne, H., Dean-Nganga, L., & Pusateri, C. (2013). Creative and novel approaches to empathy: A neo-Rogerian perspective. *Journal of Mental Health Counseling*, *35*, 29–42.

Newell, J. M., & MacNeil, G. A. (2010). Professional burnout, vicarious trauma, secondary traumatic stress, and compassion fatigue: A review of theoretical terms, risk factors, and preventive methods for clinicians and researchers. *Best Practice in Mental Health: An International Journal*, *6*, 57–68.

Norcross, J. C. (Ed.). (2011). *Psychotherapy relationships that work* (2nd ed.). New York, NY: Oxford University Press.

Norcross, J. C., & Lambert, M. J. (2018). Psychotherapy relationships that work III. *Psychotherapy*, *55*, 303–315.

Oberst, U. E., & Stuart, A. E. (2003). *Adlerian psychotherapy: An advanced approach to individual psychology*. New York, NY: Brunner–Routledge.

Ogińska–Bulik, N., Juczyński, Z., & Michalska, P. (2020). The mediating role of cognitive trauma processing in the relationship between empathy and secondary traumatic stress symptoms among female professionals working with victims of violence. *Journal of Interpersonal Violence*, *35*, 1–29.

Olson, H. A. (Ed.). (1979). *Early recollections: Their use in diagnosis and psychotherapy*. Springfield, IL: Charles C Thomas.

Oster, G. D., & Gould, P. (1987). *Using drawings in assessment and therapy: A guide for mental health professionals*. New York, NY: Brunner Mazel Publishers.

Owen, J., & Lindley, L. D. (2010). Therapists' cognitive complexity: Review of theoretical models and development of an integrated approach for training. *Training and Education in Professional Psychology*, *4*, 128–137.

Patton, M. J., & Meara, N. M. (1992). *Psychoanalytic counseling*. New York, NY: John Wiley & Sons.

Pearson, Q. M. (1999). Integrative empathy: Training counselors to listen with a theoretical ear. *Journal of Humanistic Counseling, Education, and Development*, *38*, 13–18.

Pedersen, P. B., Crethar, H. C., & Carlson, J. (2008). *Inclusive cultural empathy: Making relationships central in counseling and psychotherapy*. Washington, DC: American Psychological Association.

Peloquin, S. M. (1995). The fullness of empathy: Reflections and illustrations. *The American Journal of Occupational Therapy*, *49*, 24–31.

Pesant, N., & Zadra, A. (2004). Working with dreams in therapy: What do we know and what should we do? *Clinical Psychology Review*, *24*, 489–512.

Pfeifer, J. H., & Dapretto, M. (2009). "Mirror, mirror, in my mind": Empathy, interpersonal competence, and the mirror neuron system. In J. Decety & W. Ickes (Eds.), *The social neuroscience of empathy* (pp. 183–197). Cambridge, MA: MIT Press.

Pigman, G. W. (1995). Freud and the history of empathy. *International Journal of Psychoanalysis*, *76*, 237–256.

Piha, H. (2005). Intuition: A bridge to the coenesthetic world of experience. *Journal of the American Psychoanalytic Association*, *53*, 23–49.

Piotrowski, C. (2016). Drawing techniques in assessment: A summary review of 60 survey-based studies of training and professional settings. *Journal of the Indian Academy of Applied Psychology*, *42*, 219–235.

Ponterotto, J. G., Casas, J. M., Suzuki, L. A., & Alexander, C. M. (Eds.). (2010). *Handbook of multicultural counseling* (3rd ed). Thousand Oaks, CA: Sage Publishing.

Puskar, K. R., Mazza, G., Slivka, C., Westcott, M., Campbell, F., & McFadden, T. G. (2012). Understanding content and process: Guidelines for group leaders. *Perspectives in Psychiatric Care*, *48*, 225–229.

Rabb, K. (2014). Mindfulness, self-compassion, and empathy among health care professionals: A review of the literature. *Journal of Health Care Chaplaincy*, *20*, 95-108.

Rabin, A. I. (1981). Projective methods: A historical introduction. In A. I. Rabin (Ed.), *Assessment with projective techniques: A concise introduction* (pp. 1-22). New York, NY: Springer Publishing Company.

Rachman, A. W. (1988). The rule of empathy: Sándor Ferenczi's pioneering contributions to the empathic method in psychoanalysis. *Journal of the Academy of Psychoanalysis*, *16*, 1-27.

Rachman, A. W. (1997). *Sándor Ferenczi: The psychotherapist of tenderness and passion*. Northvale, NJ: Jason Aronson.

Raines, J. C. (1990). Empathy in clinical social work. *Clinical Social Work Journal*, *18*, 57-72.

Rattner, J. (1983). *Alfred Adler* (H. Zohn, Trans.). New York, NY: Unger Publishing.

Reik, T. (1948). *Listening with the third ear: The inner experience of a psychoanalyst*. New York, NY: Farrar, Straus.

Ridge, S., Campbell, W., & Martin, D. (2002). Striving towards an understanding of conscious identification: Its definition and its effects. *Counselling Psychology Quarterly*, *15*, 91-105.

Ridley, C. R., Kelly, S. M., & Mollen, D. (2011). Microskills training: Evolution, reexamination, and call for reform. *The Counseling Psychologist*, *39*, 800-824.

Ridley, C. R., & Udipi, S. (2002). Putting cultural empathy into practice. In P. B. Pedersen, J. G. Draguns, W. J. Lonner, & J. E. Trimble (Eds.), *Counseling across cultures* (5th ed., pp. 317-333). Thousand Oaks, CA: Sage Publishing.

Rogers, C. R. (1951). *Client-centered therapy: Its current practice, implications, and theory.* Boston, MA: Houghton Miffiin.

Rogers, C. R. (1957). The necessary and sufficient conditions of therapeutic personality change. *Journal of Consulting Psychology*, *21*, 95-103.

Rogers, C. R. (1959). A theory of therapy, personality, and interpersonal relationships, as developed in the client-centered framework. In S. Koch (Ed.), *Psychology: A study of science, Vol 3: Formulations of the person and the social context* (pp. 184-256). New York, NY: McGraw-Hill.

Rogers, C. R. (1964). Toward a science of the person. In T. W. Wann (Ed.), *Behaviorism and phenomenology: Contrasting bases for modern psychology* (pp. 109-140). Chicago, IL: University of Chicago Press.

Rogers, C. R. (1975). Empathic: An unappreciated way of being. *The Counseling Psychologist*, *5*, 2-10.

Rogers, C. R. (1986). Reflection of feelings. *Person-Centered Review*, *1*, 375-377.

Rogers, C. R., & Russell, D. E. (2002). *Carl Rogers: The quiet revolutionary: An oral history*. Roseville, CA: Penmarin Books.

Rogers, C. R., & Freiberg, H. J. (1994). *Freedom to learn* (3rd ed.). Upper Saddle River, NJ: Prentice-Hall.

Rothbauer, P. M. (2008). Triangulation. In L. Given (Ed.), *The Sage encyclopedia of qualitative research methods* (pp. 892-894). Thousand Oaks, CA: Sage Publishing.

Rothschild, B. (2006). *Help for the helper: The psychophysiology of compassion fatigue and vicarious trauma.* New York, NY: W. W. Norton.

Rotter, J. B., Lah, M. I., & Rafferty, J. E. (1992). *Rotter incomplete sentences blank manual* (2nd ed.). San Antonio, TX: The Psychological Corporation.

Rud, C. (1993). Empathy: The adventure of being present. *Person-Centered and Experiential Psychotherapy*, *2*, 162-171.

Sauerheber, J. D., & Bitter, J. R. (2015). Anxiety and obsessive-compulsive disorders. In L. Sperry, J. Carlson J. D. Sauerheber, & J. Sperry (Eds.), *Psychopathology and psychotherapy: DSM-5 diagnosis, case conceptualization, and treatment* (pp. 63-94). New York, NY: Routledge.

Schafer, R. (1959). Generative empathy in the treatment situation. *Psychoanalytic Quarterly*, *28*, 342-373.

Schlesinger, H. J. (1981). The process of empathic response. *Psychoanalytic Inquiry*, *1*, 393-416.

Schmid, P. F. (2003). The characteristics of a person-centered approach to therapy and counseling: Criteria for identity and coherence. *Person-Centered and Experiential Psychotherapies*, *2*, 104-120.

Scholl, M. B., McGowan, A. S., & Hansen, J. T. (2012). Introduction to humanistic perspectives on contemporary counseling issues. In M. B. Scholl, A. S. McGowan, & J. T. Hansen (Eds.), *Humanistic perspectives on contemporary counseling issues* (pp. 3-14). New York, NY: Routledge.

Schön, D. (1987). *Educating the reflective practitioner: Toward a new design for teaching and learning in professions*. San Francisco, CA: Jossey-Bass.

Searls, D. (2017). *The inkblots: Hermann Rorschach, his iconic test, and the power of seeing*. New York, NY: Crown Publishing.

Segal, E. A., Gerdes, K. E., Lietz, C. A., Wagaman, M. A., & Geiger, J. M. (2017). *Assessing empathy*. New York, NY: Columbia University Press.

Sesso, G., Brancati, G. E., Fantozzi, P., Inguaggiato, E., Milone, A., & Masi, G. (2021). Measures of empathy in children and adolescents: A systematic review of questionnaires. *World Journal of Psychiatry*, *11*, 681–914.

Sexton, T. L., & Whiston, S. C. (1994). The status of the counseling relationship: An empirical review, theoretical implications, and research directions. *The Counseling Psychologist*, *22*, 6–78.

Shafran, N., Kivlighan, D. M., Gelso, C. J., Bhatia, A., & Hill, C. E. (2017). Therapist immediacy: The association with working alliance, real relationship, session quality, and time in psychotherapy. *Psychotherapy Research*, *27*, 737–748.

Shallcross, L. (2016). Embracing intuition. *Counseling Today*, *59*, 32–39.

Shapiro, T. (1974). The development and distortions of empathy. *Psychoanalytic Quarterly*, *43*, 4–25.

Sharma, K. A., & Clark, A. J. (2018). Empathy matters: The importance of imagination in occupational therapy. *OT Practice*, *23*, 18–20.

Shaw, R. (2004). The embodied psychotherapist: An exploration of the therapists' somatic phenomena within the therapeutic relationship encounter. *Psychotherapy Research*, *14*, 271–288.

Shostrum, E. L. (Producer). (1965). *Three approaches to psychotherapy* [Film]. Orange, CA: Psychological Films.

Sklare, G., Portes, P., & Splete, H. (1985). Developing questioning effectiveness in counseling. *Counselor Education and Supervision*, *25*, 12–20.

Skovholt, T. M., & Trotter-Mathison, M. (2016). *The resilient practitioner: Burnout and compassion fatigue prevention and self-care strategies for the helping professions* (3rd ed.). New York, NY: Routledge.

Slattery, J. M., & Park, C. L. (2020). *Empathic counseling: Building skills to empower change* (2nd ed.). Washington, DC: American Psychological Association.

Smith, J., & Nizza, I. (2022). *The essentials of interpretive phenomenological analysis*. Washington, DC: American Psychological Association.

Sommers-Flanagan, J., & Sommers-Flanagan, R. (2017). *Clinical interviewing* (6th ed.). Hoboken, NJ: John Wiley & Sons.

Sommers-Flanagan, J., & Sommers-Flanagan, R. (2018). *Counseling and psychotherapy theories in context and practice: Skills, strategies, and techniques* (3rd ed.). Hoboken, NJ: John Wiley & Sons.

Speight, S. L., Myers, L. J., Cox, C. I., & Highlen, P. S. (1991). A redefinition of multicultural counseling. *Journal of Counseling & Development*, *70*, 29-36.

Staemmler, F-M. (2012). *Empathy in psychotherapy: How therapists and clients understand each other*. New York, NY: Springer Publishing Company.

Stafford, M. R., & Bond, T. (2020). *Counseling skills in action* (4th ed.). Thousand Oaks, CA: Sage Publications.

Stebnicki, M. A. (2007). Empathy fatigue: Healing the mind, body, and spirit of professional counselors. *American Journal of Psychiatric Rehabilitation*, *10*, 317-338.

Steeves, J. B. (2004). *Imagining bodies: Merleau-Ponty's philosophy of imagination*. Pittsburgh, PA: Duquesne University Press.

Steinbeck, J. (2002). *East of Eden* (John Steinbeck centennial edition). New York, NY: Penguin Books. (Original work published 1952).

Stewart, D. A. (1956). *Preface to empathy*. New York, NY: Philosophical Library.

Stickle, M., & Arnd-Caddigan, M. (2019). *Intuition in psychotherapy: From research to practice*. New York, NY: Routledge.

Sue, D. W. (1978). World views and counseling. *Personnel and Guidance Journal*, *56*, 458–462.

Sue, D. W., Sue, D., Neville, H. A., & Smith, L. (2019). *Counseling the culturally diverse: Theory and practice* (8th ed.). New York, NY: John Wiley & Sons.

Sue, S., & Zane, N. (2009). The role of culture and cultural techniques in psychotherapy: A critique and reformulation. *Asian American Journal of Psychotherapy*, *8*, 3–14.

Sullivan, H. S. (1953). *The interpersonal theory of psychiatry* (H. S. Perry & M. L. Gawell, Eds.). New York, NY: W. W. Norton.

Sultan, N. (2017). Embodiment and the therapeutic relationship: Findings from a heuristic inquiry. *Journal of Humanistic Counseling*, *56*, 180–196.

Sweeney, T. J. (2019). *Adlerian counseling and psychotherapy: A practitioner's approach* (6th ed.). New York, NY: Routledge.

Szalita, A. B. (1976). Some thoughts on empathy. *Psychiatry*, *39*, 142–152.

Szalita, A. B. (1981). The use and misuse of empathy in psychoanalysis and psychotherapy. *The Psychoanalytic Review*, *68*, 3–21.

Tamminen, A. W., & Smaby, M. H. (1981). Helping counselors learn to confront. *Personnel and Guidance Journal*, *60*, 41–45.

Taylor, R. R. (2008). *The intentional relationship: Occupational therapy and the use of self*. Philadelphia, PA: F. A. Davis Company.

Teding van Berkhout, E., & Malouff, J. M. (2016). The efficacy of empathy training: A meta-analysis of randomized controlled trials. *Journal of Counseling Psychology*, *63*, 32–41.

Thomas, J. T., & Otis, M. D. (2010). Intrapsychic correlates of professional quality of life: Mindfulness, empathy, and emotional separation. *Journal of the Society for Social Work and Research*, *1*, 83–98.

Tickle-Degnen, L., & Gavett, E. (2003). Changes in nonverbal behavior during the development of therapeutic relationships. In P. Philippot, R. S. Feldman, & E. J. Coats (Eds.), *Nonverbal behavior in clinical settings* (pp. 75–100). New York, NY: Oxford University Press.

Tomm, K. (1988). Interventive interviewing: Part III. Intending to ask lineal, circular, strategic, or reflexive questions. *Family Process*, *27*, 1–15.

Truax, C. B. (1967). A scale for the rating of accurate empathy. In C. R. Rogers, E. T. Gendlin, D. J. Kiesler, & C. B. Truax (Eds.), *The therapeutic relationship and its impact. A study of psychotherapy with schizophrenics* (pp. 555–568). Madison, WI: University of Wisconsin Press.

Truax, C. B., & Carkhuff, R. R. (1967). *Toward effective counseling and psychotherapy: Training and practice*. Chicago, IL: Aldine Publishing Company.

Turner, K. (2009). Mindfulness: The present moment in clinical social work. *Clinical Social Work Journal*, *37*, 95–103.

Turock, A. (1980). Immediacy in counseling: Recognizing clients' unspoken messages. *Personnel and Guidance Journal*, *59*, 168–172.

Vanaerschot, G. (1997). Empathic resonance as a source of experience-enhancing interventions. In A. C. Bohart & L. S. Greenberg (Eds.), *Empathy reconsidered: New directions in psychotherapy* (pp. 141–165). Washington, DC: American Psychological Association.

van der Kolk, B. (2014). *The body keeps the score: Brain, mind, and body in the healing of trauma*. New York, NY: Penguin Books.

Vandiver, B. J., & Duncan, L. E. (2010). Toward practicing culturally sound counseling: A synthesis of current clinical research and experience. In M. M. Leach & J. D. Aten (Eds.), *Culture and the therapeutic process: A guide for mental health professionals* (pp. 255–299). New York, NY: Routledge.

van Kaam, A. L. (1959). Phenomenal analysis: Exemplified by a study of the experience of "really feeling understood." *Journal of Individual Psychology*, *15*, 66–72.

Vinton, L., & Harrington, P. (1994). An evaluation of the use of videotape in teaching empathy. *Journal of Teaching in Social Work*, *9*, 71–84.

Vyskocilova, J., Prasko, J., & Slepecky, M. (2011). Empathy in cognitive behavioral therapy and supervision. *Activitas Nervosa Superior Rediviva*, *53*, 72–83.

Wagaman, M. A., Geiger, J. M., Shockley, C., & Segal, E. A. (2015). The role of empathy in burnout, compassion, satisfaction, and secondary traumatic stress among social workers. *Social Work*, *60*, 201–209.

Wampold, B. E., & Imel, Z. E. (2015). *The great psychotherapy* debate: The evidence for what makes psychotherapy work* (2nd ed.). New York, NY: Routledge.

Watkins, C. E., Jr., & Scaturo, D. J. (2013). Toward an integrative learning-based model of psychotherapy supervision: Supervisory alliance, educational interventions, and supervisor learning/relearning. *Journal of Psychotherapy Integration*, *23*, 75-95.

Watson, J. C. (2018). Empathy and responsiveness in emotion-focused therapy. In O. Tishby & H. Wiseman (Eds.), *Developing the therapeutic relationship: Integrating case studies, research, and practice* (pp. 235-256). Washington, DC: American Psychological Association.

Watson, J. C., Goldman, R., & Vanaerschot, G. (1998). Empathic: A postmodern way of being? In L. S. Greenberg, J. C. Watson, & G. Lietaer (Eds.), *Handbook of experiential psychotherapy* (pp. 61-81). New York, NY: Guilford Press.

Watson, J. C., & Greenberg, L. S. (2009). Empathic resonance: A neuroscience perspective. In J. Decety & W. Ickes (Eds.), *The social neuroscience of empathy* (pp. 125-137). Cambridge, MA: MIT Press.

Watson, J. C., Steckley, P. L., & McMullen, E. J. (2014). The role of empathy in promoting change. *Psychotherapy Research*, *24*, 286-298.

Watts, R. E., Peluso, P. R., & Lewis, T. F. (2005). Expanding the acting as if technique: An Adlerian/constructive integration. *The Journal of Individual Psychology*, *61*, 380-387.

Watts, R. E., & Pietrzak, D. (2000). Adlerian 'encouragement' and the therapeutic process of solution-focused brief therapy. *Journal of Counseling & Development*, *78*, 442-447.

Watzlawick, P., Weakland, J. H., & Fisch, R. (1974). *Change: Principles of problem formation and problem resolution.* New York, NY: W. W. Norton.

Way, L. (1950). *Adler's place in psychology*. New York, NY: Macmillan.

Wedding, D., & Corsini, R. J. (Eds.). (2019). *Current psychotherapies* (11th ed.). Boston, MA: Cengage Learning.

Weiner, I. B. (1998). *Principles of psychotherapy* (2nd ed.). New York, NY: John Wiley & Sons.

Welfel, E. R., & Patterson, L. E. (2005). *The counseling process: A multitheoretical integrative approach* (6th ed.). Belmont, CA: Brooks/Cole.

West, E. M., & Cox, J. A. (2014). Facilitating an empathic "way of being": From experiencing to conveying. *The Person-Centered Journal*, *21*, 35-54.

Wheeler, C. D., & D'Andrea, L. M. (2004). Teaching counseling students to understand and use immediacy. *Journal of Humanistic Counseling, Education and Development*, *43*, 117-128.

Whiston, S. C. (2017). *Principles and applications of assessment in counseling* (5th ed.). Boston, MA: Cengage Learning.

White, M., & Epston, D. (1990). *Narrative means to therapeutic ends*. New York, NY: W. W. Norton.

Wiener, M., Budney, S., Wood, L., & Russell, R. L. (1989). Nonverbal events in psychotherapy. *Clinical Psychology Review*, *9*, 487-504.

Wilkinson, B. D., & Dewell, J. A. (2019). Cognitive complexity: Differentiation and integration in counseling practice and training. *Journal of Counseling & Development*, *97*, 317-324.

Wilkinson, B. D., Saltis, M., & Dewell, J. A. (2020). Promoting cognitive complexity in counselor education: Constructivist and phenomenological practices. *Journal of Humanistic Counseling*, *59*, 54–70.

Wilkinson, H., Whittington, R., Perry, L., & Eames, C. (2017). Examining the relationship between burnout and empathy in health care professionals: A systematic review. *Burnout Research*, *6*, 18–29.

Willer, J. (2009). *The beginning psychotherapist's companion*. Lanham, MD: Row–man & Littlefield.

Williams, D. I., & Irving, J. A. (1996). Intuition: A special kind of knowing? *Counselling Psychology Quarterly*, *9*, 221–228.

Wilson, J. P., & Thomas, R. B. (2004). *Empathy in the treatment of trauma and PTSD*. New York, NY: Brunner–Routledge.

Wispé, L. (1986). The distinction between sympathy and empathy: To call forth a concept, a word is needed. *Journal of Personality and Social Psychology*, *50*, 314–321.

Witteman, C. L. M., Spaanjaars, N. L., & Aarts, A. A. (2012). Clinical intuition in mental health care: A discussion and focus groups. *Counselling Psychology Quarterly*, *25*, 19–29

Wolowitz, L. (2002). The changing face of the ideal therapist. In P. R. Breggin, G. Breggin, & F. Bemak (Eds.), *Dimensions of effective empathy* (pp. 13–28). New York, NY: Springer Publishing Company.

Wong, Y. J. (2015). The psychology of encouragement: Theory, research, and appli–cations. *The Counseling Psychologist*, *43*, 178–216.

Young, M. E. (2021). *Learning the art of helping: Building blocks and techniques* (7th ed.). New York, NY: Pearson.

Zaki, J., & Ochsner, K. N. (2012). The neuroscience of empathy: Progress, pitfalls, and promise. *Nature Neuroscience*, *15*, 675–680.

Ziv–Beiman, S. (2013). Therapist self–disclosure as an integrative intervention. *Journal of Psychotherapy Integration*, *23*, 59–74.

찾아보기

인명

내용

저자 소개

Arthur J. Clark

교육학 박사이자 뉴욕주 캔턴에 위치한 세인트 로렌스 대학교(St. Lawrence University)의 명예 교수이다. 그는 면허를 보유한 심리학자이자 의료서비스 제공자로서, 학교와 임상 현장에서 폭넓은 경험을 쌓아 왔다. 클라크 박사는 세인트 로렌스 대학교에서 25년간 상담 및 인간 발달 프로그램의 교수이자 코디네이터로 재직하며 다양한 대학원 과정을 지도했다. 그는 『Defense Mechanisms in the Counseling Process』(1998), 『Early Recollections: Theory and Practice in Counseling and Psychotherapy』(2002), 『Empathy in Counseling and Psychotherapy: Perspectives and Practices』(2007), 그리고 『Dawn of Memories: The Meaning of Early Recollections in Life』(2014) 등 여러 저서를 집필했으며, 이외에도 정신건강 분야에서 50편이 넘는 논문과 책의 챕터를 발표했다. 그는 또한 『셀프(Self)』라는 잡지와 『허핑턴 포스트(Huffington Post)』에 칼럼을 기고하고, 『Psychology Today』에서 블로그를 운영하는 등 활발한 저술 활동을 이어 가고 있다.

역자 소개

신성만(Sungman Shin)

위스콘신 대학교 매디슨(University of Wisconsin-Madison)에서 재활심리학 석사학위를, 보스턴 대학교(Boston University)에서 재활상담학 박사학위를 취득했다. 그는 하버드 의과대학 케임브리지병원(Harvard Medical School, The Cambridge Hospital) 정신건강의학과 연구원으로 근무하며 임상 경험을 쌓은 바 있으며, 현재는 한동대학교 상담심리학과 교수이자 상담대학원 대학원장으로 재직 중이다. 또한 한국중독상담학회와 대구경북상담학회 회장을 맡아 학회 활동도 활발히 이어 가고 있다. 『중독장애의 인지행동치료』(공역, 학지사, 2026), 『실존치료』(공역, 박영스토리, 2025), 『용서치료』(공역, 유원북스, 2021), 『정신재활』(공역, 양서원, 2018), 『불안장애를 위한 동기강화상담』(공역, 시그마프레스, 2017), 『중독 상담』(공역, 박학사, 2013)등 다수의 역서를 출간했으며, 정신건강 및 상담 분야에서 다양한 논문과 저서를 발표하고 학문적·실무적으로 기여하고 있다.

임한나(Hanna Lim)

한동대학교에서 심리학 석사학위를 취득했으며, 한동대학교 상담센터 인턴으로 활동하여 상담 현장을 경험한 바 있다. 현재는 아주대학교의료원 인문사회의학교실에서 연구강사로 재직 중이며, 심리학과 인문사회 분야의 교차점에서 연구와 교육에 힘쓰고 있다. 역서로는 『당신의 상담을 돌아보라』(공역, 생명의말씀사, 2023)가 있다.

오준성(Junsung Oh, Dave)

인디애나 대학교 블루밍턴(Indiana University-Bloomington)에서 정신상담 및 상담자 교육학 석사학위를 취득한 후, 뉴욕 주립대학교 올버니 캠퍼스(University at Albany, State University of New York)에서 상담심리학 박사과정을 수료했다. 그는 동 대학교에서 강사로 재직한 바 있으며, SUNY 올버니 심리서비스센터(Psychological Services Center)와 인디애나주 블루밍턴의 Amethyst House 등에서 인턴으로 임상 경험을 쌓았다. 현재는 뉴욕주 올버니에 위치한 MindWell Psychology에서 외래 인턴으로 활동하며, 임상 및 상담 현장에서의 실무와 연구를 병행하고 있다.

심리치료를 위한 공감의 기술

Empathy and Mental Health
– An Integral Model for Developing Therapeutic Skills
in Counseling and Psychotherapy –

2026년 1월 10일 1판 1쇄 인쇄
2026년 1월 20일 1판 1쇄 발행

지은이 • Arthur J. Clark
옮긴이 • 신성만 · 임한나 · 오준성
펴낸이 • 김진환
펴낸곳 • (주) 학지사
04031 서울특별시 마포구 양화로 15길 20 마인드월드빌딩 4층
대 표 전 화 • 02)330–5114 팩스 • 02)324–2345
등 록 번 호 • 제313–2006–000265호

홈 페 이 지 • http://www.hakjisa.co.kr
인스타그램 • https://www.instagram.com/hakjisabook

ISBN 978–89–997–3584–4 93180

정가 18,000원